쿠오바디스 한국 경제

공급중시 경제학이 길이다

이종원 지음

도서출판 해남

쿠오바디스 한국 경제 공급중시 경제학이 길이다

초판1쇄 인쇄 2017년 5월 4일
초판1쇄 발행 2017년 5월 12일

지은이 이종원
발행인 노현철
발행처 도서출판 해남

출판등록 1995. 5. 10 제 1-1885호
주 소 서울특별시 서대문구 충정로 38-12(충정로 3가) 우리타워 6F
전 화 739-4822 **팩스** 720-4823
이 메 일 haenamin30@naver.com
홈페이지 www.hpub.co.kr

ISBN 978-89-6238-108-5 03320

머리말

경제학이 무엇을 하는 학문인지도 모른 채 경제학과에 입학한 후 한동안 혼란 속에서 세월을 보냈다. 그러던 중 우연히 접하게 된 슐츠(Theodore W. Schultz) 교수의 1960년도 미국경제학회 회장 취임사는 큰 울림으로 다가왔다. "인간 자본에 대한 투자"(The Investment in Human Capital)라는 제목의 연설문이었다. 방황하던 나에게 경제학도로 추구해야 할 비전을 제시해 주었고, 경제학에 열정을 갖게 해준 글이었다. 이후 '인간 자본'이란 네 글자는 평생 내 마음 속에 화두로 자리하게 되었다.

1960년대는 대학생들에게는 문맹 퇴치와 농촌 봉사가 가장 바람직한 사회 활동의 덕목으로 자리 잡았던 시기였다. 가족의 생활과 동생들의 등록금 마련을 위해 주야 불문하고 고된 일을 마다하지 않았던 공단의 여공들이 아름다워 보이던 시기였다. 그리고 횃불로 어둠을 밝혀 가며 고속도로 건설에 젊음을 불살랐던 건설 노동자들의 땀방울이 거룩해 보였던 시기였다. 절대 빈곤으로부터의 탈출과 가정의 생존을 위해 헌신하였던 지칠 줄 모르는 정신력, 그리고 아는 것이 힘이라 믿으며, 특히 자녀 교육에 전력을 다했던 불굴의 의지는 당시 한국의 인적 자본 축적에 획기적인 기여를 하였다. 노동의 가치와 노동의 생산성 향상 문제가 젊은 경제학도에게 깊이 각인될 수 있었던 시기였다.

미국으로 유학을 떠난 첫 학기에 국제경제학 과목을 듣게 되었다. 담당 교수가 비교우위론을 설명하는 가운데 한국은 노동 생산성이 낮아 임금 수준이 낮을 수밖에 없지만 이러한 저임 노동력을 집약적으로 활용함으로써 국제 경쟁력을 가질 수 있다고 하였다. 나는 즉각 반발하였다. 한국 노동자들의 임금 수준이 낮은 것은 사실이지만 이는 주로 노동의 자본장비율(노동자가 활용할 수 있는 장비의 수준)이 낮은 데 기인하는 것일 뿐, 일에 대한 열정과 헌신성을 감안할 때 결코 생산력이 떨어진다고 볼 수 없다고 하였다. 그리고 비교 우위에 대한 중간시험 문제가 출제되었을 때 나는 평소 소신대로 답안을 썼다. 교수님의 논리도 일리가 있다는 점은 충분히 이해되었지만 오랫동안 간직해 온 화두를 내려놓고 싶지가 않아서였다. 물론 예상한 대로 성적이 매우 나빴고 결국 나는 그 과목의 수강을 철회하였다.

노동경제학을 전공하려던 당초 계획은 나로서는 어쩔 수 없었던 이유로 인해 실현될 수 없었고 대신 계량경제학과 국제경제학을 복수 전공으로 학위를 받은 후 귀국하게 되었다. 모교에 부임하면서 은사님들 앞에서 발표회를 가졌다. 불합리한 이중곡가제로 인해 눈덩이같이 불어나는 양곡 관리 특별회계의 적자 문제는 이른바 완충 재고 운용에 의해 해소될 수 있다는 취지의 논문을 컴퓨터 시뮬레이션 기법까지 동원해 가며 자신만만하게 발표하였다. 그러나 반응은 납득하기 어려울 만큼 싸늘했다. 가장 존경했던 지당 박준서 교수님께서 며칠 후 '실사구시'(實事求是)라는 네 글자를 직접 쓰셔서 아무 말씀도 없이 건네 주셨다. 당황도 되고 또 서운하기도 했다. 그러나 얼마 후 자신의 무지함을 깨닫고 얼굴을 들고 다닐 수조차 없었다.

미가가 오르면 사들이고 내리면 정부 비축미를 되팔게 되면 정부에 적자가 발생하지도 않을 것이며, 만일 작황이 매우 나빠 미가가 폭등하더라도 외국에서 수입하여 시장 수요에 대처하면 된다는 취지의 논문을 발표했던 것인데, 지금 생각해도 부끄럽기 이를 데 없는 비현실적이고 무책임한 정책 대안이었다. 농가로부터는 비싸게 사들이고 도시 서민들에게는 싼값으로 공급하고 있는 한국의 정치 역학적 현실이나, 외국으로부터의 수입은 장기 공급 계약에 따라 가격과 물량이 결정되고 인도되며 또 국제 거래 자체가 독점적 국제 곡물 메이저들에 의해 좌지우지된다는 사실도 전혀 알지 못했던 것이다. 결국 내가 한 것은 한낱 정신적 유희에 불과한 것이었다.

이후 정년 퇴임 시까지 약 30여 년 동안 나는 지당 선생님의 가르침대로 주로 한국 경제의 본질적 문제에 대한 실사구시적 연구에 전념하게 되었다. 이 기간 동안의 연구를 통해 얻게 된 주요 결론은 한국 경제가 20세기 후반 세계의 주목을 받을 만큼 고도성장을 거둘 수 있었던 근본 원인 중 하나는 인적 자본의 축적이었다는 점이다. 한편, 수출 주도적 공업화를 통한 성장이라는 불균형 성장 방식을 너무 오래, 그것도 정부 주도적으로 영위해 오는 과정에서 1997년 외환 위기를 맞게 되었고 2008년 국제 금융 위기가 초래된 후에는 각종 불균형의 확대와 장기적 침체기에 빠지게 되는 빌미를 제공하였다는 사실도 확인할 수 있었다.

주지하는 바와 같이 1997년 말 동남아에 외환 위기가 발생하자, 한국 정부나 국민 대다수는 눈부신 발전을 거듭해 왔던 한국 경제에서는 이러한 사건을 그저 남의 나라에서나 발생할 수 있는 일 정도로만 여겼다가 큰 위기를 겪은 바 있다. 그리고 약 2년 만에 위기로부터 탈출하여 5-6%대의 경제 성장을 이루게 되면서 이는 단지 사전에 제대로 대처하지 못하여 겪었던 일시적인 어려움이었을 뿐 한국은 다시 예전과 같은 고도성장을 구가할 수 있으리란 허황된 낙관론에 빠져들었다. 일각에서는 일본은 어떻게 '잃어버린 10년'과 같은 문제를 겪게 되었고, 또 쉽사리 벗어나지 못하는지 납득하기 힘들다는 의견까지 제시되었다. 그리고 노무현 정부가 들어서면서는 형평의 개선과 복지 향상에 주안점을 두었다. 반면, 일부 혜택 받은 집단(대기업 등)이나 지역민(대도시, 강남 거주민 등)을 적대시함에 따라 반기업 정서가 팽배했음에도 불구하고 4-5% 성장을 이룩하는 것을 목격하며 친기업적 정부만 들어서면 한국 경제는 불굴의 잠재력을 바탕으로 예전과 같은 성장 추세가 자동으로 회복될 것이라 믿었다.

그러나 무모한 '7-4-7 정책'을 천명하고 나선 이명박(MB) 정부에서는 성장이 오히려 하락세로 돌아섰고, 2008년 이후 한국 경제는 국제 금융 위기 여파에 휩싸이며 장기적 침체 현상이 고착되기에 이르렀다. 그런데도 여전히 참고 견디면 경기 순환이 개선되는 즉시 다시 옛날의 영광을 되찾을 수 있다고 믿는 사람들이 아직도 많다. 20세기 후반 세계가 주목할 만한 경제 성장을 이룩했다는 자부심 하나에 심취하여 현재 한국 경제의 문제점에 대한 정당한 평가와 검토를 제대로 하지 못하고 있는 것이다. 실망스러운 이야기이겠지만 현재의 추세를 거스를 수 있는 특단의 대응책이 마련되지 못한다면 한국 경제는 옛날과 같은 영화를 다시는 누릴 수 없을 것이라는 비판에 귀를 기울여야 할 때이다.

정년 퇴임으로 연구 여건이 열악해지면서 연구자로서의 제약이 많아졌다.

그러나 항상 한국 경제 현안에 대해 나름대로 관점을 정립해 나가는 일을 게을리하지는 않았다. 다소 긴장이 풀리는가 싶은 순간도 있었지만 무언가 죄를 짓고 있는 것은 아닌가 싶은 생각에 자신을 추스르기도 하였다. 이러한 일상을 반복해 오는 과정에서 현재 한국 경제가 당면한 문제들과 관련하여 나름대로의 생각을 독자들에게 전해 보고 싶은 갈증을 느끼게 되었다. 더구나 작년에 한국경제학회로부터 최호진 학술상을 받게 되면서 어느 형태로든 이에 보답할 수 있는 방법을 모색해 오던 터였기에 이 책을 집필하기로 작정하였다.

본서를 통해 전달하고자 하는 기본 메시지는, 지금까지 주도적 역할을 담당해 온 케인지언 거시경제학이 논리적 한계를 드러내며 현실 문제 해결에 효율적이지 못한 경우가 많아졌다는 점과, 이를 대체 또는 보완하기 위해 제기되어 온 레이거노믹스나 신자유주의 정책 기조 또한 2008년 국제 금융 위기를 초래하는 등 문제를 드러내는 데 그쳤다는 점, 그리고 현존의 경제 패러다임만으로는 한국 경제 현안을 해결하기에는 한계가 있다는 점이다. 이러한 인식 하에 본서가 정립한 새로운 패러다임은 케인지언 경제학과 공급 중심의 경제 논리를 융합한 가칭 '신공급중시 경제학 종합'이라는 논리 체계이다. 이는 케인지언 이론 체계를 대체하기보다는 보완한다는 관점에서 케인즈 경제학이 경시한 공급 측면에서의 논리를 융합시킨 분석 논리이다. 특히, 공급중시 경제학은 제도와 여건의 개선을 통한 공급 애로 해소 방안에 초점을 맞추고 있어 루스벨트 대통령이 추구했던 뉴딜 정책이나 트루먼 대통령의 페어딜 정책과 일맥상통하는 논리적 특성을 가지고 있다.

한편, 각종 제도와 여건의 개선 과정에서 가장 중시되어야 하는 것은 인적 자본의 확충이어야 한다는 사실이었다. 경제학이란 모름지기 인간의 물적 여건 개선, 즉 경제 발전을 목표로 하고 있으며, 이는 경제 성장과 안정 그리고 각종 불균형의 시정과 복지의 향상으로 대변될 수 있다고 보았다. 이러한 관점에서 본서가 역점을 둔 인적 자본은 경제 성장은 물론 불균형의 시정이나 복지의 향상을 동시에 개선할 수 있는 방향으로 축적되고 활용될 것을 주문하였다. 한국의 미래는 인적 자본의 확충 여부에 달려 있고 인적 자본 중심의 경제 패러다임은 인적 자본주의 시대의 중심 사조로 자리 잡아야 할 것이라 믿고 있기 때문이다. 또 이렇게 함으로써 오랜 동안 마음속에 간직해 온 인간 자본이란 화두에 화답하고 싶었다.

알프레드 마셜(Alfred Marshall)이 말한 바 있듯이 경제학 연구의 기본 자세를 인간에 대한 열정(warm heart)에 두고, 경제학이란 궁극적으로 인류의 복지 향상을 위한 학문으로 인식하며 미래를 선도할 새로운 패러다임은 인간이 중심이 되는 인적 자본주의 또는 인본 자본주의가 되어야 한다고 삼가 주장한다. 미력하나마 본서가 난국에 처해 있는 한국 경제의 문제 해결에 일조할 수 있기를 바란다. 아울러 자신의 잠재력을 여한 없이 시현할 수 있는, 그러나 공동의 이익과 공동 사회의 정의가 지켜질 수 있는 사회, 그리하여 자유와 평등 그리고 사회 정의가 살아 숨 쉬는 사회 속에서 인간의 존엄과 가치가 존중되는 행복한 사회의 구현을 목표로 참을성 있게 지혜를 모아 나가기를 삼가 제안한다.

문봉장학회로부터의 연구비 지원이 없었다면 본서의 출판은 이루어질 수 없었다. 이 자리를 빌어 김봉학 이사장님께 진심으로 감사드린다. 그리고 원고 정리와 편집에 많은 도움을 준 성균관대학교 대학원생 김우종 군, 자료 수집에 앞장서 준 한국보건사회연구원의 김문길 박사, 바쁜 일정에도 불구하고 원고의 교정과 편집에 열정을 다해 준 과학기술정책연구원의 손수정 박사에게도 깊은 감사를 드린다. 또한 몇 번씩이나 중간에 포기하고 싶을 때마다 용기를 북돋우어 주고 성원해 주었을 뿐 아니라 원고의 교정과 편집에 애정 어린 조언을 아끼지 않은 아내 박상옥 교수에게 진심으로 고맙다는 말을 전하고 싶다. 마지막으로 난필에도 불구하고 많은 개선점을 제시해 가며 출판을 이끌어 주신 도서출판 해남의 노현철 사장께 감사의 마음을 전한다.

2017년 4월

제2 인생의 터전, 시그마II 에서

지촌

차례

프롤로그

1960년대 이후 한국 경제가 성취한 경제 성장 내지 발전 내용은 경제 발전의 상징(symbol) 내지 모범(model)으로 인식될 만큼 실로 괄목할 만한 것이었다. 적어도 1997년 말의 외환 위기를 맞기 전까지 한국 경제는 미국, 일본 등을 위시한 선진국은 물론 후진 제국들로부터 경이와 찬탄, 심지어는 경계가 혼합된 평가를 받아 왔다.

그러나 막상 당사국인 한국 내에서는 한국 경제 현실에 대하여 긍정적인 평가를 내리는 사람들은 그리 많지 않았다. 특히, 학계를 중심으로 한 한국 경제에 대한 평가는 대부분 부정적이고 비판적이었으며, 한국 경제가 직면하고 있는 제반 문제점 위주로 한국 경제 전체의 특성을 규명하려는 접근 방식을 주로 택하여 왔다. 문제는 이러한 관점과 비판이 정당하다면 과연 어떻게 최근까지 한국이 지구상의 그 수많은 개발도상국들 중 가장 성공적으로 절대빈곤으로부터 탈출하였고 신흥 공업국 단계를 거쳐 OECD 회원국이 되는 수준까지 이를 수 있었는가 하는 점이다.

즉, 비록 한국 경제가 1997년경 외환 위기를 맞는 등 수난을 겪은 것도 사실이지만 적어도 그때까지는 여타 국가들에서는 도저히 불가능한 정도의 성장을 이룩할 수 있었던 원동력이 무엇이었는지 그 실체를 밝힐 필요가 있는데, 이를 통해 차후 한국 경제가 작금의 위기를 극복하고 지속적 발전을 할 수 있는지 또는 제2의 도약을 맞이할 수 있는지에 관한 해답을 찾을 수 있게 될 것이기 때문이다.

한편, 한국 경제 발전 과정에 관한 논의 중 폴 크루그먼(Paul Krugman)의 주장이 세상의 주목을 받은 바 있다. 한국 경제의 성장 방식은 기술 진보보다는 주로 생산 요소의 추가 투입에 의한 것이어서 그간의 한국의 성공은 허상에 불과하며 미래 성장 잠재력이 매우 의심되는 종이호랑이라는 것이었다.

그러나 저자가 별도 연구(이종원, 2002)에서 이미 입증한 바 있듯이 그의 주장은 분석 방법이나 기술 진보에 대한 해석이 부적절한 측면이 있었고, 한국 경제 성장의 핵심 요인이 무엇인지를 제대로 분석해 보지 못한 채 제시된 논리라 판단된다. 저자의 분석에 따르면 1960년대 이후 한국 경제 성장은 물적 자본 축적과 함께 인적 자본과 기술 향상 그리고 무역 증대에 의해 주로 이루어졌으며, 인적 자본은 물적 자본보다 한국 경제 발전에 보다 중요한 역할을 담당한 것으로 나타났다. 특히, 인적 자본의 축적이 기술 진보를 유발시킴으로써 물적 자본의 효율성 또한 개선시키는 역할을 담당한 것이라 분석되었다. 한편, 크루그먼이 주장한 물적 자본과 노동의 추가 투입에 의한 기여도는 한국의 경우 규모에 대한 한계생산력 체감이란 속성 때문에 상당히 제한적인 것으로 나타났다. 그리고 인적 자본의 축적과 기술 진보는 무역량 증대에 따라 가속되어 온 것으로 분석되었는데, 이는 국제 무역의 증대가 외국으로부터 선진 기술을 흡수하는 주요한 교량 역할을 감당한 것으로 평가될 수 있는 결과이다.

결국 한국 경제는 초기의 우수한 인적 자본 형성과 이의 빠른 축적 그리고 그에 따라 실현된 기술 수준의 향상 및 정부의 적극적인 개발 정책 등에 의해 발전해 온 것으로 평가할 수 있다. 이러한 분석 결과는 한국 경제 발전의 근본 원인이 기술과 인적 자본의 내생적 발전에 의한 것이라는 주장과 부합하는 것이라 할 수 있다.

문제는 수출 주도적 공업화라는 불균형 성장 방식을 주도해 온 정부의 역할이 초기 개발 단계에서는 긍정적인 효과를 가져온 것은 사실이지만, 이 과정에서 형성된 중앙 집권적 관리 경제의 폐해로 제때에 구조 조정이 이루어지지 못한 채 부패와 비효율을 초래하다 외환 위기까지 겪는 어려움을 겪었다는 점이다. 그리고 현재 우리가 당면한 장기적 침체 현상도 바로 이러한 고질적 병폐를 제때에 시정하지 못한 데 기인하는 결과로 판단된다.

경기 대책 마련 또한 1970년대 낡은 경제 논리나 그 한계가 드러난 전통적 케인즈 정책 수단에 전적으로 의지하는 우를 범함으로써 탈출구를 찾는 데 어려움을 겪고 있다. 이러한 현실적 문제점을 저자는 이른바 '신공급중시 경제학 모형'이라는 분석 논리에 의해 해소할 수 있다고 보고 있다. 이는 케인지언 정책이 갖는 한계성을 공급 측면에서의 각종 제도 및 여건의 개선을 통해 보완할 수 있다는 융복합적 접근 방안이라 할 수 있다. 저자는 한국 경제가 초기 개발 단계에서 여타 개도국에 비해 성공적인 고도성장을 이룰 수 있었던 이유의 하나로 각종 공급 애로 요인을 해소(사회간접자본이나 기간 산업의 확충은 물론 문맹 퇴치와 교육 기회 확충 등을 통해)했던 사실을 지적하였다. 바로 이것이 진정한 공급중시 경제 사조에 부합하는 우리의 정책 실행 사례라 믿고 있기 때문이다.

이러한 분석 모형은 저자가 자의적으로 창조한 논리적 유희가 아니라는 점을 독자에게 각인시키기 위해서 제2장에서 자본주의 경제학의 패러다임 변천 과정을 최근의 국제 경제 여건 변화와 관련시켜 고찰하는 과정을 보여 주었다. 그리고 이 분석 모형에 근거하여 한국 경제가 안고 있는 문제의 핵심과 이에 대처할 수 있는 접근 방안을 제3장에 정리하였다. 이어서 제4장 이후에는 성장과 안정, 불균형의 시정과 복지의 향상 방안들에 관한 논의를 제시하였다.

본서는 비록 현재 한국 경제가 난국에 빠져 있는 것은 사실이지만 문제의 원인을 정확히 이해하고 또 어떤 대처 방안이 가장 바람직한지를 제대로 판단할 수 있다면 한국의 미래가 결코 암울하다고만 볼 수 없다고 지적하고 있다. 한편, 본서는 한국 경제에 대한 연구는 역사적 발전 논리에 근거는 하되 미래 지향적이고 진취적인 시각을 가지고 접근해야 한다는 사실을 강조하면서 이러한 미래 지향적 패러다임의 모색은 신공급중시 경제학 종합 이론 체계에 근거하여 정립될 수 있다는 메시지를 근간으로 하고 있다.

또한 신공급중시 경제학의 중심에는 바로 인적 자본의 확충이 자리 잡고 있다는 점, 인적 자본 중심의 경제 사조는 인본 자본주의 시대를 열어 나가는 지름길이라는 점, 그리고 우리가 추구하는 경제학은 '인간에 의한 인간을 위한 학문'이어야 할 것이란 점을 강조하고 있다.

제 1 장

경제학의 이해

한국 경제에 대한 본격적인 논의에 앞서 우리는 경제학이란 무엇을 하는 학문인가에 대해 성찰해 볼 필요가 있다. 이를 위해 서론에서는 우리나라 경제 운용 체제가 근거하고 있는 자본주의 경제학의 본질 및 특성 그리고 궁극적 목표에 대하여 간략히 논의해 볼 것이다.

제 1 장

경제학의 이해

1. 자본주의 경제학, 어떻게 인식할 것인가?

현재 지구상의 대다수 국가들이 채택하고 있는 경제 체제는 자본주의 시장경제이다. 그런데 과연 어떻게 하여 자본주의 경제 체제가 전 세계를 풍미하게 되었을까? 제2장에서 좀 더 자세히 살펴보겠지만 한 마디로 말하자면 자본주의란 인류 역사 발전 과정에서 가장 획기적으로 경제 발전을 이룩할 수 있게 해준 경제 이데올로기였기 때문이라 할 수 있다. 뿐만 아니라 자본주의는 인간들이 중세기의 봉건적 예속에서 탈피하여 자유로이 개개인의 이익을 추구할 수 있는 근대 사회를 정립시키는 데 크게 기여하였다는 점이다. 그리고 이와 같은 자유로운 영리 추구의 허용은 경쟁을 유발시켜 기술 진보와 경제 발전을 촉진시켰고 산업혁명을 잉태시켜 나갔던 것이다.

물론 자본주의는 효율성 위주의 경제 운영 방식에 근거하고 있어 형평성이 악화되는 본질적인 한계성을 안고 탄생했다. 그리고 이러한 자본주의의 문제점이 증폭되는 시기에 대안적 경제 이념으로서 사회주의가 등장하였던 것이다. 그러나 사회주의는 효율성을 도외시한 채 형평성만을 추구하다가 20세기 말에 소멸되고 말았다. 그럼에도 불구하고 사회주의의 등장은 경제 이념 대결을 촉발시킴으로써 자본주의가 형평 문제를 동시에 고려하는 혼합 자본주의로 이행되는 계기를 제공하였다는 점에서 인류 역사 발전에 기여한 바 크다 하겠다.

한편, 동양에서는 경제학을 '경세제민'(經世濟民: 국가를 경영하고 백성을 구한다는 뜻)의 학문으로 인식하고 있다. 따라서 효율성과 형평성을 동시에 고려하는 이른바 규범경제학적 성격이 강한 논리 체계로 자리 잡아 왔다. 이는 일면 형평을 중시해 온 동양 특유의 윤리관에 부합하는 개념이라 볼 수도 있다. 또한 이러한 인식 방식을 정치경제학적 접근이라 규정하기도 하는데, 이러한 인식 방식은 자본주의가 자생적으로 정립될 만큼 근대화가 성숙되지 못한 단계에서, 그리고 경제 문제가 정치 이념과 분리되지 못한 상황 속에서 서구 열강에 의한 식민지화 과정을 겪으며 비자발적으로 이식된 데 기인하는 바 크다.

결과적으로 (서양의) 주류 경제학은 기존 제도의 존치를 가정한 가운데 현재의 경제 현상을 있는 그대로 기술하고 분석하는 이른바 '실증경제학'(positive economics)의 특성을 띠게 되었고, 동양(및 개도국)에서의 인식은 가치 판단에 따라 무엇이 바람직한가 하는 문제까지를 규정하는 '규범경제학'(normative economics)적 성격이 많이 가미된 '정치경제학'(political economics) 내지 '제도경제학'(institutional economics)적 특성이 강하게 되었다고 볼 수 있다.

물론 이러한 경제학에 대한 인식 및 활용은 서로 배타적으로 그리고 독립적으로 운용되는 것만은 아니다. 단지 동양 그리고 개발도상국에서처럼 자본주의가 철저히 자생적으로 되지 못한 단계에서 주로 식민지화를 통해 이식된 지역에서는 (특히 경제 개발의 초기 단계에서) 규범경제학적 특성이 상대적으로 강한 경향을 띠었을 뿐이다. 따라서 이들 지역에서 실제로 정책을 운용할 경우 두 범주의 경제학 개념이 보완적으로 활용되는 것은 당연하다. 본서에서는 이상에서와 같은 인식에 근거하여 한국 경제의 문제를 진단하고 그 대안을 모색할 것이다.

2. 경제 문제, 어떻게 접근할 것인가?

이제 우리는 경제 문제를 어떻게 접근하는 것이 바람직할 것인가에 대해 검토해 볼 필요가 있다.

경제학 연구의 기본 자세와 관련하여 가장 선구적인 메시지를 남긴 학자로 마셜(Alfred Marshall: 1842-1924)을 들 수 있다. 그는 인류 역사에 가장 큰 영향을 미친 것은 물질적 측면에서의 경제 문제와 정신적 측면에서의 종교 문제로 보았다. 그리고 경제학이란 이처럼 인류 역사 발전에 중대한 영향을 미치는 경제 문제에 대한 연구를 하는 학문인바, 경제학자는 모름지기 인간에 대한 애정을 가지되 냉철한 이성에 근거하여 분석에 임할 것('warm heart and cool head')을 주문한 바 있다.

한편, 경제학 연구와 관련하여 가장 설득력 있는 접근 방법을 제시한 학자로 사뮤엘슨(Paul A. Samuelson)을 들 수 있다. 그는 희소성 하의 합리적 의사결정 행위는 결국 '무엇을', '어떻게', 그리고 '누구를 위하여' 생산하고 분배하며 소비할 것인가를 결정하는 과정으로 대신할 수 있다고 보았다.

물론 본격적인 경제학 연구는 경제 주체들이 주어진 여건 하에서 어떻게 합리적으로 의사를 결정해 나가는가에 대한 객관적이고 구체적인 논리의 정립, 즉 경제 이론의 개발 및 활용을 필요로 한다. 이를 위해 경제학에서는 인간이 이른바 합리적 의사결정 행위(이를 '경제 행위'라 함)를 한다고 가정하고 있다. 그리고 그 근본적인 원인은 인간들이 필요로 하는 자원이 한정되어 있어 어떤 형식으로든 선택이 불가피하기 때문이라 보고 있다(이러한 현상을 '희소성의 법칙'이라 함). 따라서 경제학이란 인간의 욕망은 무한한데, 이를 충족시켜 줄 수 있는 자원은 제한되어 있으므로 합리적 선택을 통해 물적 욕구를 최대한 충족시키고자 하는 이른바 '경제 행위'에 대한 분석 체계라 정의하고 있다. 그런데 이러한 경제 행위란 인간에게 유일한 것이며, 이처럼 합리적 활동을 영위하는 인간을 '경제인'(homo economicus)이라 부른다.

이와 같이 정의되는 경제학에 대한 연구는 접근 방법에 따라 '미시경제학'(micro-economics)과 '거시경제학'(macro-economics)으로 구분되기도 한다. 미시경제학은 개별 경제 주체들(가계, 기업 그리고 정부 등)의 합리적 의사결정 과정을 분석 대상으로 삼는 반면 거시경제학은 국민경제 전체의 총괄적 경제 현상과 연계한 경제 행태를 분석 대상으로 삼는다.

그러나 두 이론 체계는 분석 대상 및 접근 방법상 차이가 있을 뿐이며 따라서 상호 보완적으로 활용될 성격의 것이다. 국민경제의 총체적 분석에 관한 한 거시경제학이 주도적 역할을 담당하고 있고, 미시경제학은 그 논리적 뒷받침을 해주는 데 주력하고 있다고 볼 수도 있다. 그러나 최근의 국제 금융 위기의 발생과 대응 과정에서 나타난 바 있듯이 현대의 경제 문제는 더 이상 거시적 분석만으로 해소될 수 없는 단계에 와 있으며, 따라서 미시적 또는 제도적 차원에서의 접근과 융합이 필수적 고려 사항이 되고 있음을 일단 지적해 둔다.

3. 경제학은 무엇을 추구하는 학문인가?

역사적으로 경제학은 생산성 증대나 국부의 증대, 또는 경제 발전을 기본 목표로 삼아 왔다. 그런데 여기서 경제 발전이란 제반 경제 여건 및 물질적 생활 수준의 향상 및 개선을 의미하는 것이라 볼 수 있으며 그 주요 내용으로 경제 성장과 물가 안정, 각종 불균형의 시정 및 복지의 증진 등을 포함하는 개념이다.

경제 발전의 첫 번째 항목은 경제 성장이다. 특히, 개발도상국들에는 가장 중요한 발전 목표라 할 수 있다. 따라서 개발도상국들은 경제 발전을 위한 개발 계획을 적극적으로 추진하는 것이 일상적 현상이 되어 왔다. 그리고 일반적으로 경제가 성장함에 따라 고용이 증대하는 경향을 보인다. 그러나 경제 성장이 일정 수준에 이르면 임금 상승으로 인해 고용을 억제하는 생산 방식을 추구하는 경향이 강해지며, 이른바 고용 없는 성장(jobless growth) 현상을 잉태하기도 한다. 노동절약적 기술 진보가 발생하기 때문이다.

뿐만 아니라 일반적으로 경제 발전이 성숙 단계에 이르게 되면 더욱 격렬

한 국제 경쟁에 직면하게 되고 이 과정에서 주로 저숙련 노동 중심의 산업들이 경쟁력을 상실하게 된다. 결국 경쟁력 유지를 위해 저임금 국가로 생산 거점을 이전하게 되면서 국내 고용이 위축되는 경향이 나타난다. 한편, 권리 의식이 강해진 노조 활동 및 강성 노조 등장에 따라 신규 정규직 고용 기피 현상이 나타남으로써 고용이 한층 더 위축되기도 한다. 경제 발전 단계가 성숙되어 갈수록 경제 성장과는 별도로 고용 문제가 중요해지는 이유가 여기에 있다.

더구나 경기 침체 내지 불황 등에 기인하는 경기적 실업과는 달리 산업 고도화 과정에서 산업 구조 개편 시 발생하는 이른바 구조적 실업(예컨대, 최근의 조선 및 해운 산업에서의 대량 실업 등)은 장기적 특성을 가지고 있어 단기적 그리고 거시적 경기 정책으로는 쉽사리 해소되기 어렵다.

경제 발전의 두 번째 주요 항목으로 물가 안정을 들 수 있다. 물가 안정은 지속적 성장이나 성장 잠재력 향상에 필수적 고려 사항이라 할 수 있다. 더구나 물가 상승은 계층마다 차별적인 피해를 주어 사회적 불평등과 불안을 조성할 수도 있다.

한국도 개발 초기 단계에는 성장 제일주의에 탐닉하다가 1970년대 말 물가 급등에 따른 사회 불안을 경험한 바 있다. 당시 한국 정부는 물가 인상 문제를 주로 가격 통제 정책을 중심으로 대응했었는데 부작용만 양산했고 정책 효과는 거의 없었다. 특히, 물가 상승은 생산비를 증대시키고 국제 경쟁력을 저하시켜 결국 수출과 경제 성장을 둔화시킨다는 실로 중대한 사실을 성장 제일주의에 탐닉한 나머지 경시해 왔던 것이다.

경제 발전의 세 번째 항목은 불균형의 시정이다. 비록 안정적 성장을 일정 기간 동안 이루어 냈다 해도 양극화의 심화와 같은 불균형이 초래될 경우 장기적이고 지속적인 경제 성장 내지 발전이 보장되지 못하기 때문이다. 그런데 장기적으로는 경제 발전과 더불어 소득 분배가 개선되는 경향이 있다지만 개발 초기 단계에서는 오히려 소득 분배 불평등이 심화될 수도 있다는 사실에 유념할 필요가 있다. 특히, 정부의 성장 전략, 예컨대 특정 부문 위주의 불균형 성장 방식(예컨대, 수출 주도적 공업화 위주의 성장)을 추구할 경우 불평등은 심화될 수밖에 없기 때문이다.

더구나 이러한 과정에서 비주도 부문 산업은 경쟁력 유지를 위해 비정규직 확대, 조기퇴직 권장, 해외로의 생산 시설 이전 등을 추구하게 되므로 고용 및 임금 수준상의 불균형은 더욱 심화될 수밖에 없다. 따라서 지속적 성장을 위해서는 이러한 불균형 성장 전략은 비록 그것이 경제 개발 초기에 불가피한 측면이 있다 하더라도 조속히 탈피해 나가야 할 성격의 것이다.

한편, 이상과 같이 경제 성장 과정에서 초래된 이중성이나 양극화를 시정하는 일과 더불어 정부의 재정 수지 균형을 유지하는 것 또한 중요한 정책 목표가 될 수 있다. 정부 지출이 정부 수입보다 커서 재정 적자가 초래되면 정부는 이를 메우기 위해 한국은행으로부터 차입을 하거나 국채 발행을 통해 민간으로부터 차입하게 된다. 한국은행으로부터의 차입은 통화 증발 및 물가 상승을, 그리고 국채 발행에 의한 민간으로부터의 차입은 민간 소비를 위축시키기 때문이다.

그렇다고 재정 흑자가 바람직하다고 볼 수는 없다. 가능한 한 적절한 과세로 재정 흑자를 사전 예방해야 할 것이다. 재정 흑자는 결국 필요한 수준보다 더 많은 돈을 조세로 거두어들인 것이라 볼 수 있기 때문이다. 물론 국가 재정의 일반적 현상은 적자이며 이는 일면 단기적 성과 위주의 정책으로 과도하게 정부 지출을 확대함으로써 정권을 유지하려는 정치적 풍토에 기인하는 바 크다.

각종 불균형의 시정이란 차원에서 고려해야 할 마지막 항목으로 국제 수지 균형을 들 수 있다. 개도국들은 일반적으로 만성적인 국제 수지 적자에 시달리게 된다. 반면 어느 정도 경제가 성숙된 국가들은 대체적으로 국제 수지 흑자 기조를 유지하게 된다. 그러나 지나친 흑자는 물가 상승이나 교역 상대국으로부터의 무역 보복을 유발할 수도 있다. 물론 만약의 경우에 대비하여 외화를 어느 정도 비축해 둘 필요는 있겠으나 기본적으로 국제 수지 균형 기조를 유지하는 것이 바람직하다 볼 수 있다.

경제 발전의 네 번째 주요 항목으로 국민의 복지 향상을 들 수 있다. 경제 성장 수준에 맞는 각종 사회 안전망의 구축 및 복지 제도 도입 그리고 환경 개선과 교육 기회 확대 등 장기적 성장 잠재력에 필수적인 기반 조성이 주 고려 사항이 될 수 있다. 그러나 복지 혜택이란 일단 실시되면 축소하기 어려운 특성이 있다는 점에 유념할 필요가 있고 가능한 복지 향상이 생산성 향상과 연계될 수 있는 이른바 생산적 복지 제도 형태로 정착될 필요가 있다.

이상에서 살펴본 경제 발전 목표를 추구함에 있어 20세기 초 이후 정부의 역할이 강조되어 왔다. 특히, 절대빈곤 탈피와 공업화를 통한 근대 시민 사회 구축을 지상의 목표로 삼는 개발도상국에 있어 정부의 주도적 역할은 필연적인 것으로 인식되어 왔다.

그러나 1970년대 이후 정부 주도적 개발 방식의 문제점과 한계성이 부각되면서 이른바 신고전학파적 논리가 주목을 받기도 하였다. 그렇지만 신고전학파적 자율성과 개방화가 특히 개발도상국의 경제 발전에 최선이라는 논리는 받아들여지기 곤란한 측면이 많고 실증적으로 입증된 바도 없다. 더구나 1980년대 이후 미국이 주도적으로 선도해 온 신자유주의는 2008년 국제 금융 위기를 초래한 주요인이 되기도 하였다. 정부의 역할은 앞으로도 계속 필요할 것임에 틀림이 없다. 단지 그 내용에 있어 변화가 필요할 뿐이다.

4. 자본주의 시장경제는 어떻게 작동하는가?

자본주의 시장경제는 경제 주체들이 생산 요소 및 자산에 대한 사유권에 근거하여 자유로운 이익 추구 행위를 도모할 수 있는 체제를 근거로 성립된다. 그런데 이러한 과정에서의 경제 주체(예컨대, 가계와 기업)들의 합리적인 의사결정 행위, 즉 경제 행위는 일반적으로 시장이란 조직 안에서 그 이해관계가 상호 대립되는 현상으로 나타난다. 그리고 이들의 상반되는 이익 추구 행위는 시장 가격의 자율 조정 기능을 통해 최적의 자원 배분을 이룩하게 되는 것으로 분석되고 있다.

이상과 같은 특징을 갖는 자본주의에서 시장을 통한 자율 조정을 통해 자원의 최적 배분이 이루어질 수 있기 위해서는 다음과 같은 네 가지 원리가 작동되거나 작동시킬 수 있는 운영 체제가 정립되어 있어야 한다.

경제의 제1 작동 원리는 쌍방이 시장에서의 교역 행위를 통해 모두 이익을 얻을 수 있어야 한다는 사실이다. 현대 사회에서 교환이란 필수 불가결의 행위가 되었는데, 이는 교환을 통해 자신이 갖지 못하거나 만들어 낼 수 없는 재화와 서비스를 얻을 수 있을 뿐 아니라 자유 의사에 따라 이루어지는 교환은 교역 쌍방에게 모두 이익이 될 수 있기 때문이다.

제2의 원리는 자본주의 하의 시장은 경제 주체들 간의 상호작용을 가장 효율적으로 조정할 수 있는 힘을 가지고 있다는 점이다. 즉, 시장에서는 경제 주체 간의 상반된 이익 추구 행위가 결국 경제 주체들이 만족할 수 있는 수준으로 이익이 조정될 수 있다는 것이다. 이러한 시장의 효율적 조정은 스미스가 이른바 '보이지 않는 손'(invisible hand)이라고 규정한 시장 가격의 자동 조절 기능에 의하여 이루어진다고 한다. 그리고 스미스는 자유로운 경쟁을 통한 가격 결정 과정이 최선이라는 논리를 제시한 바 있는데, 이를 '자유방임주의'(laissez-faire)라 한다.

자본주의 경제의 기본 작동 원리 중 제3의 원리는 시장 실패(즉, 시장에서의 자동 조정에 의한 최적 자원 배분 기능이 제대로 작동하지 않는 경우)가 발생할 경우 정부는 시장 개입을 통해 시장 성과를 개선할 수 있다는 사실이다. 여기서 시장 실패란 민간 부문(가계와 기업)의 자율 조정 기능만으로는 시정이 불가능한 독과점, 환경오염 및 파괴 현상, 또는 공황의 발생이나 빈부 격차의 확대 등의 현상을 말한다. 정부가 제3의 경제 주체로서 능동적 시장 개입이 정당화된 것은 20세기 초 케인즈(J. M. Ketnes)의 거시경제학 이론 체계의 등장과 때를 같이한다. 이후 대공황과 같은 시장 실패의 시정은 물론 적극적 경제 발전의 견인차로서 정부 역할이 강조되는 이른바 '강한 정부'(big government)론이 예전의 '야경국가'(night-watch state: 국가는 시장에 대한 개입을 최소화하고 국방과 외교, 치안 등의 질서 유지 임무만 맡아야 한다고 보았던 자유방임주의 국가관)로 대변되던 '작은 정부'(small government)론을 대체하기도 하였다. 그러나 최근에는 정부의 시장 개입 효과에 의문이 제기되며 자율적 시장 기능을 강조하는 신고전파 이론이 한동안 다시 각광을 받기도 하였다. 하지만 신고전파 이론의 등장은 2008년의 국제 금융 위기를 촉발한 주요인이 되었다는 비판을 받기도 하였다.

마지막으로 제4의 원리는 경제 성장이란 주로 생산 요소의 추가 투입이나 기술 진보를 통해 이루어진다는 사실이다. 즉, 경제 성장은 생산 요소를 추가로 생산 과정에 투입하든지 전과 동일한 양의 생산 요소로 더 많은 생산을 이루어 낼 수 있는 기술 발전을 이룩함으로써 또는 제반 경제 여건이나 제도의 개선 등을 통해 이루어질 수 있다는 것이다. 그런데 이들 경제 성장의 주요 경로 중 대다수 개발도상국들은 생산 요소 중에서도 물적 자본의 추가 확보 및 투입을 통한 경제 성장을 최우선시하는 방식에 의해 경제 발전을 도모해 왔는데, 이를 '자본 위주 성장 방식'(capital fundamentalism)이라 부르기도 한다. 물론 이러한 성장 방식은 결국 생산의 성과가 자본가 위주로 귀속될 수밖에 없어 사회적 불균형의 확대를 초래하기도 한다. 이런저런 이유로 최근에는 노동에 대한 분배가 개선될 수 있는 인적 자본에 대한 투자를 중요시하기 시작하였다. 뿐만 아니라 자본 위주 성장 방식은 기술 진보와 각종 제도 및 여건의 개선을 통한 경제 성장 방식을 경시하여 왔다는 문제점도 드러냈다. 결국 인적 자본 확충과 기술 발전 그리고 제도 개선에 의해 선도되는 인적 자본주의 시대를 열어 나감으로써 성장과 분배가 동시에 개선될 수 있는 선진화를 이룩하기 위해서는 시장과 정부의 기능에 관한 인식의 전환과 성장 전략의 개편이 반드시 이루어져야 할 것이다.

제 2 장

자본주의 경제학의 변천 과정과 새 패러다임의 모색
–신공급중시 경제학 종합 모형의 제시–

제2장에서는 한국 경제에 대한 본격적인 연구에 활용할 분석 모형의 논리적 기초를 마련하기 위해 자본주의 변천 과정을 학설사 측면에서 간략히 살펴보고자 한다. 애덤 스미스에서부터 시작된 자본주의 기본 이념은 근대에 들어 자유주의적 전통의 신고전학파와 능동적 정부 역할을 강조하는 신케인즈학파의 대립 구도로 진화하였다. 이러한 인식의 연장선상에서 우선 전자의 전통을 이어받은 신자유주의를 표방한 레이거노믹스에는 어떤 한계점과 오류가 있는지를 밝혀내고, 이를 시정한 진정한 의미의 공급 중심 경제 논리를 정립해 보았다. 동시에 후자의 기본 논리와 정책적 효율성이 갖는 태생적 한계점을 찾아보았다. 그런 연후에 이 두 가지 논리를 결합하여 '신공급중시 경제학 종합'이라는 분석 모형을 정립 제시하였다.

제 2 장

자본주의 경제학의 변천 과정과 새 패러다임의 모색
-신공급중시 경제학 종합 모형의 제시-

1. 자본주의 성립 이전, 누가 경제 흐름을 주도했는가?

1) 중상주의와 중농주의의 대립

중세 후반에 이르러 신대륙이 발견되고 십자군 원정에 따라 국제 교역이 급속하게 증가하면서 상업이 크게 발달하자 자급자족적 봉건 제도의 기반이 서서히 무너지기 시작하였다.

이러한 과정에서 절대 왕정은 지배력을 유지하기 위해 중상주의를 표방하고 나섰다. 그리고 그 일환으로 이들은 국부를 증대시키기 위해 수출을 증대시키고 수입은 감소시키는 등의 통상 정책을 수행하였다. 또 이를 통해 금, 은, 동의 귀금속을 확보 내지 축적하고 국제 수지 흑자를 실현코자 하였다.

그러나 이 단계에서의 국제 통상이란 순수한 국제 교역이라 보기는 어려웠다. 왜냐하면 당시의 교역은 자유 무역에 의해 상호의 이익을 추구하는 것이라기보다는 군사력을 동원한 식민지화와 경제적 착취 과정에 가까운 강제적 거래 성격이 강했기 때문이다. 그리고 이런 과정을 통해서 축적된 부는 국민을 위한 것이 아니라 오로지 절대 왕정의 지배력을 유지 및 강화하는 데 사용되었다.

그런데 당시 이러한 현상을 목격한 프랑스의 선구적 경제학자 케네(François Quesnay)는 절대왕정의 중상주의 정책은 궁극적인 국부 증대 방안이 될 수 없다며(중상주의 하의 상업 자본은 지배 계층의 부의 축적에 그쳤고 생산 과정으로 연결되어 생산의 증대를 지속적으로 창출하는 데에는 기여하지 못하였다고 봄) 이른바 중농주의를 주창하였는데, 상업이 아니라 농업만이 진정한 국부 증대의 근간이 되는 확대 재생산을 가능하게 해준다는 논리를 『경제표』(*Tableau Economique*)에 근거한 국민경제 순환 논리 체계를 이용하여 설파하였다.

2) 산업자본가의 등장

십자군의 동방 원정과 신대륙 발견에 따른 교역의 확대는 농촌과 도시에 획기적인 변화를 초래하였다. 우선 농촌에서는 자급자족적 중세 시대 생산의 주역이었던 봉건 영주들의 경제적 위상이 떨어지게 되었다. 봉건 영주들은 이를 만회하고 보다 많은 자금을 확보하기 위해 농노(농민)들이 지대를 돈으로 낼 수 있는 금납제를 도입하였다. 이에 따라 농민들은 자신에게 분여된 농지에서 열심히 일하여 많은 수확을 얻더라도 일정 액수의 지대를 화폐로 내기만 하면 나머지는 자신들이 차지할 수 있게 되었다. 이러한 여건에서 독립적으로 자기 책임 하에 농사를 경영하던 농민을 '독립 자영 농민층' 또는 '요만'(yeoman)이라 부른다. 그리고 이들 중 경쟁력이 뛰어났던 요만들에 의해 토지의 실질적 소유와 집중이 이루어지게 되었으며, 이들과의 경쟁에서 도태된 대다수 요만들은 임금 노동자로 전락하게 되었다. 이러한 현상을 요만의 양극 분해 과정이라 한다. 그리고 이와 같이 근대적 사유(사적 소유: 봉건적 소유에 대칭되는 소유 형태)를 통해 부를 집적한 요만들이 다름 아닌 산업자본가로 등장하는 획기적인 변화가 발생했던 것이다.

한편, 도시에서는 오랫동안 유지되어 온 중세 길드 제도가 변모하기 시작했다. 도제(apprentice) 생활을 마쳤으나 장인으로 독립하지 못한 채 기득권을 가진 장인층에 의해 고용된 상태에 머물러 있었던 '고장인층'(small masters: 고용된 장인층)들은 십자군 원정 및 신대륙 발견에 따른 상업 발달 과정에서 부를 축적하며 도시 수공업자로 발돋움하였다. 그리고 이들은 '준프트'(zunft)라는 도시수공업자조합을 결성하고 결국 도시(city) 자치권을 획득하기에 이른다. 이들을 '도시의 요만'이라고 부르기도 한다. 결국 요만이라 불리는 농촌의 독립 자영농민층과 도시의 요만이라고 불렀던 도시 수공업자들이 자본주의를 열어 나가는 주역, 즉 산업자본가로 변신하게 된 것이다.

즉, 근대적 토지 사유화에 따른 농촌에서의 토지 소유 집적과 도시 수공업자들의 도시 자치권 획득으로 원시적 자본 축적이 시현되고 이렇게 축적된 자본이 산업 자본으로 전환되면서 중상주의 시대를 제치며 자본주의 체제가 정립되었다고 볼 수 있다.

그리고 사상적으로도 14-16세기의 르네상스와 16-17세기의 종교 개혁의 뒤를 이어 18세기 이후에 이르러 등장한 자유주의 철학자와 경제학자 등이 중산

그림 2-1 생산성 향상 주도국의 생산성 궤도

(단위: 1시간 노동당 GDP(1984불변 USD 가격 기준))

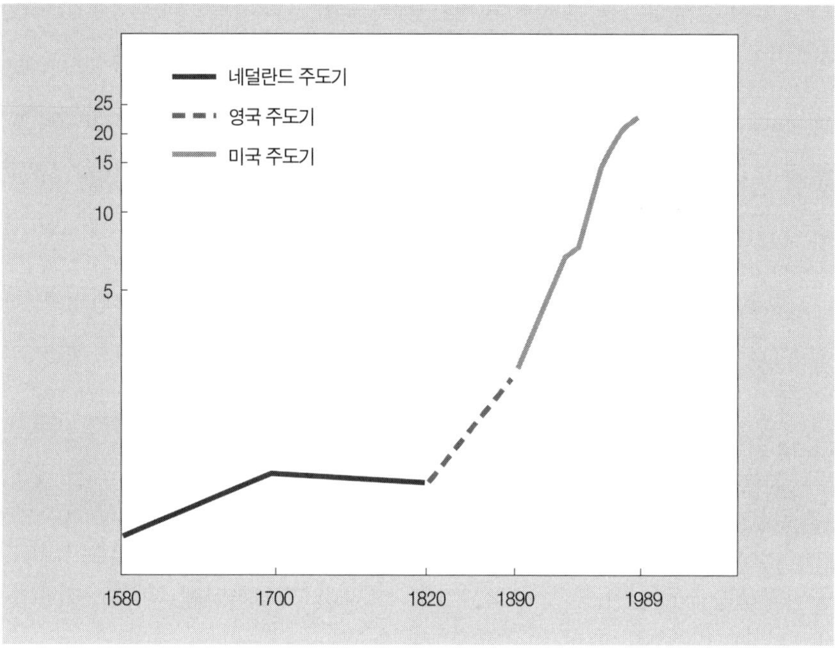

자료: Maddison(1989).

층을 대변하며 개인의 신분적 자유와 경제적 자유에 근거하는 산업 자본주의 패러다임을 정립시키는 데 일조하게 되었다. 그리고 이와 같은 과정을 통해 정립된 자본주의는 인류 역사상 가장 큰 경제 발전을 이룰 수 있게 해주었던 것이다(그림 2-1 참조).

이러한 자본주의의 성립 과정에서 주목할 세 가지는 다음과 같다.

첫째, 농본 사회의 중심적 생산 요소였던 토지가 독립 자영농민층에 의해 대중적 사유화되었다는 점이다. 농지의 사유화는 자신의 노력 정도에 따라 자기자본 축적이 가능해지는 유인을 제공함으로써 생산성이 향상됨은 물론 생산의 성과가 다수의 생산 요소 소유자, 즉 농민에게 귀속됨에 따라 형평성이 개선됨과 동시에 이들을 실질적으로 봉건적 예속에서 탈피시켜 줌으로써 인권이 신장되는 계기를 아울러 마련해 주었다.

둘째, 근대 시민 사회 등장과 더불어 자유로운 영리 추구 행위가 허용됨으로써 노동의 생산성 향상 및 기술 진보가 촉진되었다. 그런데 이러한 변화의 기저에는 애덤 스미스가 국부론에서 제창한 이른바 자유방임주의(국부 증대의 원천을 이기심의 자유로운 발현에서 찾음)가 자리 잡고 있었다.

셋째, 기술 발전과 생산성 향상을 뒷받침해 줄 수 있었던 인적 자본의 축적이 없었다면 결코 산업혁명이 달성될 수 없었다는 사실이다. 또한 이 시기에 이르러 서양이 동양을 앞설 수 있었던 요인 중 하나도 중세 길드 사회를 거치며 오랫동안 축적된 인적 자본의 존재임을 상기할 필요가 있다. 당시 동양에서는 인문학 위주의 관주도형 교육이 주류를 이루었고 생업에 필요한 기술 등을 훈련시킬 수 있는 민간 중심의 교육 제도가 정착되지 못했던 것이다.

3) 인적 자본의 축적

이상에서 살펴본 자본주의 성립이 가능했던 주요 요인으로 정신적 측면에서 타락했던 구교를 대체하는 종교 개혁이 성사된 점, 신성 중심 사회에서 인간 중심 사회로 전환을 가능케 해준 르네상스의 도래, 그리고 십자군 원정과 신대륙 발견에 따른 경제력 신장을 들곤 한다. 그런데 다시 한 번 강조해 두고 싶은 사실은 서구 중세 사회가 갖고 있었던 길드 제도라는 사적 교육 및 훈련 제도의 역할이 무엇보다 필수적인 요인이었다는 점이다. 문자 그대로 인적 자본 축적의 원천을 제공해 주었기 때문이다. 동양에서는 인문학 위주의 공교육이 대종을 이루었고 사교육은 제대로 자리 잡지도 못했을 뿐 아니라 기능인을 경시하는 풍조로 인해 기술의 발전이나 인적 자본의 축적이 제대로 이루어지지 못했던 사실과는 확연히 대비되는 부분이다.

영국의 저명한 사학자 아놀드 토인비(Arnold Joseph Toynbee)는 자본주의에 의한 생산력 급성장을 '산업혁명'(industrial revolution)이라 칭한 바 있다. 그런데 이러한 그의 인식과는 달리 당시의 생산성 향상은 이른바 '산업화 이전 단계'(proto-industrialization)부터 이미 그 기틀이 마련되어 왔다는 견해가 제기되기도 하였다. 즉, 근대적 산업화의 성공은 그 이전부터 형성되어 온 인적 자본의 축적 때문에 가능했다는 관점이라 할 수 있다.

2. 자본주의 성립 이후, 누가 경제 흐름을 주도했는가?

1) 고전 자본주의의 의의

이상에서 살펴본 자본주의 성립이 갖는 역사적 의의는 다음과 같이 요약될 수 있을 것이다.

첫째, 농민층에 의해 자기자본의 원시적 축적이 이루어졌다는 점이다. 자본주의 성립에 기초를 제공했던 봉건 영주의 영지 분할은 다수 농민에 의한 토지 사유(소유의 대중화)를 가능케 하였는데, 이렇게 사유화된 토지에서 노력한 만큼의 소득을 얻을 수 있는 유인이 발생하였던 것이다. 즉, 스스로의 노력에 따른 이익 창출이 허용되는 유인이 발생하면서 생산성이 향상되고 효율성이 제고되었을 뿐 아니라 심지어 봉건적 신분 예속 탈피와 인권 신장으로 이어지는 변화까지 발생할 수 있었다. 봉건적 예속만으로 생존 유지가 가능했던 시대를 청산하고 스스로의 생존은 물론 자신의 노력에 대한 성과가 자신에게 귀속될 수 있어 자산의 축적까지 가능한 시대가 열렸기 때문이다.

둘째, 스미스(Adam Smith: 1723-1790)에 의해 주창된 자유방임주의는 단지 스스로의 생존을 위한 개인적 이기심의 자유로운 추구에 머물지 않고 근대 시민 사상과 결합되며 근대 시민 사회를 열어 나가는 주도적 역할을 담당하게 되었다는 점이다. 그는 자유로운 이익 추구라는 인센티브 제공이야말로 생산력 향상 그리고 궁극적으로는 국부 증대를 가져올 수 있는 핵심적인 패러다임이라 보았고, 이와는 별도로 생산성 향상의 또 다른 방안의 하나로 '분업'(division of labour)이란 생산 방식을 제시하기도 하였다.

단, 이 시점에서 스미스를 단지 자유로운 사적 이익의 추구 허용이라든가 '보이지 않는 손'(자유 경쟁시장에서의 가격을 invisible hand라 부름)에 의한 자율 조정의 효율성만을 강조한 자유방임주의 주창자로 규정하는 것은 잘못된 인식이라는 점을 밝혀 둔다. 스미스는 1776년 발간한 『국부론』(*An Inquiry into the Nature and*

Causes of the Wealth of Nations)보다 17년 전인 1759년에 출간한 『도덕감정론』(*The Theory of Moral Sentiments*)에서 개인의 경제적 이익은 사회의 도덕적 한계 내에서만 허용되어야 한다는 원칙을 제시하였기 때문이다. 또한 그는 개별 행위자는 관찰자로부터 동감을 얻기 위해 미연에 자율적으로 자기 규제를 해야 한다는 사회 철학적 질서를 제시하였다. 이것이 이른바 스미스 '동감 이론'의 핵심적 메시지 중의 하나이다.

뿐만 아니라 이러한 개인적 '사려분별'(prudence) 외에 '사회적 정의'(justice)와 '자선'(beneficence)이란 질서를 강조하였는데, 이는 공정하고 공평한 경제 사회 정립에 필수적 고려 사항으로 보았기 때문이다. 그리고 그는 공정 사회 건설은 개인이나 시장에 의해서는 달성될 수는 없고 정부에 의해서만 지켜질 수 있는 질서라고 주장함으로써 정부의 규제 기능을 강조했다. 바로 이 관점이 후일 케인즈에 의해 구체화된 것으로 보는 것이 정당할 것이다. 물론 다른 한편 스미스의 자유방임주의 사상은 자유로운 시장 질서를 중심적인 경제 이념으로 계승한 이른바 오스트리아학파(Austrian School)와 신고전학파를 탄생시키기도 하였는데, 이렇게 스미스로부터 분화된 두 유형의 경제 사조는 현대에까지 맥을 이어 오면서 대립과 융합을 반복해 오고 있다.

2) 고전 자본주의의 한계성과 사회주의의 등장

그러나 이 시기의 자유 경쟁 중심의 시장 질서, 즉 효율성 위주의 경제적 이념에 근거한 경제 운용은 그 논리의 태생적 한계로 인해 형평성의 악화를 초래하였다. 결국 리카도(David Ricardo: 1772-1823) 시대에 이르러서는 빈부 격차가 사회 문제로 대두되기에 이르렀고 이로 인해 급기야 구빈법(poor law)이 제정되기도 하였다.

1825-1830년 기간에는 저임금에 따른 빈부 격차가 극심해지는 한편 과잉 생산으로 공황이 발생하였다. 이런 문제들은 오웬(R. Owen)과 생시몽(C. H. Saint-simon) 등에 의해 공상적 사회주의라는 새로운 이데올로기가 제창되는 계기가 되었다. 그리고 이들의 노력은 후일 보다 체계적인 사회주의 이념으로 마르크스에 의해 계승되었는데 이를 과학적 사회주의라 일컫는다.

그러나 마르크스의 사회주의 이념에 의한 경제 운용은 러시아를 중심으로 하는 동구권과 중국 등 지역에서 거의 1세기 가까운 시기 동안 시도되었으나 지나친 형평성 위주의 경제 운영으로 역사적 실험에 실패한 후 퇴장하고 말았다. 이처럼 효율성을 경시한 형평성 위주의 사회주의의 역사적 실험은 20세기 후반 들어 실패로 끝났지만 자본주의로 하여금 형평 문제는 물론 각종 시장 실패 요인에 적극적으로 대처할 수 있는 수정 자본주의 체제를 채택하게 하는 데 기여하였다.

즉, 사회주의 등장에 계기를 제공한 빈부 격차 문제 등은 민간 부문만의 자율적인 시장 조정 기능에 의해 해소될 수 없는 특성이 있어 이를 시정하기 위한 정부의 시장 개입을 정당화하는 수정 자본주의가 20세기 초에 정착되었는데, 이는 스미스가 『도덕감정론』에서 제시한 사회 정의 및 사회 복지 개선을 위한 정부 역할의 필요성을 받아들인 것으로 볼 수도 있다.

3) 한계효용학파와 근대경제학(케임브리지학파)의 정립

사회주의로부터의 도전 속에서도 초기 자본주의 경제 논리는 지속적으로 발전을 거듭하였고 19세기 말에 한계효용 이론(시장 가격은 상품의 가치가 아니라 한계효용에 의해 결정되는 것이라는 논리에 근거하여 시장의 가격 결정 논리 체계를 구축) 학파를 탄생시켰다. 멩거(Carl Menger)에 의해 창시된 한계효용학파는 효용 가치에 의한 시장 가격 결정 이론을 제시함으로써 일차적으로는 고전학파의 노동가치론에 대항하고 나섰다. 그리고 선진 영국과의 자유 무역은 상대적 후진 단계에 있었던 독일에 불리하므로 독일의 유치산업을 일정 기간 보호하기 위해 관세를 부과하는 것이 정당하다는 보호 무역주의를 제창했던 역사학파와도 대립하였다. 뿐만 아니라 이 학파는 제2세대 학자인 뵘바베르크(E. V. Böhm-Bawerk)에 이르러 자본 이론, 이자론 그리고 분배론에 관한 논리 정립 과정에서 마르크스 경제학과도 대립하게 되었다.

이후 한계효용학파의 핵심 논리는 일반균형 이론 쪽으로 이동해 갔는데 이를 '빈학파'(Wien School)라고도 부른다. 그러나 여전히 가격의 자유로운 움직임을 전제로 하는 경제 균형을 논한 것이고, 이러한 자유주의적 전통은 후에 하이에크(Friedrich August von Hayek: 1899-1992)와 시카고학파의 핵심인 프리드만(Milton Friedman: 1912-2006)에 의해 계승되었다. 하이에크는 국가가 경제에 개입하면 합리적인 가격 결정을 못하게 되어 전체주의가 되고 '예종에의 길'(The Road to Serfdom, 1944)로 들어선다고 주장하였으며, 사회주의 이론은 물론 케인즈 이론까지 부정하는 극단적인 자유주의 경제 논리를 정립하였다. 그리고 같은 경제 이념을 공유했던 프리드만 교수는 통화주의자(monetarists)로 자리매김하였다.

한편, 19세기 말과 20세기 초에 걸쳐 케임브리지 대학을 중심으로 리카도 학설을 계승한 케임브리지 경제학파가 등장하였다 이들은 영국 고전학파의 학설을 계승하였다는 점에서 신고전학파(Neo-classical School)라고도 불린다. 마셜(Alfred Marshall: 1842-1924)에 의해 창시되고 피구(Arthur Cecil Pigou: 1877-1959), 로빈슨(Joan Violet Robinson: 1903-1983), 케인즈(John Maynard Keynes: 1883-1946) 등에 의해 계승되었다.

이 학파에서는 고전학파 이론은 물론 독일 역사학파 이론 그리고 한계효용학파의 논리까지를 결합시켜 수요 측면에서의 한계효용, 그리고 공급 측면에서의 생산비를 동시에 고려하여 가격이 결정되는 과정에 관한 이론을 정립하였는데, 이때 비로소 근대경제학적 분석 체계가 정착되었다고 볼 수 있다. 특히, 이들은 당시 영국 사회에 나타나는 여러 가지 병폐들을 경제 이론으로 해결하려는 노력을 기울였다. 이러한 노력의 대표적 결실이 피구의 『후생론』(*The Economics of Welfare*, 1920)이라 할 수 있다. 그러나 이 학파는 정태적 분석을 강조하는 데 그친 나머지 시간과 불확실성 등에 관한 동태적 분석을 경시함으로써 1930년대의 대공황과 같은 위기 발생 시 적절한 대안을 내는 데 실패하고 말았다.

그러나 이 학파의 막내격인 케인즈에 의해 후일 거시경제학 체계가 마련되었고, 특히 정부의 역할을 강조하는 애덤 스미스로부터의 전통을 이어 받게 되었다. 물론 이로 인해 역시 스미스의 자유주의적 전통을 이어 받은 슘페터나 신고전학파와의 이념적 대립은 끈질기게 지속되었다.

4) 대공황과 케인즈 경제학의 등장

자유주의적 전통의 자본주의는 태생적 한계성, 즉 형평의 악화 문제로 인해 대항적 경제 이데올로기인 사회주의가 탄생하자 후생론 등의 논리로 대응하였다. 그러나 이는 보이지 않는 손이라고 칭했던 가격의 자동 조절 기능이 시장에서 순조롭게 작동할 때 가능한 대응 논리였다. 주지하는 바와 같이 시장 가격에 의한 자동 조절 기능이 한계에 부딪치는 역사적 사건이 20세기 초반에 미국에서 발생하였다. 시장 기능이 제대로 작동하지 못하는 극심한 시장 실패 현상이라 볼 수 있는 대공황이 발발하였는데, 정부는 가능한 한 간섭하지 않는다는 이른바 자유방임주의가 더 이상 문제를 해결할 수 없는 위기 상황이 도래했던 것이다. 결과적으로 (신)고전학파 경제 이론의 한계성을 극복할 새로운 논리 체계의 등장이 절실하게 요청되기에 이르렀다.

그런데 1930년을 전후한 대공황의 해소 방안을 두고 케인즈와 슘페터가 대립하게 되었다. 아이러니컬하게도 두 사람이 모두 사회주의 창시자 마르크스(Karl Marx)가 타계한 해인 1892년에 태어났다. 사실 두 사람이 모두 스미스 경제학의 두 가지 전통 중 한 가지씩을 계승한 측면이 있었음에도 불구하고 극단적인 대립상을 보였다.

케인즈는 이른바 유효수요 이론(theory of effective demand)에 근거하여 정부 재정 지출 확대를 통한 유수 정책(pump priming policy) 등으로 위기를 극복해 나갈 수 있다고 주장하였다. 이는 기본적으로 수요 측면을 강조한 수요 관리 경제 논리(demand-side management economics)라는 특성을 갖는다.

반면, 슘페터는 경기 회복 내지 경제 발전의 원동력으로 기업가 정신을 강조한 동태적인 논리를 제시하였다. 이는 기본적으로 고전학파의 자유주의를 계승하되 공급 측면을 중시하는 논리(supply-side economics)라는 특성을 갖는다. 그는 특히 기업가에게 기술의 진보, 생산 조직의 개선, 신제품의 개발, 그리고 새로운 판로 개척 등을 통해 경기 침체에 대한 장기적 차원의 대응 방안을 주문하였는데, 이는 공급 애로 현상(supply bottle-neck problem) 타개를 강조한 공급 관리 경제학이란 특성을 갖는 것으로 이해할 수 있다.

그런데 이 두 학자들의 논리 대립은 자유주의적 전통의 신고전학파와 정부 역할을 강조하는 케인즈 경제학 간의 대립으로 이해할 수도 있었지만 두 학자 간의 반목은 일면 극단에 흐르기도 하였다. 결과는 금본위제 유지 여부를 두고 처칠 총리와도 독설을 교환해 가며 정부의 역할을 강조했던 케인즈가 일단 세간의 이목을 독점하는 데 성공하였다. 이 과정에서 특히 피해 의식이 컸던 슘페터는 엉뚱하게도 자신이 신봉한 자유주의의 주창자였던 스미스의 이론을 새로운 생각이나 원리 또는 방법도 창출해 내지 못한 채 당시 학자들의 관점을 정리해 놓은 정도에 불과한 것이라고 비판하며 스미스의 『도덕감정론』은 물론 『국부론』까지 폄하하였다.

5) 케인즈 경제학의 공과

여하튼 대공황에 대한 처방으로 제시된 두 사람의 논리 중 케인즈의 정책 제안이 집중 조명을 받게 되었는데, 케인즈의 논리 체계는 그 이전까지 존재했던 (신)고전학파적 그리고 미시경제학적 이론 체계와는 본질적으로 차별화된 경제 이론이었고 이후 경제학계에 거시경제학이라는 새로운 이론 체계를 정립시키는 계기를 마련해 주었다. 현실적 분석력과 대처 능력을 강조한 거시경제학 이론 체계는 이후 급속한 논리적 발전을 거듭하였다. 특히, 시장 실패 시정을 위한 능동적 역할을 담당하는 경제 주체로서 정부 역할이 강조되었다.

한편, 대공황에 대한 해소 방안을 두고 케인즈와 다소의 이견을 보였던 루스벨트 대통령은 정부의 역할은 독과점이나 경기 침체 같은 시장 실패를 시정하는 역할 정도에 머무르는 것이 아니라 후생과 복지 그리고 소득 불평등 문제까지를 개선하는 수준까지를 능동적으로 담당할 것을 제창하고 나섰는데, 이와 같은 기조 변환을 뉴딜(New Deal) 정책이라 칭했다. 따라서 뉴딜은 정부의 능동적 개입 원칙을 넘어 각종 제도와 여건의 개선에 관한 총체적 대응 방안까지를 제시한 정책 기조로 인식하는 것이 정당하다. 즉, 뉴딜은 단순히 케인즈 경제학 논리만을 활용한 것이 아니라 제도 개선을 중심적 정책 고려 사항으로 삼는 따라서 본서의 핵심 주제인 공급경제학적 접근 방안을 실시한 선구적 정책 기조 전환 사례로 꼽을 수 있다.

6) 대안적 경제 이론의 등장

그런데 적어도 1960년대까지 자본주의 시장경제를 구축한 국가들의 주도적 경제 정책 논리로 자리매김하였고 선진 제국의 경제 성장은 물론 후진국의 경제 발전에도 크게 기여 하였던 케인즈의 거시경제 이론 체계는 수요 측면 분석에 치우쳐 있다는 논리적 한계성이 현실화되면서 결국 1970년대 초 석유 파동을 전후하여 효율적 정책 논리로서의 설득력을 상실하기 시작하였다. 케인즈 경제학이 대공황의 탈출이나 경제 성장에는 기여하였으나 불평등의 심화, 추세적 인플레이션 고착, 그리고 실업 증가 등의 후유증을 양산하였다는 비판을 받기에 이르렀다. 이에 이른바 '공급 관리 경제학'(supply-side economics: SSE)이라는 대안적 논리가 주목을 받으며 등장하게 되었다.

그러나 공급중시 경제학을 표방했던 '레이거노믹스'(Reaganomics)는 정책적 성공을 거두지는 못했다. 여러 가지 이유가 있었지만 레이거노믹스가 실패한 가장 근본적 이유는 이 정책이 공급중시 경제학의 핵심적 정책 고려 사항과 거리가 있는 정책의 활용 단계에 머물렀다는 점이다. 즉, 레이거노믹스는 정부에 의한 공급 측면에서의 여건 및 제도 개선(말하자면 뉴딜과 같은)을 경시하였고, 또 이러한 일을 주도해야 할 정부의 역할은 도외시한 채 케인즈적 정부 개입을 축소하는 데 전념하였다. 결국 레이거노믹스는 신고전학파 논리의 후속 주자로 인식되고 말았고, 따라서 1980년대 레이거노믹스 출현 이후 신보수주의가 각광을 받으며 약 30년 가까이 주도적 정책 기조로 군림하는 계기를 제공해 주었다.

그러나 공급중시 경제학을 제대로 이해하지 못한 채 이를 표방하고 나온 극단적인 자율적 시장주의는 지나친 신용 확대를 초래한 채 관리는 소홀히 함으로써 거품을 양산시키다가 결국 2008년 국제 금융 위기를 촉발시키고 말았다. 이에 다급해진 세계 주요국들은 다시 정부가 적극 개입하는 전통적 케인즈식 처방으로 위기를 극복하고자 하였다. 즉, 양적 완화를 기조로 하는 단기적 경기 처방으로 위기를 극복하려고 한 것이다. 그러나 이미 세계는 더 이상 케인즈의 총괄적 정책 도입만으로 난제를 해결할 수 없는 시대에 와 있고, 따라서 더 이상 현재의 위기를 극복할 궁극적 대안이 될 수는 없다. 더구나 장기적 성장 및 안정을 담보할 불균형 문제(예컨대, 빈부 격차의 확대 등)의 해소를 제대로 고려하지 못하고 있다. 그리고 장기적 발전의 근본을 제공할 각종 인센티브 제공 및 제도의 개선과 관련한 구체적 정책을 창출하는 일도 여전히 경시되고 있다.

3. 케인즈 경제학과 레이거노믹스는 경제 흐름을 충분히 설명할 수 있는가?

1) 케인즈 경제학의 한계점

공급 관리 경제학은 수요 관리 경제학적 특징을 갖는 케인즈 경제학이 1970대 초 국제 원유 파동으로 인해 초래된 이른바 '스태그플레이션'(stagflation) 현상을 제대로 설명하지 못하게 되면서 대안으로 등장하였었다. 케인즈 경제학의 기본 논리 중 하나인 이른바 '필립스 곡선'(Phillips curve) 모형에 따르면 물가 및 임금을 억제하는 정책을 쓰면 성장률이 저하되고, 성장률을 증대시키기 위한 확장적 경기 정책을 추구하다 보면 물가가 오르게 된다는 것이다. 이를 물가와 성장률 간의 '상충효과'(trade-off effect)라 한다. 따라서 이 이론에 따르면 물가가 올라가고 성장률이 떨어지는 현상은 발생할 수 없다.

그러나 실제로 1973년 제1차 국제 석유 파동을 전후하여 세계에는 인플레이션(inflation)과 경기 침체(deflation or stagnation)가 동시에 나타나는 이른바 스태그플레이션(stagflation) 현상이 만연하였다. 고유가로 경기 침체와 물가 상승이 동시에 초래되었기 때문이다. 이러한 현상을 케인즈 경제학이 제대로 설명할 수 없었던 것은 케인즈 경제 이론이 수요측 경제 행위만을 분석할 수 있는 논리에 근거하고 있었기 때문이다. 물론 이러한 논리적 한계점은 단지 공급 측면을 동시에 분석할 수 있는 분석틀을 정립함으로써 해소될 수 있는 것이다.

그림 2-2에서 종축은 물가 수준, 횡축은 국민소득 수준이나 총수요 또는 총공급 수준을 나타낸다. 한편, *AD*는 총수요(aggregate demand) 그리고 *AS*는 총공급(aggregate supply) 곡선을 나타낸다. 총수요는 가격(또는 물가 수준)이 낮아질수록 증가하므로 우하향(downward sloping) 형태를 취하고 총공급은 가격이 상승할수록 증가하는 성향이 있어 우상향(upward sloping)하는 모습을 갖는다. 국민 경제는 이러한 총수요와 총공급이 같아지는 점 E_0에서 균형을 이루게 되고 이때 균형 국민소득 수준은 Y_0, 그리고 균형 물가 수준은 P_0가 된다.

그리고 만약 Y_0 수준이 경기침체기에 해당될 만큼 낮은 수준이라면 정부는 재정 정책(정부 재정 지출 증가나 조세 저감)이나 금융 정책(유동성 확대나 이자율 하락)을 통해 경기 침체를 해소할 수 있다는 것이 케인즈 경기 정책의 핵심이다. 그런데 이러한 경기 확장 정책은 국민소득 수준을 끌어올릴 수 있을지 모르겠지만(예컨대, Y_0에서 Y_1 또는 Y_2로) 동시에 물가가 인상되는 결과를 초래(예컨대, P_0에서 P_1 또는 P_2)한다는 문제가 있다.

확장적 재정 및 금융 정책으로 총수요는 AD_0에서 AD_1 또는 AD_2로 증가시킬

그림 2-2 케인지언 경기 정책의 효과

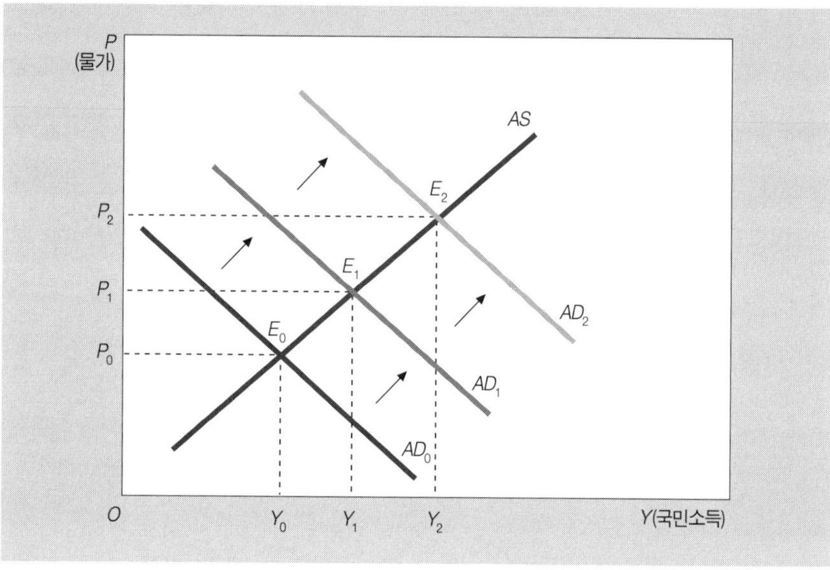

수 있지만 이러한 전통적 케인지언 정책은 물가를 함께 인상시킨다는 것이다. 따라서 성장과 안정이란 두 마리 정책 목표를 동시에 달성시킬 수는 없다는 것이다.[1)]

그런데 그림 2-3에서처럼 원유 파동은 원유 가격 상승(공급 측면에서의 생산 요소 공급 제한 및 가격 상승)에 따라 각종 (생산) 비용이 증가함으로써 총공급이 위축되는 현상을 가져왔다. 즉, 총공급 곡선이 AS_0에서 AS_1으로 이동하며 위축되었다. 이때 국민소득 수준은 Y_0에서 Y_1으로 낮아지고, 물가는 P_0에서 P_1 수준으

1 이러한 현상을 달리 표현한 것이 바로 물가와 성장률 간의 상충적 현상으로 집약되는 이른바 필립스 곡선 모형의 기본 논리이다. 자세한 내용은 별도의 전문 도서를 참고하기 바란다.

그림 2-3 공급 애로 현상과 케인지언 경기 정책의 한계

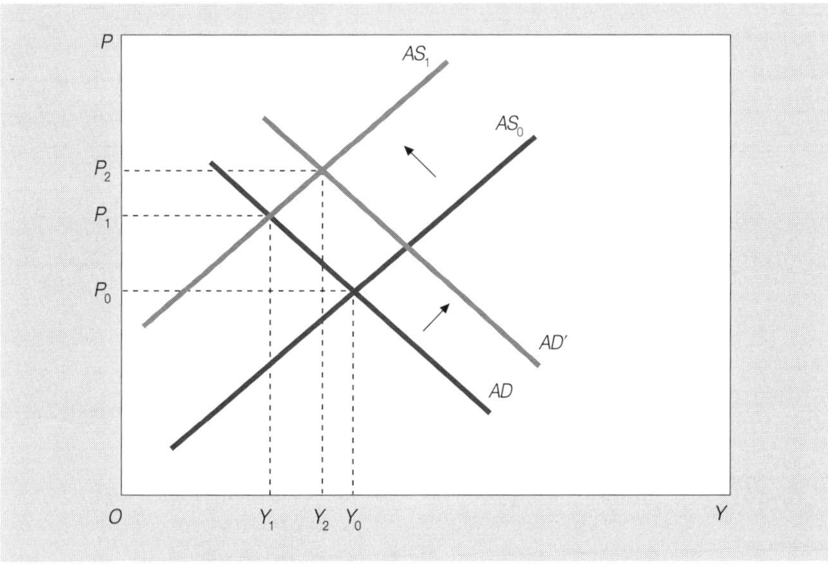

로 높아지는 스태그플레이션 현상이 나타난 것이다. 그런데 만일 이러한 경기 침체 해소를 위해 전통적인 케인지언 확장 정책을 쓰면 총수요 곡선이 *AD*에서 *AD'*으로 이동하게 되어 국민소득 수준은 다소 회복시킬 수 있으나(예컨대, $Y_1 \rightarrow Y_2$) 물가 수준은 한 차례 더 상승(예컨대, $P_1 \rightarrow Y_2$)하는 문제를 유발시키게 되는 것이다. 결국 케인지언 정책 논리로서는 적절한 대응 방안을 제시할 수 없는 현상이 도래한 것이다.

또 한 가지 여기서 주목할 점은 확장적 경기 정책이 비록 단기적으로는 국민소득 수준을 향상시킬 수 있을지 모르나($Y_1 \rightarrow Y_2$) 물가가 동반 상승하므로($P_1 \rightarrow P_2$), 물가 수준을 고려한 실질소득 수준(Y_1/P_1과 Y_2/P_2)의 증대는 기대하기 어렵다

그림 2-4 공급중시 경제 정책의 예상 효과

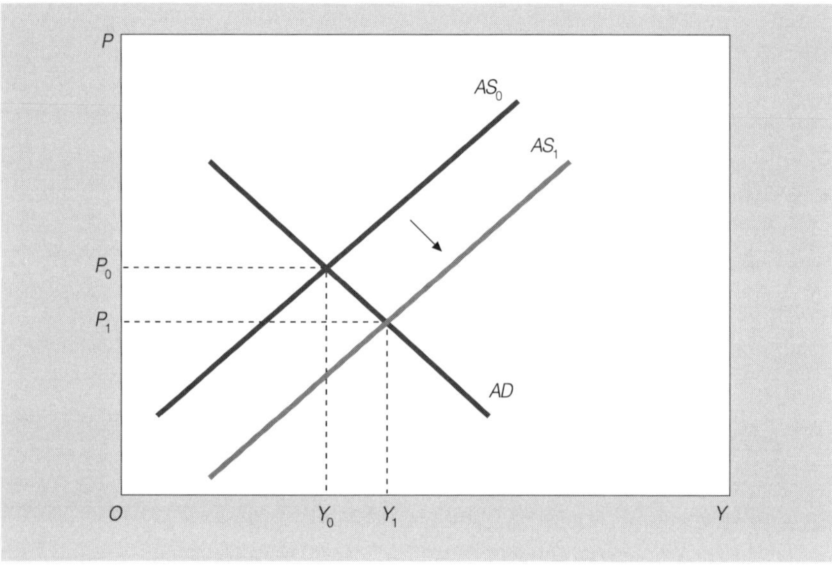

는 점이다. 결국 케인지언 경기 정책은 아주 단기적으로는 효과가 있을지 모르나 물가가 덩달아 상승하게 되는 정도의 기간이 경과한 후에는 그 효과가 거의 사라져 버린다는 것이다. 따라서 장기에 걸친 안정적 성장을 추구할 별도의 경제 논리를 정립해야 할 필요성이 제기되었다.

이에 따라 그림 2-4처럼 공급 곡선이 오른쪽으로 이동하는 경기 정책이 창안된다면 소득은 올라가고($Y_0 \rightarrow Y_1$) 물가 수준은 낮아지는($P_0 \rightarrow P_1$) 일석이조의 효과를 얻을 수 있을 것이다. 바로 이 점을 고려한 것이 공급중시 경제학(SSE)의 기본 논리라 할 수 있다.

한편, 케인즈 경제학의 한계성과 공급중시 경제학의 특성을 다른 측면에

표 2-1 발생 가능한 경기 유형과 현상

	물가	국민소득	현상	특징
I	하락	하락	디플레이션	케인즈 영역
II	상승	상승	인플레이션	
III	상승	하락	스태그플레이션	케인즈 이론의 한계 영역
IV	하락	상승	안정적 성장	공급중시 경제 이론 영역
V	급상승	하락	초인플레이션 하의 경기 침체	공급 애로(정부 실패, 부패, 포퓰리즘)

서 대비시켜 보면 표 2-1과 같이 정리될 수 있다. 위의 표에서와 같은 내용 구분에 따르면 케인즈 경제학은 I 영역과 같은 경기 침체 상황 발생 시 이를 케인지언 경기 정책으로 해소할 수 있으나 II 영역에서와 같이 인플레이션이 수반된다는 문제점이 있는 것으로 이해할 수 있다. 반면 케인즈 경제학은 III영역과 같은 상황(스태그플레이션)이 발생하는 것을 설명하거나 이를 해소할 수 있는 대책을 제시하지 못했다는 한계점을 드러낸다. 한편, IV영역은 안정적 성장을 가능케 할 수 있다는 공급중시 경제 이론 영역으로 이해할 수 있다. 그리고 V영역은 공급 측면이 제대로 고려되지 못할 경우 발생할 수 있는 특수 현상으로 초인플레이션과 경기 침체가 동시에 발생하는 현상이다. 최근의 베네수엘라나 브라질, 아르헨티나 등의 국가에서 발생했던 현상이다. 이러한 현상은 각종 공급 애로 현상 외에 부패와 대중 선동주의 등으로 인한 정부 실패가 주원인을 제공한 것이라 볼 수 있다.

2) 레이거노믹스의 한계점

대안적 논리의 등장과 주요 쟁점

공급중시 경제학의 논리를 표방했던 레이거노믹스(Reaganomics)의 핵심 경제 정책은 조세를 삭감해 주어 노동자들이 일을 할 의욕(노동 공급)을 높여 주고 기업들이 투자할 의욕을 고취함으로써 궁극적으로는 경제 성장을 도모한다는 것이다.

주지하는 바와 같이 이러한 논리는 수요 관리 경제학의 특징을 갖는 케인즈 경제학이 1970년 초 국제 원유 파동을 전후하여 도래한 이른바 스태그플레이션 현상을 적절히 설명하고 대처할 수 있는 정책을 마련하는 데 실패하면서 주목을 받게 된 것이다. 그러나 사실 레이거노믹스는 진정한 공급경제학이 아니라 오히려 기본적으로 '작은 정부론'(small government doctrine)에 근거하는 고전학파적 전통을 계승한 것으로 보아야 적절할 것이다. 즉, 레이거노믹스는 정부 개입과 규제를 대폭 줄이고 정부에 의한 분배와 복지 정책까지 배격함으로써 일종의 신고전학파적 특성을 가지게 된 것이다. 물론 수요 관리 경제학적 특징을 갖는 케인즈 경제학에서와는 달리 경기 침체를 수요 부족이 아니라 노동 공급과 자본 스톡의 축적 부족에서 찾았다는 점에서는 공급 부문을 중시했다는 측면이 인정된다.

레이거노믹스의 역사적 실험

문제는 어떻게 하면 총공급을 증대시킬 수 있을까 하는 점이었다. 당시 레이건 행정부는 우선 정부 규제를 대폭 완화함은 물론 정부 개입 자체를 적극 억제함으로써 총공급을 확대시키기 위해 심지어는 정부 역할을 최소화하는 '작은 정부론'을 재천명하면서 정부에 의한 분배나 복지 정책까지를 배격하기에 이르렀다. 이러한 정책 기조로 인해 당시 미국판 공급중시 경제학은 신고전학파적 특성을 갖는 것으로 평가되었던 것이다. 그러나 불행하게도 이는 추후에도 설명하겠지만 본질적인 차원에서의 공급 관리 경제 논리로부터는 다소 이탈한 시도였다. 여하튼 레이건 행정부는 경기 침체를 수요 부족이 아니라 노동 공급과 자본의 축적 부족에서 찾았는데 이를 시정하기 위해 다음과 같은 정책 대강을 발표하였다.

첫째, 법인세 및 소득세의 감세를 통해 투자와 노동 공급(일할 의욕)을 증대시켜 경기를 진작시킨다.

둘째, 정부 규제를 완화 내지 철폐한다.

셋째, 재정 지출을 삭감한다.

넷째, 안정 지향적 금융 정책(화폐론자(monetarist)적 금융 긴축)을 도모한다.

그러나 불행하게도 이상과 같은 경기 대책은 물가는 하락시켰으나 감세에 따른 재정 적자 확대와 긴축 금융에 따른 고금리 현상으로 인해 실업이 증가하고 기업 도산이 증대되는 등 오히려 경기를 악화시키는 결과를 초래하였다. 특히, 금융 긴축에 따른 고금리는 감세에 따른 투자 및 생산 자극 효과를 상쇄시켜버렸다. 결과적으로 레이건 행정부에 의해 시도된 제한적 의미의 공급중시 경제 정책 실험은 다양한 이유로 인해 성과를 보지 못하였다.

그럼에도 불구하고 전술한 바 있듯이 신고전학파적 작은 정부 기조는 이후에도 견지되었다. 케인즈 경제학이 단기적 성과 위주의 논리라고 비판하였지만 사실 레이거노믹스가 시도한 조세 감면 정책 또한 기본적으로는 단기적 정책의 범주를 벗어날 수 없는 방향으로 추진되었다. 조세 정책이 보다 장기적이고 근본적인 차원의 공급 여건 및 제도 개선 문제와 관련지어 수행되지 못했다는 것이다. 예컨대, 사회적 기반(social infra-structure)의 구축, 사회적 자본(social capital)의 축적, 각종 제도 및 여건의 개선과 노력 등과의 연관 속에 추진되지 못했던 것이다.

레이거노믹스의 논리적 한계점

레이거노믹스로 대변되는 공급중시 경제 정책이 실패하게 된 이유는 다양하다. 우선 감세의 폭이 그다지 크지 않을 경우 투자 및 노동 공급 증가를 촉발시키지 못하고 말았을 수도 있다(투자와 노동 공급의 조세 탄력성이 낮기 때문일 수도 있다는 뜻). 그리고 레이건 행정부가 채택한 것은 전통적인 케인즈 거시경제 정책 수단의 하나인 총수요 촉진을 위한 조세 감면 정책을 답습하는 데 그쳤다는 점에 유념할 필요가 있다. 비단 효과가 어느 정도 나타났다 해도 이는 단기적 성과에 머물 공산이 크다는 점을 간과한 것이기 때문이다. 보다 장기적이고 근본적인 차원에서의 공급 여건 및 제도 개선 문제와 연관시켜 조세 정책을 본격적으로 살펴보았어야 했다.

특히, 케인즈 경제학은 수요 측면을 중점적으로 분석하는 논리 체계일 뿐 아니라 '유량 변수'(flow variable: 예컨대, 성장률, 소비, 저축, 투자, 수출입 등) 상호간의 인과관계 규명에 주안점을 둔 논리 체계이다. 따라서 '저량 변수'(stock variable: 물적 자본, 인적 자본, labor force, 토지, 주식 등)의 확충에 관한 논리가 거의 전무하다. 레이거노믹스가 정말 의미 있고 실효성 있는 공급중시 경제 정책으로 정립되기 위해서는 바로 이러한 사실의 정확한 인식에서 시작했어야 했다. 여기서 유량 변수란 일정 기간 내에 이루어진 경제 활동량을 계측한 것으로 연간 소득, 소비, 수출입 등이 이에 해당된다. 반면 저량 변수란 어느 한 시점에서 분석 대상이 되는 경제력의 상태나 존재량을 의미하며 노동 가능 인구, 총자본량 등이 이에 속한다.

3) 진정한 공급중시 경제학이란?

케인지언과 공급 관리 경제학의 본질을 설명하기 위하여 우선 그림 2-5를 활용해 보기로 한다. 그림에서 한 국가가 가지고 있는 생산 요소를 모두 투입하여 두 유형(예컨대, 공공재와 민간재)의 상품만을 생산할 때 생산 가능한 두 재화의 최대 산출량 조합은 곡선 $Y_0E_0X_0$와 같아지는 것으로 알려져 있는데 이를 '생산가능곡선'(production possibility curve: PPC)이라 한다. 곡선의 모양은 바깥쪽으로 볼록한 특징을 갖는다. 반면, 동일한 만족도를 갖는 두 재화의 결합 소비량은 원점에 대하여 볼록한 특징을 갖는데 이를 사회적 무차별곡선(social indifference curve: SIC)이라 한다. 따라서 같은 SIC 선상의 어떤 소비점(조합)을 선택하더라도 만족도가 동일하다는, 즉 차이가 없다(indifferent)는 의미를 갖는다. 그리고 사회

그림 2-5 경제 성장의 주요 요인

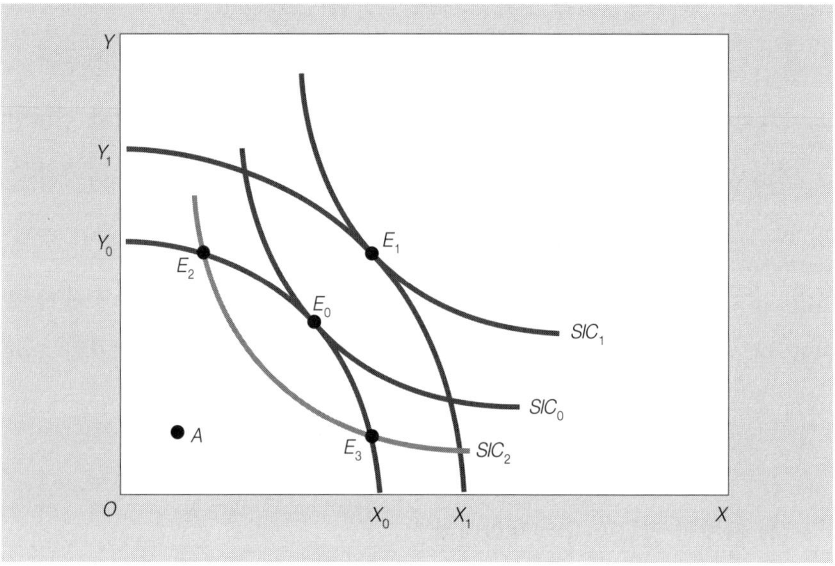

전체적으로는 PPC와 SIC가 접하는 균형점(equilibrium point) E_0에서 사회적 만족도가 극대화된다. 왜냐하면 $Y_0E_0X_0$와 같은 PPC 선상에서는 E_0 이외의 임의적 점(예컨대, E_2 또는 E_3)은 SIC_0보다 낮은 만족도밖에 주지 못하는 SIC_2 선상에 있게 되기 때문이다.

여하튼 그림 2-5에서 볼 때 경제가 발전 또는 성장한다는 것은 한 국가의 균형점이 E_0에서 E_1으로 확장되는 현상으로 이해할 수 있을 것이다. 이러한 경제 성장은 더 많은 생산 요소를 생산에 투입하거나 기술 진보를 통하여 이루어진다. 그 중 가장 쉬운 성장 방안은 생산 요소를 추가 투입(more inputs)하는 방식이다. 예컨대, 더 많은 노동 또는 자본을 생산에 투입함으로써 경제 성장을 이룩하는 방안을 들 수 있다. 그런데 일반적으로 노동력을 짧은 기간 내에 확대하기는 현실적으로 불가능하므로 전통적으로 경제 성장은 자본을 추가로 투입하는 방식으로 도모되었다. 만일 자국 내에서 자본 조달이 여의치 못할 경우 외국에서 빌려다가 생산에 투입할 수도 있다. 이처럼 자본의 추가 투입 위주의 성장 전략을 자본 중심 성장주의(capital fundamentalism)라 한다.

그런데 사실 노동력의 크기가 한 국가 전체적으로는 단 시일 내에 증가될 수 없겠지만 부문 간 노동력 이동 가능성을 고려하면 부문별로는 노동 공급량이 얼마든지 증가할 수 있다. 예컨대, 저생산성 부문 노동력을 교육이나 훈련을 통해 생산성을 향상시켜 고생산성 부문으로 이동시킬 수 있기 때문이다. 그런데 이러한 명백한 진리를 대다수 개도국은 제대로 인식하지 못하거나 활용하는 데 실패해 왔다. 큰 틀에서 보면 한국도 예외는 아니다

경제 성장의 두 번째 요인, 즉 생산가능곡선(PPC)을 $X_0E_0Y_0$에서 $X_1E_1Y_1$으로 확장시킬 수 있는 요인으로는 기술 진보(technology process)를 들 수 있다.

그런데 이상과 같은 두 가지 전통적인 성장 요인 외에 후진국에서만 찾아볼 수 있는 세 번째 경제 성장 요인이 있다. 대다수 후진국들은 자본주의가 자생적으로 정립될 만큼 경제 성숙도가 미흡했던 시점에서 식민지화를 통해 비자발적으로 이식되었다. 따라서 봉건 세력을 몰아내고 근대 시민 사회를 스스로 열어나갈 시민 혁명과 같은 과정을 거치지 못하고 또 사회 제반 제도가 근대화되지 못한 단계에서 경제 개발을 추구할 수밖에 없었다.

따라서 이들 국가에서는 현실적 균형 생산점(그리고 소비점)은 E_0와 같은 수준에 도달할 수는 없다. 즉, 실제 생산은 점 A(actual production point)와 같이 선진국

형 생산점(E_0)보다는 원점에 가까운 따라서 보다 낮은 수준의 생산에 머무는 것이 일반적 현실이다. 각종 근대 제도 및 규제의 미흡이나 사회적 기반 자본(social infrastructure) 부족이 주원인이다. 이러한 제도상의 문제를 완화 내지 개선하는 일은 후진국 경제 발전에 매우 중요한 요인이라는 점을 다시 한 번 강조해 둔다.

이상에서 열거한 기술 진보나 제도적 개선이라는 성장 요인이 바로 진정한 의미의 공급 측면에서의 성장 요인인 것이다. 반면 생산 요소의 추가 투입에 의한 성장 전략이 바로 케인지언 정책의 핵심이라 볼 수 있다. 그것도 노동이나 인적 자본보다는 주로 물적 자본의 추가 투입 방식에 의한 성장만을 강조해 온 것이다.

여하튼 이러한 인식의 연장선상에서 볼 때 결국 진정한 공급 측면의 경제학은 바로 기술 진보와 제도 개선을 통해 성장 정책에 관한 논리를 제공하는 내용으로 구성되어야 한다는 것이 본서의 핵심 논리이다. 바로 이러한 차원에서 그 중심 논리를 다음 항에서 요약 제시하고자 한다. 이는 케인즈 경제 논리의 한계성을 진정한 공급중시 경제학 논리로 보완한 융합적 분석 모형으로 '신공급중시 경제학 종합' 모형이라 명명하였다.

예컨대, 최근 자주 거론되고 있는 4차 산업혁명의 핵심 내용 또한 케인즈적 정책 논리에 근거한다기보다는 공급 측면에서 선도해 나가야 할 새로운 산업으로의 구조 조정이나 이를 뒷받침할 수 있는 융·복합적 기술의 진보 및 활용 등에 관한 것들로 채워져 있는데, 바로 이러한 사실이 본서가 지향하는 정책 기조와 잘 부합하는 사례라 할 수 있다.[2)]

4. 우리는 어떤 경제 패러다임을 필요로 하는가?

이상에서 우리는 궁극적으로 한국 경제가 당면하고 있는 문제의 핵심과 근본 원인 그리고 이의 해소를 위해 필요할 것으로 생각되는 다양한 견해와 논리들의 변천 과정을 검토해 보았다. 그런데 한국 경제의 위기 탈출은 물론 장기적 안정 성장을 도모하기 위한 논리 개발은 단지 이러한 다양한 견해를 선택적으로 취사선택하는 방식만으로는 성사되기 어려운 일이다. 결국 현 시대적 여건과 상황에 걸맞는 새로운 경제 패러다임의 정립이 필요하다는 데 중론이 모아지고 있다. 이제 구체적인 대안 제시에 앞서 특히 최근 대립적 패러다임으로 자리해 온 케인즈 경제 논리와 레이거노믹스 경제 논리에 관한 논의를 다음과 같이 요약해 둔다.

첫째, 케인즈 경제학은 기본적으로 수요 측면 논리에 치우친 이론 체계라

2 최근 자주 거론되고 있는 독일의 4차 산업혁명이란 한마디로 표현한다면 디지털 혁명을 제조업에 접목시킨 것이라 할 수 있다. 구체적으로는 소비, 유통, 서비스 산업에 적용된 디지털 혁명을 전통적인 제조업에 연결시키는 작업이 주류를 이루고 있는데, 결국 제조업 가치사슬에 연결된 모든 것들을 변화시키고 있다는 차원에서 4차 산업혁명이라 부르고 있다.

이를 위해 독일은 부가가치를 창출하는 혁신을 목표로 기술 플랫폼(platform)(기술 개발을 통한 혁신)과 의사소통 플랫폼(시장에서 판매 가능한 혁신)을 구축함과 동시에 기술 개발과, 제품 기획자, 판매자, 업종 단체, 엔지니어 단체, 연구자 등이 함께 논의 · 협의하는 이른바 개방형 의사소통 시스템을 정착시키고 있다. 플랫폼 방식의 의사소통은 다양성, 내용 공개성, 피드백을 통한 역동적 혁신을 창출해 내는 데 초점을 맞추고 있고, 특히 사물 인터넷을 통해 사람과 사물 그리고 서비스를 연결함으로써 4차 산업혁명의 비즈니스 모델을 구축해 가고 있다.

주목할 만한 사실은 이상과 같은 독일의 새로운 물결은 낮은 임금과 낮은 제품 단가 시장에서 살아남기 위해 고부가가치 제품을 생산해 제조와 유통 부문에서 지속적으로 중국 등과 같은 신흥국과 경쟁할 방법을 강구하는 과정에서 정착되었다는 점이며, 따라서 한국 경제에 시사하는 바 크다 할 수 있다. 그리고 사람과 사물, 사물과 사물이 연결되는 산업혁명은 네트워크에 성공 여부가 달려 있다고 볼 수 있으며, 이러한 차원에서 현재 한국이 겪고 있는 이른바 제조업 공동화 문제도 동시에 해소할 수 있는 방안이 모색되리라 본다.

는 한계성이 부각되었고 시장 실패 시정을 위해 고안된 금융 정책과 재정 정책 수단들은 그 성과가 단기적으로 그리고 잠정적으로 나타난다는 특성이 있다. 즉, 이들 정책 수단들은 장기적인 그리고 안정적인 성장을 보장할 수는 없고 단지 확장적 경기 정책은 인플레이션만을 악화시킨다는 문제를 드러낸 바 있다. 특히, 이들 정책 수단들의 핵심은 실물 부문에서의 실질적 변화보다는 때로는 실물적 현상과 격리된 통화와 신용의 팽창만을 부추겨 국제 금융 위기와 같은 대재앙을 초래하였으며, 이러한 과정에서 빈부 격차나 양극화 그리고 국제 사회적 불안정이 증폭되는 결과를 초래하기도 하였다는 비판을 피하기 어렵다.

둘째, 장기적 성장은 자본 형성의 촉진과 생산 요소의 질적 향상을 통한 생산성 제고가 뒷받침되어야 할 성격의 것으로 전통적인 케인지언 정책으로는 달성하기 어려운 것인바 새로운 경제 논리의 정립이 절실하다.

셋째, 1980년을 전후하여 제시된 공급중시 경제학의 논리를 표방한 레이거노믹스는 이상과 같은 케인즈 경제학의 한계성을 일깨운 데에는 성공하였으나 대안으로 제시한 논리는 여전히 단기적이고 양적인 차원에서 금융 여건의 변화를 추구하는 케인즈 정책 논리를 답습하였고, 암묵적으로 작은 정부론을 원칙으로 하는 고전파 논리로 회귀하는 데 그쳐버렸다.

넷째, 결국 레이거노믹스 경제 정책들은 지엽적인 문제에 대한 논리 제공 단계에 그쳤고, 활용된 인기 영합적 감세 정책 또한 재정적자 누증과 성장 둔화만을 초래하는 등 역사적 실패를 기록하고 말았다. 결국 진정한 의미의 공급중시 경제학 내지 공급 측면을 보완한 경제학 체계 정립은 이제부터 본격적으로 탐색해야 할 때이다.

다섯째, 우선 물적 자본의 확충이나 노동 의욕 고취 내지 공급 확대를 위해서는 보다 본질적이고 제도적인 차원에서의 논리 정립이 필요하다. 예컨대, 저출산, 고령화로 인한 장기적 잠재성장률 저하를 막을 수 있도록 출산, 육아, 교육, 훈련, 이민 등에 대한 효율적 대안을 담보할 수 있는 논리의 정립 등이 필요하다.

이와 같은 인식에 근거하여 아래와 같은 분석 모형을 제시해 본다.

1) 신공급중시 경제 종합 모형의 제시

공급 관리 경제학이란 명칭에 걸맞은 핵심 논리를 보다 상세히 설명하기 위하여 아래와 같은 그림을 활용해 본다. 그림 2-6은 공급경제학의 독자적인 관심 영역을 세분화하여 제공하되 케인즈 경제학과 어떻게 융합적으로 활용될 수 있는가에 초점을 맞추어 작성된 정의 도표이다.

즉, 그림 2-6은 케인즈 이론과 공급중시 경제 이론에 논리적 절충을 시도해 본 것이며, 이를 '신공급중시 경제학 종합'(supply-side economic synthesis)이라 명명하였다. 그림에서 볼 수 있듯이 케인즈 이론은 단기적 성과에 초점을 둔 경제 정책을 핵심으로 하고 있는 반면 공급중시 이론은 장기적 성과에 초점을 둔 경제 정책에 주안점을 두고 있다는 특성이 있다.[3)]

3 여기서 잠시 독자의 이해를 돕기 위해 20세기 중반 이후 커다란 논쟁이 되어 온 거시경제 이론상의 논쟁의 핵심을 간략히 살펴보기로 한다. 전통적으로 신고전학파 경제학에서는 임금과 물가가 신축적이어서 케인지언 재정 정

그림 2-6 신공급중시 경제학 종합 도표

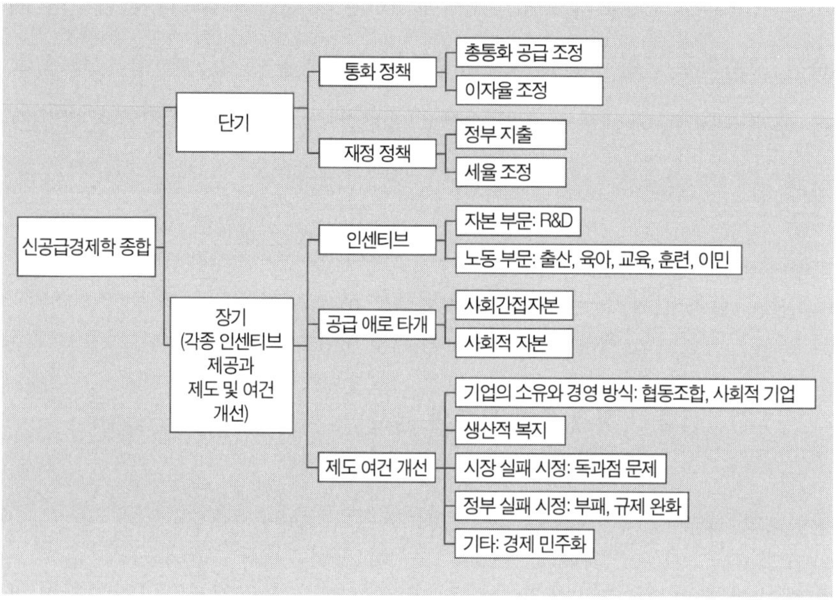

이 그림은 동시에 다음과 같은 의미를 함께 부여하고 있다.

첫째, 사뮤엘슨의 신고전학파 종합이 신고전학파와 신케인즈학파의 거시

책이나 금융 정책을 통한 경기 정책은 장기적으로는 실물 경제에 영향을 미치지 못한다는 입장을 견지하고 있다.

반면, 신케인즈학파에서는 임금과 물가의 비신축성 때문에 정부의 시장 개입을 전제로 하는 케인지언 경기 정책은 적어도 단기에 있어 유효하다는 반론을 제기해 왔다.

결국 단기적으로는 케인즈 이론이 설득력을 갖는 반면 신고전파 이론은 경제의 장기적 균형을 설명하는 데 적합하다는 식의 논리적 절충이 노벨경제학상 수상자인 사뮤엘슨(Paul A. Samuelson)에 의해 시도되었는데, 이를 '신고전파 종합'(neoclassical synthesis)이라 부르고 있다.

이상과 같은 논리적 절충 방식을 케인즈 이론과 공급중시 경제 이론에 적용해 본 것이 그림 2-6이며, 이를 '신공급중시 경제학 종합'이라 명명한 것이다.

이론 체계만의 융합이라 한다면 본서에서 시도한 신공급중시 경제학 종합은 케인즈 거시경제 이론과 공급중시 미시 이론을 융합시킨 것으로 이해할 수 있다.

둘째, 공급중시 이론이 비록 20세기 후반에 케인즈 이론의 한계성을 보완 또는 대체하기 위해 제시된 것이지만 그 뿌리가 20세기 초반 대공황 시기에 케인즈 이론과 경합적으로 제시되었던 슘페터의 이론에 있다고 볼 수 있고 루스벨트의 뉴딜 정책과 연계된 논리로도 볼 수 있다.

셋째, 따라서 신공급중시 경제학 종합은 신고전학파적 전통(슘페터 이론 체계)과 케인지언 전통 그리고 미시적 접근과 거시적 접근 모두를 아울러 융합시킨 경제 논리라 할 수 있다. 그리고 바로 이렇게 정립된 모형이 본서가 독자들에게 전달하고자 하는 핵심 논리를 반영하고 있는 것이다.

다시 한 번 그림 2-6을 이용하여 케인즈 이론 체계의 특징과 한계성을 재확인해 보기로 한다. 즉, 케인즈 이론은 정부가 시장 실패 시정의 주체로서 기능하되,

첫째, 금융 정책과 재정 정책을 통한 경기 정책으로 대공황과 같은 시장 실패를 시정할 수 있다고 보았다.

둘째, 금융 정책으로는 총통화량과 이자율이란 정책 수단, 그리고 재정 정책으로는 정부 지출과 조세율이란 정책 수단을 활용할 수 있다고 보았다.

셋째, 그러나 통화량 증가라는 경기 정책은 명목소득을 증대시킬 수 있으

나 동시에 물가 상승을 초래하여 결국 실질소득에 별 영향을 미치지 못할 수 있다는 점과 이자율 하락 정책은 투자를 증대시키지 못할 수도 있다는(이를 유동성 함정(liquidity trap)이라 부름) 문제가 제기되었다.

넷째, 정부 투자 지출 증대를 통한 경기 진작 정책은 민간 투자를 대체하거나 억제할 수도 있고(이를 구축 효과(crowding-out effect)라 부름) 정부 지출 확대를 위해 필요한 조세율 인상은 민간의 가처분소득을 하락시켜 민간 소비를 위축시킬 수 있다는 비판이 제기되기도 하였다.

다섯째, 그리고 반복되는 이야기지만 케인즈 이론은 기본적으로 수요 측면 분석에 치우쳐 있다는 한계성으로 1970년대에 이르러 정책의 효용성에 큰 문제가 제기되었다는 것이다.

한편, 역시 그림 2-6에서처럼 정의된 분석 모형에 근거하되 이번에는 공급중시 경제 이론의 구체적 정책 내용들을 살펴보면 다음과 같다.

첫째, 공급중시 경제학은 기본적으로 각종 인센티브를 제공하거나 제도 및 여건을 개선하여 장기적으로 경제가 발전할 수 있는 대안을 제시하는 이론 체계로

둘째, 단순한 추가 자본의 투입 단계를 넘어 벤처 기업이나 중소기업 육성 등을 위한 투자를 활성화함으로써 대 · 중소기업 간 불균형을 시정하는 일

셋째, 저출산 노령화에 대비한 획기적인 출산, 육아 및 교육 그리고 훈련 등을 통해 인적 자본 축적을 도모하는 일

넷째, 사회간접자본의 지속적 확충과 사회 구성원들이 공동 목표를 효율적으로 추구할 수 있게 하는 이른바 사회적 자본을 확충함으로써 공급 애로 요인을 타개하는 일

다섯째, 재벌 그룹의 소유 및 경영 방식을 개선하여 효율성과 형평성을 증대시키는 일, 사회적 목적을 추구하는 협동조합이나 사회적 기업 등을 구성하는 일, 단지 지출에 그치지 않고 생산성과 연계시킨 복지 제도의 창출, 그리고 공직 부패를 척결하고 규제를 완화하는 일 등을 주 분석 대상으로 하는 모형이다.

그런데 보다 중요한 것은 이들 정책은 단지 경제적 효율성 증대에 따른 경제 성장만을 도모하는 것이 아니라 고용의 증대, 불평등의 시정 및 복지 향상을 동시에 달성 가능하게 해준다는 점이다. 문자 그대로 효율과 형평 그리고 복지의 증진을 동시에 달성할 수 있는 총체적 경제 발전 원리라 할 수 있다.

뿐만 아니라 이들 중 대다수 정책들이 인적 자본의 축적과 질적 향상을 통해 추진되는 것이어서 인적 자본이 중시되는 이른바 인본 자본주의적 특성을 갖게 되는데, 바로 이 점이 '신공급중시 경제학 종합' 모형이 갖는 또 다른 의의라 할 수 있다.

2) 새로운 분석 모형의 의의

앞서 지적한 바 있듯이 케인즈 경제학은 기본적으로 수요 관리 중심의 경제 이론으로 그 성과가 단기에 그칠 수밖에 없는 따라서 응급조치 내지 대증요

법적 처방에 관한 정책 논리적 성격이 강하다고 규정하는 데 큰 무리는 없을 것이다. 따라서 2008년 국제 금융 위기가 발발하자 원래 대공황과 같은 경기 침체 해소를 위해 도입됐던 논리적 특성을 갖는 케인즈 경제 정책이 다시 활용된 것은 별로 놀라운 일이 아니다.

그러나 앞서의 논의에서 밝혀진 바 있듯이 케인즈 경제학이 갖는 태생적 한계성 등으로 인해 현재 세계가 직면한 경제 위기를 궁극적으로 해소시켜 줄 미래 지향형 패러다임으로 재정립될 수 있다고 믿는 사람은 많지 않다. 이미 세상은 예전처럼 한두 가지 전통적 거시 정책 수단만으로 위기 탈출에 성공하거나 장기적 경제 발전을 이룩하기는 불가능한 시대에 진입해 있기 때문이다. 장기적 성장은 자본 형성의 촉진과 생산 요소의 질적 향상을 통한 생산성 제고가 뒷받침되어야 할 성격의 것으로 전통적인 케인지언 정책 논리만으로는 달성하기 어려운 시대에 와 있는 것이다.

그리고 1980년을 전후하여 케인즈 경제학의 대안으로 제시된 공급중시 경제 논리에 근거해 작성되었다는 레이건 미국 행정부의 정책 실험은 재정 적자 누증과 성장 둔화 그리고 심지어는 2008년의 국제 금융 위기를 초래하는 등 역사적 실패를 기록하는 데 그치고 말았는데, 이는 진정한 의미의 공급중시 경제학에 대한 이해 부족에 기인한다는 점도 수차례 지적한 바 있다. 이러한 이유로 인해 본서에서는 진정한 의미의 공급중시 경제 이론에 기반을 둔 이른바 '신공급중시 경제학 종합 모형'을 제시했던 것이다. 위기 탈출의 궁극적 해소는 물론 장기적인 안정적 성장을 도모하는 일은 제도 및 여건 개선 등을 동반하는 공급 측면에서의 정책적 배려가 동시에 추구되어야 비로소 달성 가능한 것이기 때문이다.

이상에서와 같은 논의를 달리 표현해 보면 다음과 같다. 전통적인 케인즈 경제 이론 및 정책이 수요 측면의 분석 논리 체계에 근거하는 응급조치적 단기 처방을 주로 내는 특성을 갖고 있다면 공급중시 경제 이론은 공급 측면을 중시하는 논리 체계에 근거하여 장기적 성과를 도모하는 특성을 갖는다고 볼 수 있다.

말하자면 케인즈 이론은 위급 상황에 놓인 환자에게 필수적인 응급조치를 주로 하는, 따라서 세균을 박멸하여 병을 낫게 하거나 수술을 통해 병변을 제거하는 서양의 의술 및 처방과 같은 특징을 갖는다면, 공급 관리 경제 이론은 환자가 스스로 질병을 이겨 낼 수 있는 힘을 길러 주는 데 필요한 제반 조치를 제공하는, 말하자면 한방의술과 같은 특징을 갖는다고 볼 수 있다. 물론 이들 중 어느 한 가지만을 고집하는 것보다는 두 가지 논리 체계를 적절히 융합하여 활용하는 것이 합리적이라 생각된다. 정책 수단의 융 · 복합이 절실(convergence of multi-disciplinary economic measures)한 시기에 우리가 살고 있기 때문이다. 이를 간단히 정리하면 다음과 같다.

- 수요 관리 경제(케인즈): 양약 – 응급조치 – 단기 처방
- 공급 관리 경제(슘페터): 한약 – 환경 개선 – 장기적 체질 개선

결국 현재 우리가 처한 위기를 궁극적으로 해소하기 위해서는 전통적인 케인즈 처방도 필요할 것이지만 동시에 인적 자본의 확충이나 노동 의욕 고취

내지 공급 확대를 위해서는 보다 본질적이고 제도적인 차원에서의 논리 개발이 필요하다. 예컨대, 저출산 · 고령화로 인한 장기적 잠재성장률 저하를 막을 수 있도록 출산, 육아, 교육, 훈련, 이민 등에 대한 효율적 대안을 담보할 수 있는 논리의 정립이 시급하다. 잠재성장률의 제고는 결코 단순히 소득세를 인하하는 방식 따위로는 높일 수 없다는 사실은 명백하다.

이러한 인식의 연장선상에서 볼 때 사회간접자본(social infrastructure)과 인적 자본의 확충은 물론 이른바 사회적 자본(social capital)의 축적으로 국가적 차원에서의 공급 애로 타개 방안을 마련하는 일 또한 시급하고 긴요하다 볼 수 있다. 아울러 미래 지향적 소유 방식과 경영(산업 조직 및 재벌 문제 등 포함), 상생할 수 있는 노사 관계의 정립, 그리고 생산적 복지 등에 관한 제도 및 여건의 개선에도 최선의 노력을 기울일 필요가 있다. 그리고 바로 이러한 접근 방식이 바로 진정한 의미의 공급 관리 경제학 또는 공급 측면을 강조하는 경제학의 핵심적 정책 기조를 구성하는 것이다.

그런데 흔히 현대 사회를 지식정보화 시대라 부르고 있으며, 혹자는 이를 자본주의 이후 사회(post capitalist society)로 표현하기도 한다. 그러나 보다 엄밀하게 말하자면 물적 자본(physical capital)의 중요성 내지 위상이 상대적으로 저하된 반면, 지식을 많이 소유한 자와 인적 자본의 상대적 위상이 제고된 시대라 보는 것이 정당할 것이다. 지식정보화 시대는 지식 소유 노동자의 지위가 상대적으로 향상됨은 물론 자본 소유의 분산이 심화됨에 따라 보다 많은 사람들에 의해 자본이 소유되는 성향이 강해지기 때문이다. 즉, 미래 사회는 지식에 기반을 둔 '인적 자본주의'(knowledge-based human capitalism) 시대라 칭할 수 있을 것이다.[4)]

그리고 지식정보화 시대의 핵심이 되는 인적 자본의 개발은 결국 교육 및 훈련 그리고 기술 개발 수준에 따라 좌우될 것이다. 그런데 이 과정에서, 특히 공적 교육의 확대 및 개선은 상대적 저소득층 또는 노동자 계층에 대한 혜택을 상대적으로 증가시킴으로써 노동자 계층의 위상 제고는 물론 노사 간의 협력 증진 그리고 경제적 형평 제고에도 기여할 것이란 점에서 시대사적 중요성이 매우 크다 볼 수 있다.

결국 지식정보화 시대의 도래는 지식 소유자 또는 노동자의 상대적 위상 제고에 따라 효율성과 형평성이 아울러 제고될 수 있는 '동반 승리 사회'(win-win society)의 성격을 갖는다고 볼 수 있는데, 이러한 사회의 조기 정착이야말로 중진국 단계에 있는 한국 경제의 미래를 약속하는 발전 목표가 될 수 있을 것이다.

그리고 지식정보화 시대의 도래와 더불어 인적 자본을 중시하는 새로운 패러다임을 추구함으로써 이른바 '인본(人本) 자본주의'를 개척해 나가야 할 시점에 와 있다고 믿는다.

물론 이러한 시대의 성공적 정착은 제반 여건과 제도의 개선 및 인적 자본의 축적을 중심으로 하는 진정한 의미의 공급 측면 경제 논리를 성실히 추구함으로써만이 가능하다는 것이 바로 본서가 독자들에게 전달하고자 하는 핵심적 메시지라 할 수 있다.

4 한편, 과거처럼 거대 자본이 소요되는 경우가 점차 줄어든다는 측면에서 자본가의 위상이 상대적으로 낮아지는 반면, 지식근로자들의 위상은 높아짐으로써 종래와 같은 노사 간의 지배와 종속 관계 또는 극단적인 대립은 점차 사라지는 추세를 보일 것이다.

즉, 인적 자본이 극도로 제고되는 시기에 이르러서는 노사 간의 협력이 보다 효율적인 생산으로 이어질 수 있을 뿐만 아니라 노조의 역할 자체가 변모할 수 있는 추세가 대세를 이룰 것이다. 따라서 노사 관계가 힘과 세력에 의한 상호 대치적 균형보다는 상호 보완적 협력의 특성이 강해지는 이른바 '포지티브섬 게임'(positive sum game) 사회로의 진입이 예상된다.

제 3 장

한국 경제의 현재와 미래

-신공급중시 경제학 종합 모형에 의거하여-

제3장에서는 현재 한국 경제가 당면하고 있는 문제의 핵심이 무엇인지에 관해 성찰해 볼 것이다. 그리고 이러한 문제가 초래된 근본적 원인이 무엇이며 역대 한국 정부들은 이에 어떻게 대응하여 왔는지에 대하여 간략히 논의해 볼 것이다. 아울러 이러한 상황과 관련하여 국내외 주요 학자 및 기관들의 권고 내용도 살펴볼 것이다. 마지막으로 과연 이러한 한국 정부의 정책 대응이나 국내외 학자들의 제안들이 적절했는지를 제2장에서 제시한 신공급중시 경제학 종합 모형에 근거하여 평가하고 대안을 모색해 보고자 한다. 핵심 주제별 구체적 대응 방안은 제4장부터 제7장에 걸쳐 상세히 논의할 것이다.

제3장

한국 경제의 현재와 미래
-신공급중시 경제학 종합 모형에 의거하여-

1. 한국 경제는 어디에 와 있는가?

1) 한국 경제, 무엇이 문제인가?

한국 경제가 당면한 문제점을 간략히 정리해 보면 다음과 같다.

첫째, 한국의 성장을 주도해 온 산업들의 국제 경쟁력이 약화되었다. 특히, 해운 및 조선은 즉각적인 구조 조정이 필요한 단계에 와 있다. 뿐만 아니라 철강, 화학 등도 한계에 봉착했다는 것이 일반적인 견해이다. 이상과 같은 전통적 주도 산업인 중화학 공업은 물론 전자 및 자동차 등의 첨단 산업 분야 또한 머지않아 구조 조정의 압박이 커질 것이라는 우려가 커지고 있다.

둘째, 잠재성장률 저하 추세의 고착화이다. 장기적으로 경제성장률이 지속적인 하강 추세를 보일 것이라는 전망이다. 이러한 추세를 더욱 악화시키는 원인으로는 저출산, 고령화 추세를 들 수 있다. 현재 한국의 출산율은 2015년 기준으로 1.25인데, 조사 대상국인 세계의 224개국 중 220위에 해당된다. 지금 추세라면 2100년에는 인구가 현재의 절반 수준으로 줄어들고 2300년에는 한국인이 사실상 소멸할 것이란 추정까지 나오고 있다.

셋째, 저성장 추세와 고용 없는 성장 현상으로 인해 실업이 증가하고 있으며, 특히 청년층에 불리하게 작용하여 청년실업이 급증하는 현상을 보여 주고 있다.

넷째, 각종 불균형 현상의 확산에 따라 분배 악화와 양극화 그리고 노사 대립 및 사회 갈등이 심화되고 있다는 점이다. 수출 기업과 내수 기업 간, 대기업과 중소기업 간 실물 부문과 금융 부문 간, 그리고 정규직과 비정규직 간 불균형이 심화되고 있다.

그러나 이상과 같은 문제의 시정에 앞장서야 하는 정부의 재정 정책은 계속 증대하고 있는 복지 수요(환경, 건강, 실업, 노후, 질병)로 인해 재정 부담이 증가하고 있어 차후에 적극적 재정 지출 확대가 어려워질 것으로 예측된다.

2) 어떤 여건 때문에 이런 문제들이 발생되었을까?

그렇다면 지금까지 개발도상국 발전의 모범 사례로 칭송받았던 한국 경제가 어떻게 이렇게 어려운 상황에 봉착하게 되었을까? 우선 원했든 또는 원하지 않았든 간에 그간의 경제 발전 과정에서 다양한 여건 변화와 인식 전환이 발생하였다는 점을 들 수 있다.

첫째, 경제 발전 단계가 고도화되는 과정에서 그리고 세계화 및 개방화가 가속화되고 국제 경제 질서가 재편되는 과정에서 국제 경쟁이 격화됨에 따라 상대적으로 국제 경쟁력을 상실하는 사양 산업들이 양산되면서 실업이 급증하고 비정규직 비율이 증대되었다. 그리고 각종 불균형이 심화되었다.

둘째, 한국이 반드시 무엇을 잘못했기 때문이라기보다는 우선 급속한 고도성장에 따른 일종의 성장통과 같은 현상이 발생한 것이라는 측면도 있다. 예컨대, 경제 성장에 따라 고용 및 취업 기회가 확대되면서 주도적 가족 구성원(가장)에 대한 재정 의존도가 낮아지고 개인주의가 확산되었다. 결과적으로 대가족 위주의 전통 사회가 붕괴되면서 독립적 가계의 증가 및 핵가족화 현상은 주택 수요 급증과 주택 마련을 위한 독립된 가계들의 부채 급증 현상을 촉발시켰고 핵가족의 육아 여건이 악화됨으로써 저출산 현상을 유발시키게 되었다.

셋째, 경제 발전은 소득 수준의 향상을 통한 복지(보건, 위생, 의료 혜택 등)의 증대와 평균 수명의 연장이란 혜택을 안겨 줌과 동시에 아주 빠른 속도로 고령화 사회를 진전시키게 되었다. 또한 소득 수준이 일정 단계를 넘어서면서 소득 증대 자체보다는 여가를 선호하는 등 삶의 질 향상을 선호하는 추세가 자리 잡게 되었고, 동시에 자녀들에게는 보다 많은 교육 혜택을 제공해 주려는 욕구가 증대되면서 교육 비용이 증가하게 되었다. 결국 저출산 현상이 한층 더 가속화되기에 이르렀다.

3) 그렇다면 이러한 문제의 근본 원인은 무엇인가?

한국은 조선 후기에 이르러 자본주의 맹아(sprouting: 발아) 현상이 있었지만 자생적으로 근대 시민 사회 정립으로 이어질 만한 여건 성숙이 미흡한 단계에서 일제 지배를 받게 되었다. 결국 한국에서의 자본주의는 식민지화를 통해 비자발적으로 이식되었고 전형적으로 식민지 경제가 갖는 왜곡된 경제 구조가 고착되었다. 1945년 해방과 더불어 농지 개혁 등을 통해 시장경제 제도가 도입되었으나 1950년 한국 전쟁으로 인해 국토는 폐허로 변했고 이후 상당 기간 동안 미국 원조에 의존할 수밖에 없었다.

빈곤의 악순환으로 점철된 후진 경제는 1962년 시작된 경제개발 5개년계획기(1962-1991)를 거치며 비로소 커다란 전환기를 맞게 되었다. 지금도 수많은 개발도상국들이 참고하고 있는 모범적인 한국의 경제 개발 사례란 한마디로 '빈곤의 악순환'(vicious circle of poverty: 저소득 → 저저축 → 저투자 → 저성장 → 저소득으로 이어짐) 고리를 끊기 위해 수출 주도적 공업화를 통해 고도성장을 추구한 일종의 불균형 성장 전략(전 · 후방 효과가 큰 주도 부문 위주의 성장 방식)에 근거하고 있다고 볼 수 있다.

30여 년 동안 계속된 경제개발 5개년계획기에 한국은 산업혁명기에 준하는 생산력 신장을 이루는 압축 성장을 실현하였다. 그러나 이러한 성과는 사회 제도의 발전이나 여건의 개선을 수반하지 못한 채 성장 일변도식 개발 전략을 정부가 주도하는 방식에 의해 실현된 것이어서 각종 불균형 등의 후유증을 양산하고 말았다. 바로 이러한 역사적 변천 과정 및 개발 전략이 현재 우리 경제가 당면한 문제의 가장 근본적인 원인을 제공하고 있다는 사실을 지적해 둔다. 또 한편 한국 경제 성장 전략이 너무 케인지언 경제 정책 논리에 치우친 나머지 공급 측면에서의 발전 요인을 오랫동안 상대적으로 경시해 왔던 사실을 강조해 두고자 한다.

2. IMF 외환 위기 이후 정부 정책은 어떠했는가?

이상과 같은 한국 경제의 여건 변화에 대응하여 한국 정부가 그간 수행해 온 정책의 주요 특징은 다음과 같이 요약될 수 있다.

1) YS의 문민정부: 1993-1998

경제개발 7차 5개년계획이 바로 전의 노태우 정부에 의해 작성되기는 했었으나 1993년 출범한 YS 문민정부는 6차에 걸쳐 수행된 경제 개발 전략에 종지부를 찍었다. 대신 1993-1997년에 걸쳐 신경제계획을 시행하였는데 그 특징은 다음과 같다.

첫째, 정부 주도형에서 민간 주도형으로 기조를 전환하였다. 즉, 정부는 단지 경제 발전에 필요한 여건 조성 및 제도 개선에 주력하는 정도에 머물고자 하였다.

둘째, 이러한 정책 전환을 수행함에 있어 자율화, 분권화, 그리고 세계화를 모토로 삼았다.

셋째, 금융실명제와 토지실명제를 전격 도입, 실현하였고 국제 자본 시장을 완전 개방하였다. 그 결과 OECD 가입이라는 성과는 얻었으나 산업 구조 조정 및 제반 여건의 개선 등, 사전준비가 충분치 못한 단계에서의 금융 시장 개방은 결국 1997년에 동아시아 외환 위기에 빠져드는 결과를 초래하였다.

2) DJ의 국민의 정부: 1998-2003

소위 IMF 금융 위기 발발 후 들어선 DJ의 국민의 정부는 정부, 금융, 노동, 산업의 4대 부문 구조 개혁을 정부가 주도하여 실시함으로써 위기를 극복하고자 하였다. 금융과 기업 부문에서 구조 조정을 상대적으로 큰 폭으로 추진하였고, 노동 부문에서도 노사정 위원회를 출범시킴과 동시에 노동 시장 유연화의 물꼬를 트기 시작하였다. 그러나 개혁의 주체였던 정부 부문에서의 개혁은 거의 이루어지지 않았다. 얼핏 보기에 외형상으로는 IMF 위기를 조기 극복하는 성과가 나타난 듯하였다.

한편, DJ 국민의 정부는 4개 부문 구조 개혁과는 별도로 성장 일변도식 경제 발전 전략에서 형평을 아울러 고려하는 방향으로 기조를 전환하면서 스스로를 'DJnomics' 주창자라 칭하기도 하였다. 복지 개선을 통해 형평을 제고하되 무조건식 복지를 경계하기 위해 생산 확충이 동반되는 이른바 생산적 복지를 천명하였으나 선언적 성격이 강했고 이렇다 할 구조적 개선이 실천되지는 못하였다. 그러나 성장 일변도식 기조에서 형평을 아울러 고려하는 전기가 마련되었다고 평가할 수는 있다.

3) 노무현의 참여경제: 2003-2008

이어 등장한 노무현 정부는 형평성과 복지를 우선하는 정책 기조를 천명하면서 스스로의 정책 기조를 참여경제라 칭하였다. 특히, (대)기업과 부유 계층에 대한 징벌적 성격이 강한 세제 개혁까지 도입함으로써 형평성이 최우선시되는 시기를 열었다. 그러나 부동산 및 세제 개혁을 추진하되 일부 유산자 계층을 적대시하는 태도까지 보이게 되자 반기업 정서가 경제의 발목을 잡기도 하였다. 2008년에는 국제 금융 위기를 겪으며 다시 한 번 국가 경제가 위기에 처했다. 그럼에도 불구하고 이 시기에 각종 복지 제도가 크게 신장되는 성과가 있었다.

4) MBnomics: 2008-2013

국제 금융 위기와 더불어 들어선 이명박 정부는 노무현 정부의 정책 기조에 대한 반발적 정강을 쏟아 내면서 친기업 경제 정책으로 회귀하겠다고 하였다. 그리고 효율과 실용을 최우선시하는 원칙 하에 위기를 극복해 나가겠다고 선언하였다. 그러나 이른바 7-4-7(7% 성장, 국민 소득 4만 불 시대, 선진 7개국 진입) 정책과 같이 실현이 희박한 목표를 제시하며 이를 달성시키기 위해 심지어 대운하 건설 등을 추진하기도 하였으나 4대강 유역 사업 추진 정도에 그치고 말았다. 물론 7-4-7 목표의 실천은 이루어지지 않았다.

특히, 이 시기에 대규모 건설 사업을 정부가 주도하여 위기를 타개하겠다면서 1929년 미국에서 실시된 '뉴딜'(New Deal) 정책을 벤치마킹한다고 하였다. 그러나 이러한 정책의 도입은 재정 정책의 효과가 더 이상 나타나기 어려운 상황에 처해 있다는 사실을 간과한 처사였다. 또한 단순히 공공 토목 공사에 의한 유수 효과를 도모하는 일은 뉴딜의 근본 취지와는 거리가 멀다는 사실도 망각한 처사였다. 뉴딜이란 마치 트럼프 게임에서 딜러(dealer)를 바꾸거나 새로운 게임으로 전환하듯 정책 기조 내지 패러다임을 원천적으로 바꾸는 것을 의미하는 것을 간과했던 것이다. 즉, 대공황 위기 극복에는 그 이전까지 주도적 역할을 담당했던 신고전파 논리(작은 정부와 자유방임 기조)는 더 이상 효과적이지 못하므로 새로운 논리 체계(큰 정부 역할 또는 정부의 능동적 경제 개입을 옹호하는 거시경제 이론 중심 체계)에 의해 대응해 나가겠다는 패러다임의 대전환을 의미하는 것이며, 특히 많은 실업자를 구제하기 위한 다양한 제도 개편 및 복지 제도 확충을 도모하는 내용의 정책을 도입하였던 사실을 제대로 이해하지 못했던 것이다.

결국, 1998년 외환위기를 거치며 나타난 각종 불균형의 심화 현상이 2008 국제 금융 위기를 겪으며 더욱 악화되었고, 이른바 실업의 급증과 중산층 몰락에 따른 양극화 현상이 심화되는 문제를 낳았다. MB 정부는 2009년 8월 15일부터 3년 동안 매번 8.15 경축식에서 다음과 같은 새로운 경제 정책 기조를 천명하였는데, 2009년의 Green Growth(친환경 성장), 2010년의 Fair and Justice Society(공정 사회 구현), 그리고 2011년의 Shared Growth(공생 경제 추구)가 바로 그것들이었다. 선언의 핵심 내용만큼은 많은 학자들이 시기적으로나 내용 면에서 볼 때 적절한 방향 설정이었다고 평가하기도 하였다. 그러나 이들은 선언적 단계에 머물렀을 뿐 실제 추진되지는 못하였다.

5) Keunhyenomics: 2013-2017

2013년에 들어선 박근혜 정부는 이른바 '일자리 중심의 창조 경제' 정립을 통해 고용과 소득 증대를 추구하겠다는 원칙을 천명하였다. 창조 경제란 좁게는 창조 산업 육성을 통한 경제 성장을 뜻하는 것이지만 내연적 성장론에서 제기하는 경제 전반의 성장 능력을 높이는 새로운 성장 전략 또는 패러다임으로 볼 수도 있다. 이는 노동과 자본의 양적 투입에만 의존하던 개발도상국형 추격 중심의 외연 성장(extensive growth) 체제에서 인적 자본, 기술 혁신력 등에 기반을 둔 선진국형 선도 중심의 내연 성장(intensive growth) 체제로의 전환을 의미하는 것으로 정의될 수도 있다는 것이었다. 그리고 박근혜 정부의 창조 경제란 특정 산업 육성에 국한하는 것이 아니라 경제 · 사회 전반의 혁신을 통한 신성장 동력 확보와 일자리 창출을 추구한다는 점에서 광의의 창조 경제에 해당하는 것이라고도 하였다.

반면 이러한 목표 달성을 위해 불가피하게 보였던 조세 인상은 자제하고 대신 세원 확충 및 연금제 개선 등을 추진하여 필요 자원을 확보하려 했다. 장기적 재정 건전성 확보를 위해서 재정 적자 및 공공 부채 누증 억제에 역점을 두겠다는 입장으로 이해는 된다. 그러나 결국 신성장 동력 확보에 이렇다 할 성과를 내지 못하고 말았다. 낮은 성장률이나마 유지할 수 있었던 것은 초기에 적시 도입한 과감한 부동산 관련 정책의 전환 덕이라 보인다.

창조 경제 정책 기조는 애초부터 국민 경제 전반을 아우르는 거시 정책 체계의 설정, 그리고 경제 각 부문 간의 연관성을 감안한 균형적 정책 추진 계획이 결여되어 있었다. 물론 정치적 불안정이 빌미를 제공한 측면도 있지만 보다 적극적이고 자신감 있는 정책 추진마저 이루어지지 못한 채 잠재적 경제성장률이 지속적으로 하락하는 추세를 막지 못하고 말았다. 더구나 장기적이고 체계적인 그리고 미래 지향적인 산업 정책을 재정립하고 상시적 산업 구조 조정 체제를 정착시키지도 못한 채 해운 및 조선 산업을 필두로 한 산업 구조 조정에도 실패하고 말았다. 여기에 '최순실 게이트'라는 정치적 스캔들이 발생하며 정치 · 사회는 물론 경제 불안정이 극대화되고 말았다.

3. 한국 경제를 바라보는 석학들의 견해는 어떠했는가?

이번에는 한국 경제에 대한 평가 및 권고를 위촉받고 의견을 제시해 온 해외 주요 학자들의 견해와 권고 사항들은 어떠했는지 살펴보기로 하자.

1) IMF 에잇큰 협의단장

2015년 2월 한국을 방문했던 IMF의 에잇큰(Brian Aitken) 단장은 한국 경제는 현재 ① 내수가 저조하고, ② 대외 불확실성이 점증하고 있는 국제 여건 하에서 대외 충격에 대한 노출도가 높으며, ③ 고령화 추세가 고착되고 수출 주도의 성장 엔진이었던 제조업의 지속 가능성이 저하되고 있는 반면, ④ 대안의 하나로 한국 정부가 고려중인 비제조업 분야 확충 방안은 이들 분야의 생산성이 낮은 상태에 있다는 등의 문제가 있다고 평가한 바 있다.

아울러 그는 한국 경제에서 지속적인 저물가 추세가 유지되면 디플레이션이 고착될 위험이 높아지는데, 더구나 해외 의존도가 높은 한국 경제가 세계 경제가 둔화되고 있는 현 시점에서 볼 때 그 위험은 더욱 증가될 가능성이 있다고 보았다. 뿐만 아니라 저출산 · 고령화 추세로 주택 가격이 하락하고 기대물가 또한 하락 기조가 정착되고 있어 소비와 투자 위축이 지속될 가능성이 점증하고 있으므로 보다 능동적인 재정 및 금융 정책이 필요하다고 진단 · 권고하였다.

그러나 그는 현재 한국 경제에서 가계 부채가 우려할 만한 수준은 아니며 부채가 소비 목적에서 연유한 것이 아니라 가계 자산(금융 자산과 부동산)과 연계되어 있다는 점과 아직 공공 부문 부채가 상대적으로 낮은 수준에 머물러 있다는 점을 긍정적으로 평가하였다. 또한 대외 부문이나 금융 부문에서의 완충 장치가 잘 구축되어 있고 환율 또한 지속적인 인위적 개입 없이 미세 조정 수준 내에서만 개입하고 있는 점도 국제 신인도 유지에 긍정적 신호를 주고 있다고 보았다. 따라서 정부가 경기 대응 정책을 능동적으로 펴나갈 여건 조성이 상대적으로 양호한 편이라는 점을 강조한 바 있다. 그러나 그가 제시한 대로 재정 및 금융 정책의 능동적 시행으로 과연 한국 경제가 소생할 수 있을까에 의문이 제기되었다.

2) 서머스

서머스(Lawrence H. Summers) 교수는 한국 언론과의 인터뷰에서 한국에 대한 직접적이고 구체적인 대안을 제시하는 대신 세계 경제의 경기 국면 및 주요 선진국들의 대처 방안에 대한 본인 주장의 연장선상에서 한국 경제에 대한 권고안을 간접적으로 제시하였다.

우선 그는 유럽은 노령화, 혁신 지체, 정치 비효율, 자신감 결여 등으로 생동감을 잃고 만성적 디플레 위험에 직면해 있다고 보고 제2의 일본화(일본의 잃어버린 10년을 지칭) 가능성이 높다고 판단하였다.

그리고 비록 유가 하락, 양적 완화 정책 효과 등으로 고용이 늘고 경기가 회복되는 기미가 약간 보이고 있지만 잠재성장률은 여전히 낮은 단계에 머물고 있다고 보았다. 따라서 세계는 구조적 장기 침체기에 진입하고 있다고 판단하였다(이를 구조적 침체기 가설(secular stagnation hypothesis)이라 부르기도 한다). 즉, 그는 인구 성장 둔화 등에 따른 총수요 부족으로 기업 투자와 소비가 축소되는 현상이 고착되는 장기적 침체기에 돌입하였다고 분석하였다. 따라서 미국과 유럽 및 세계 주요 경제국들은 이를 타개할 수 있을 정도의 적극적이고 능동적인 공공 투자 및 재정 정책으로 경기 침체에 대응해야 한다고 주장하였다.

한편, 그는 물가 수준이 낮은 한 저금리 기조 유지가 정당화될 수 있지만 저축에 비해 상대적으로 투자가 위축되고 실질금리는 '마이너스' 가 되는 추세가 도래할 경우 장기적 침체 현상이 고착될 것임을 경고하고 나섰다. 즉, 그는 저금리 현상을 초래하는 양적 완화를 기조로 하는 통화 정책을 비판함으로써 버냉키(B. S. Bernanke)와 대립각을 세웠다.

그러나 과연 그가 주문한 대로 확장적 재정 정책으로 세계적 경기 침체가 해소될 수 있는가에 대해서는 의문의 여지가 남는다. 더구나 주요국의 재정 건전도가 매우 낮아진 현 시점에서 재정 확대가 용이하지 못하다는 사실도 지적해 둘 필요가 있다. 아울러 점차 실효성에 의문이 더해 가고 있는 전통적 재정 정책이, 그것도 각종 복지 증대에 따라 재정 건정성이 악화되고 있는 한국 경제에 적절한 경기 대책이 될 수 있는가에는 의문의 여지가 많다.

3) 버냉키

버냉키(Ben Shalom Bernanke) 전 미국 연방준비위원회 의장은 저금리 현상의 장기화 가능성에 대해서는 우려를 표명하였지만 서머스의 구조적 장기침체가설 및 재정 정책을 통한 경기 대응 방안에는 반대하였다.

버냉키는 현재 세계가 겪고 있는 저성장은 일시적 현상이며 특히 미국 경제는 경기회복기에 진입하고 있다고 판단하였다. 아울러 그는 구조적 장기침체가설은 해외 시장을 고려하지 않은 채 정립한 견해에 불과하다는 비판을 제기하였다. 즉, 비록 미국 경제의 경기 회복이 지연되더라도 양적 완화로 증가된 유동성이 해외 투자로 이어지면 미국의 달러화 약세가 도래할 것이고, 이는 미국의 수출 증가와 고용 및 생산 증대로 연결될 수 있다고 보았다.

그러나 그의 견해는 미국 경제만을 고려한 논리여서 교역 대상국인 EU와 기타 국가들의 경기 침체에 대해서는 아무런 대안도 제시하지 못한 셈이다. 물론 미국에서처럼 여타국에게도 양적 완화를 제안할 수도 있지만 이들 나라의 통화는 미국의 달러화처럼 기축통화가 아니어서 해외에서 수요가 제한적이므로 단지 통화 증발을 유발시켜 해당국의 물가만 인상시킬 가능성을 전혀 고려하지 못한 처방이라 판단된다. 더구나 한국과 같은 대외 요인에 취약한 이른바 소국(small country)이 참고할 만한 정책은 못 된다고 보여진다.

버냉키는 심지어 1990년대 동아시아 외환 위기 이후 아시아 국가들을 필두로 과도하게 외환을 보유함으로써 국제 간에 돈이 돌지 않는 이른바 국제 유동성 부족 현상을 초래한 것이 경제의 세계적 경기 침체 현상(이를 과잉저축가설(savings glut hypothesis)이라 한다)의 원인을 제공한 것이라 주장하며 여타국들의 투자 확대를 주문하기도 하였다. 상대적 후진국들이 외환 보유고를 확대함으로써 외환 위기 가능성을 낮추는 노력을 기울이는 것은 거의 국가 부도 사태와 같은 비상사태를 미연에 방지하기 위한 필연적 자구 행위에 해당함을 제대로 이해하지 못한 논리라 본다.

이들 국가가 외환 위기에 빠질 경우 미국은 IMF 구제를 조건으로 정부 지출 감축과 이자의 상승을 요구하고 이로 인해 해당국의 자산 가치가 폭락할 때 오히려 미국 등 선진국들이 일종의 횡재(windfall gain)를 취해 온 역사적 사실에 비추어 볼 때 심히 부당한 궤변에 불과하다고 여겨진다. 놀라운 것도 아닌 것이 2008년 국제 금융 위기를 유발시킨 장본인인 미국에게는 IMF가 정부 재정 지출 감축이나 고이자율 정책을 강요하지 않았고 미국은 오히려 정부 재정 지출 확대와 양적 완화 그리고 저금리 기조로의 전환으로 대처하였다. 그리고 여타 모든 국가에 대해 정책적 동조를 강요하기까지 하였다. 기실 미국은 세계 경제의 파탄을 불러온 데 대한 사과를 전혀 하지 않았고 경제적 불이익도 감수한 바 없었다. 그런데도 버냉키는 오히려 현재의 세계적 경기 침체 원인을 후진국들의 외환 보유고 확대에 돌리며 책임을 묻고 있는 것이다. 따라서 그가 현재의 경기 침체를 일시적 그리고 순환적 현상으로 보고 확장적 통화 정책과 해외 투자 활성화를 통해 극복 가능하다고 본 것은 비논리적이고 비현실적인 제안에 불과하다.

현시점에서 중요한 것은 확장적 재정 정책이나 금융 정책이 단기적으로는 성과가 있을지 모르나 장기적으로는 그 효과가 사라져 버린다는 경제 논리를 재음미하는 일이다. 확장적 금융 정책은 언젠가는 물가 상승을 기필코 초래할 수밖에 없다는 사실(현재는 침체기여서 인플레 현상이 수면 아래 머물고 있음), 그리고 미국이 경기 회복 기미가 조금 보인다 하여 이자율을 인상하자 그동안 미국을 모방해 가며 저금리 기조 하의 양적 완화를 추진해 왔던 미국 이외의 국가들은 이렇다 할 정책 효과는 보지도 못한 단계에서 경기 침체가 가속될 위험에 직면하고 있다는 엄연한 사실을 버냉키는 모르거나 간과하고 있는 셈이다. 따라서 다시 한 번 강조하자면 그의 권고대로 확장적 금융 정책의 도입으로 한국 경제가 위기 극복을 시도하는 것은 결단코 현명하지도, 효율적이지도 못할 것으로 생각된다.

4) 맨큐

현재 세계적으로 가장 광범위하게 쓰이고 있는 『경제원론』의 저자 맨큐(Nicholas Gregory Mankiw) 하버드대 교수는 조세 및 복지 제도 그리고 금리 정책 등은 기본적으로 단기적 처방의 성격을 갖는다고 보고 교육 기회의 확대와 교육의 질 개선만이 장기적 대안이라 하였다. 즉, 그는 인적 자원 개발이야말로 장기적 경제 발전의 비결이며, 따라서 교육 중시 경책을 기조로 삼을 것을 주문하였다. 또한 미국의 경우 불평등은 1970년대 중반부터 시작되어 1980-2000년 사이에 심화되었다고 보았는데, 바로 이 시기는 이른바 시장 중심의 신고전학파 논리가 득세하였던 시기였다는 사실을 지적하였다. 아울러 맨큐는 불평등이란 기술 진보 과정에서 적응에 성공한 자와 실패한 자 사이에서 주로 발생하는 것인바, 이는 교육과 훈련을 통해 완화할 수 있다는 사실을 강조하였다.

한편, 버냉키가 물가상승률이 2% 달할 때까지는 금리를 인상할 필요가 없다는 식의 양적 완화 주도적 정책 방안을 제시한 데 대해서 금리 상승 효과는 일정 기간이 경과해야 나타나므로 물가상승률이 2%에 달할 때까지 무조건 기다리는 대신 고용 증대와 같은 경기 회복 징후가 뚜렷해지면 선제적이고 공격적으로 금리를 인상해야 한다고도 하였다. 애당초 양적 완화라는 정책 자체가 초래할 수 있는 문제점을 가능한 한 빨리 해소하기를 희망했던 것이다.

5) 로머

맨큐와 더불어 장기적 성장에 초점을 맞추어 경기 침체에 대처할 것을 권고하는 대표적 학자 중의 한 사람이 로머(Paul Romer) 교수이다. 그는 인적 자본 전체보다는 인간이 축척한 지식과 R&D 투자가 경제 성장의 원동력이라고 주장하면서 IMF 방식의 개혁은 기본적으로 장기 불황 전략에 불과하므로 좋은 성과를 기대하기 어렵다고 보았다.

한편, 현재 한국에서 추진 중인 창업 절차 간소화, 창업과 기술 교육 제고 등 창업 유도를 위한 정부 역할은 간접적으로 이루어져야 한다고 주장하면서, 예컨대 유망 창업(start-up) 기업을 선정해 정부가 재정을 지원하는 방식 등에 반대하였다. 기본적으로 그는 정부 주도 발전은 추격 단계에서만 효과가 있을 뿐이어서 선도국이 되기 위해서 더 많은 경쟁을 장려해야 한다고 보고 있다.

그리고 기존의 대기업 체제를 유지 보호하면 새 기업이나 혁신 발생이 어려우므로 기업 진입 장벽을 낮추고 지식과 정보의 독점도 완화시킬 것을 주장하였다. 정보 비대칭성 방지가 경쟁의 핵심이라 보았기 때문이다. 그리하여 새 기업에 밀려나는 대기업 숫자가 많아질 만큼 효율적 경쟁을 장려해 나가는 정책 기조가 긴요한 시점이라 보았다. 결국 그의 논리는 기본적으로 시장 경쟁 위주의 경제 질서를 중시하는 신고전파적 기조에 뿌리를 두고 있다 볼 수 있다.

그런데 그는 개발도상국의 경우에 개발 초기에 하나의 섬과 같은 도시(enclave or chartered city)를 만들어 선진국의 법 제도를 적용하는 방식의 실험을 권장하기도 하는 이중적 입장을 보이기도 하였다. 개발 초기의 중국의 선전(深圳)

과 13개 연안 지역 특구에서의 성공 사례가 이에 해당한다 할 수 있다. 그러나 이는 기타 지역과의 이중성 잔존, 양극화 등으로 인해 사회적 불안정 및 갈등 요인을 증대시켜 왔음을 간과하고 있다.

6) 삭스

삭스(Jeffrey Sachs)는 지속 가능한 발전을 목표로 하는 전략(sustainable development goals: SDG)으로 이행하는 길만이 지속 가능한 발전 자체는 물론 현재의 장기 침체를 해소할 수 있는 궁극적 대안이라 보았다. 특히, 그는 국제 금융 위기 이후 부의 불균형 등이 심화된 사실을 강조하며 그 원인을 제공한 세금 감면 조항의 확대, 사회 보장 축소, 금융 규제 완화 등의 정책 등을 재고할 것을 제안하였다. 'Occupy the Wall Street', 그리고 '99 to 1' 등의 구호를 제창하며 불평등 심화 문제 해결에 앞장서는 현실 참여적 학자인 그는 차후에는 부의 축적을 위한 성장이란 옛날의 패러다임에서 벗어나 사회적 책임을 강조하는 사회 윤리 및 질서 그리고 문화의 발전과 환경 보호 등 다양한 가치를 함께 추구해 나갈 것을 주문하였다.

단, 한국 경제와 관련하여 주요 쟁점 중 하나인 재벌 문제는 재벌의 해체보다는 불공정 행위를 규제하는 방식의 대응이 적절하다는 의견을 제시하였다.

7) 스티글리츠

스티글리츠(Joseph E. Stiglitz)는 현재의 세계 경제는 위기에 매우 취약한 구조를 갖고 있으며 '유로존'(Euro Zone: 유로화를 쓰는 18개 국가)은 일본과 같은 잃어버린 10년을 경험할 가능성이 크다고 보았다. 특히, 그리스 및 PIGS(Portugal, Italy, Greece, Spain) 국가들의 문제를 긴축 정책을 강요하여 해결하고자 하면 경기의 장기 불황을 초래할 가능성이 크다고 보면서 IMF 방식의 처방에 반대하였다.

한편, 일본에서처럼 구조 개혁을 동반하지 않은 채 통화 정책만을 시행하는 방식은 성공하기 어려우므로 세제 및 교육 제도 개혁 등을 동시에 고려할 필요가 있다는 의견을 개진한 바 있다. 그리고 한국의 재벌 정책과 관련하여서는 거래 불공정, 시장 불균형, 제도 불합리 등의 문제를 해소하는 방식이 필요하다는 견해를 밝혔다.

8) 리프킨

미래학자 리프킨(Jeremy Rifkin)은 자본주의적 소유에 대한 집착에서 벗어나 공유(sharing)에 기반을 두는 협력적 공유 사회를 구축하는 길이 장기적 성장 내지 경기 회복에 긴요하다는 의견을 제시하였다.

그러면서 그는 현재의 장기적 경기 침체 현상은 과잉 부채, 혁신 정체, 생산 가능 인구 감소, 중산층 감소 등에 기인하는 바 크지만 보다 본질적 차원의 이유는 산업 구조 개편기에 불가피하게 나타나는 저성장이란 특성에 기인하는 것으로 보아야 한다고 하였다. 그는 재생 에너지(풍력, 태양열)와 사물 인터넷(internet of things: Iot)이 결합되며 생산비가 영(zero)에 접근하는 새로운 산업혁명기가 곧 도래한다고 보았다.

9) 유명 외국 학자들 견해의 핵심과 평가

이상에서 소개한 해외 주요 저명학자들은 한국 경제에 대한 이해에는 한계가 있어 단지 제한적인 차원에서의 견해를 피력하는 데 그쳤다. 따라서 이들의 견해만으로는 현재 한국 경제가 당면한 문제들에 대한 만족스러운 답을 도출하기는 어려워 보인다. 또한 한국에서 중앙은행의 역할과 관련하여 자주 인용되어 온 그린스펀(Alan Greenspan)과 버냉키(Ben Shalom Bernanke) 미연준 의장들의 정책 기조 및 공과에 대해서도 엄밀한 평가가 이루어져야 할 것이다.

그린스펀은 1990-2000년대 초 기간 중 선제적 금융 정책을 수행함으로써 미국 경제의 고도성장에 기여하였다고만 인용되고 있는데, 그의 지나치게 공격적인 금융 정책은 오히려 거품경제와 국제 금융 위기 촉발에 부분적이나마 책임이 있다는 점을 반드시 짚고 넘어갈 필요가 있다. 그리고 버냉키는 전통적인 케인지언 금융 확장 정책의 신봉자로서 금융 위기 극복에 양적 완화 기조를 고수하였고 '선제적 정책 안내'(forward guidance principle)를 제안한 점에서 알 수 있듯이 양적 완화 기조 변경에 매우 보수적 태도를 보여 왔다. 그러나 그의 주장대로 그러한 정책 기조가 과연 미국의 경기 회복을 정착시킬 수 있는가에 대해서는 아직도 의문의 여지가 크며, 양적 완화 기조를 변경할 경우 예상되는 문제들에 대한 검토도 미흡한 시점에 와 있을 뿐만 아니라 그의 권고는 후진 제국에는 결코 적절하다고 볼 수는 없다고 판단된다.

그리고 세계 경제학계에서 주목받고 있는 학자들 상당수는 전통적인 케인지언 정책(예컨대, 버냉키는 금융 정책 그리고 서머스는 재정 정책 선호)을 신봉하고 있으며 이를 통해 경기 침체를 극복할 수 있다고 믿고 있다. 그러나 제2장에서 확인한 바 있듯이, 이러한 정책들은 단기적 처방의 성격을 띠고 있고 궁극적인 위기 해소에는 한계가 있음을 이들은 간과하고 있다. 이보다는 특히 공급 측면에서의 정책 고려 사항이나 제도적 개선 문제 등 장기적 정책 고려 사항에 관한 권고안이 제시되지 못하여 아쉽다. 이런 측면에서 볼 때 로머와 맨큐 등의 제안은 장기적인 차원에서의 근본적 경제 발전 방안에 대한 제안을 하였다는 점에서 상대적으로 주목할 만하다.

4. 한국 경제는 어디로 가야 하는가?

1) 지난 정부들의 경기 대응 정책

통상적으로 우리나라는 30년간의 경제개발 5개년계획기에 정부가 주도하는 수출 주도형 불균형 성장을 통해 고도성장을 이룩하였으며, 이는 전통적인 케인즈 정책 기조에 의해 수행된 것이라고 평가한다. 그러나 자세히 살펴보면 교육 기회의 확대(문맹 퇴치, 초등 교육의 의무화, 고등 교육 및 각종 직업 훈련 기회 확충

등), 각종 공급 애로의 시정(산업 간접자본의 확충 등), 수출 지원을 위한 재정 및 조세 그리고 행정적 지원 정책(공단의 조성을 포함한) 등이 함께 추진되었음을 많은 학자들이 간과하고 있다. 한국의 성공적 고도성장은 실로 모범적인 공급중시 경제학적 정책이 수반되었기에 가능했던 성과로 보는 것이 적절할 것이라고 생각된다. 단지 문제의 핵심은 정부 주도의 중앙 집권적 관리 경제 체제 하에 불균형 성장 방식을 너무 오랫동안 고수해 왔다는 점이다.

이로 이한 문제점을 제대로 인식하고 경제 운용 패러다임을 획기적으로 전환했던 시기는 김영삼 정부 시대였다. 이때 경제 정책 기조는 정부 주도에서 민간 주도로, 그리고 분권화와 세계화를 지향하는 방향으로 전환되었다. 뿐만 아니라 금융실명제와 토지실명제까지 도입하는 등 실로 괄목할 만한 제도 개선을 시도함으로써 공급중시 경제 정책의 수범을 보여 주었다. 그러나 OECD 가입 등의 목표를 조기에 달성하기 위해 사전 준비가 부족한 상태에서 서둘러 개방을 서두르다가 IMF 관리 체제로 전락하고 말았다.

IMF 위기 탈출을 위해 김대중 정부가 내세운 4대 구조 개혁도 평상시라면 실현하기 어려웠던 문제를 해소해 주었다는 점에서 긍정적으로 평가할 수 있는 공급 여건상의 제도 개선이라 볼 수 있다. 그러나 이러한 개혁이 단시일 내에 지나치게 정부에 의해 추진되어 많은 부작용을 낳았을 뿐만 아니라, 특히 정부 부문은 전혀 개혁이 이루어지지 않은 채 오히려 중앙 집권적 관리 경제 체제를 강화하였다는 비판을 받기도 하였다.

이후 들어선 노무현 정부는 김대중 정부에서 시작된 형평의 개선이란 화두를 계승하여 복지 제도를 확충하는 제도의 개선을 정착시켜 나갔다는 점이 공급중시 경제학적 관점에서 긍정적으로 평가할 수 있는 부분이다. 그러나 2008년 국제 금융 위기 발발로 인해 이러한 정책의 성과는 빛을 발하지 못한 채 위기 상황 사태로 이어졌다.

그런데 이러한 어려움을 극복하기 위해 실용과 효율성을 중시하는 정책 기조로의 회기를 선언한 이명박 정부는 7-4-7 정책과 같은 실현 불가능한 목표를 제시함은 물론 대운하 계획과 같은 사업을 밀어붙였다. 그리고 이러한 사업 구상을 한국판 뉴딜이라고까지 하였다. 이는 뉴딜 정책의 본질(공급 애로 해소를 위한 제반 제도 도입과 운영상의 개혁)을 잘못 이해한 것이라는 점은 이미 지적한 바 있다. 그리고 보다 중요한 것은 대공황 시에는 케인즈 경제 정책 논리에 근거하여 공공사업을 통한 유효 수요의 창출로 경제위기를 극복할 수 있었지만 더 이상 이러한 정책이 실효성을 거두기 어려운 시대에 와 있었다는 사실을 망각하였다는 점이다.

이후 들어선 박근혜 정부는 실업(청년 실업 문제 포함) 해소 및 소득 증대를 통한 경기 진작에 역점을 두었고 동시에 부동산 시장 활성화를 통한 경기 회복에도 적극성을 보이는 등 효율성 위주의 정책 노선을 계승하였다. 따라서 복지 정책은 연금 제도를 개편하는 정도에 그쳤다. 이상과 같은 정책은 이른바 창조경제의 시현이란 경구(catch phrase)를 필두로 추진되었는데, 여러 형식의 부연 설명에도 불구하고 결국 이는 1960년대 경제개발 5개년계획기 이후 오랫동안 자리를 잡아 온 주도 부문 위주의 성장 정책 노선을 벗어나지 못하고 있다. 따라서 각종 제도 개선이나 불균형 시정 등은 상대적으로 미흡하였다. 여하튼 각고의 노력에도 불구하고 경기가 회복될 조짐을 보이지 않은 채 지루한 답보 상태를 거듭하다가 급기야는 해운 및 조선업을 필두로 한 산업 구조 조정에 제대로 대처하지 못한 채 경제적 난국을 초래하였다.

이상에서 살펴본 바와 같이 그간 한국 경제는 특히 개발 초기 단계에서 케인즈 경제 논리는 물론 각종 공급 애로 요인의 해소 및 제도 개선 등 공급중시 경제 논리에 근거한 정책을 함께 운용해 온 것으로 볼 수도 있다. 그러나 아직도 중앙 집권적 정부 역할이 정책 기조의 근간을 이루고 있고 최근 들어 각종 제도 및 여건의 개선이 추진되었으나 시기와 속도 조절에 대체로 실패함으로써 오늘날의 난국으로 이어졌다고 평가된다.

여하튼 최근 이명박 정부와 박근혜 정부는 경기 침체 대응책이 이렇다 할 성과를 거두지 못한 채 장기적 침체 추세가 자리 잡아가자 급기야 마치 중앙은행이 비협조적이어서 경기 진작에 지장이 있다는 식의 한국은행 비판론을 제기하기도 하였다. 정부는 선진국 학자들이 양적 완화에 찬성하고 있다는 사실, 중국도 이자율을 하향 조정했고 일본도 양적 완화를 추구한 점 등을 지적하며 국제적 돈 풀기 전쟁에서 한국은행만 뒷짐을 지고 있다고 비판하며 책임 전가에 급급했던 것이다. 이는 다분히 버냉키식의 논리에 근거하는 발상이라 믿는다.

그렇다면 과연 정부 희망대로 경기 회복과 관련하여 중앙은행이 정부 입장에 순응하였다면 소기의 성과가 나타날 수 있었을까? 그리고 양적 완화 정책을 선도해 온 버냉키 방식의 금융 정책을 과연 한국이 따르는 것이 바람직했을까?[1] 일단 앞서 지적한 바 있듯이 일률적인 금융 완화 정책만으로 의도했던 성

1 주지하는 바와 같이 그는 물가상승률이 2.5%에 달하기 전에는(아울러 실업률이 6.5%까지 떨어지기 전에는) 기준 금리를 올리지 않겠다는 이른바 '선제적 정책 안내'(forward guidance)라는 정책 기조까지 천명해 가며 양적 완

과를 거두기는 어려웠을 것이라 판단된다. 그러나 여타 정책과의 공조나 공급 측면에서의 제도 개선 등을 함께 추진했다면 소기의 성과를 얻어 낼 수도 있었을 것이다.

그렇다면 이제라도 한국이 정부 희망대로 양적 완화 노선을 채택하고 저금리 시대를 열어 나가는 상황을 검토해 보자. 기본적으로 한국은 국제 경제 시장에서 발권력(미국과 같은 국제 기축 통화인 달러화의 공급 효과)이 없는 이른바 소국(small country)이므로 이자율을 낮추거나 양적 완화를 시도해도 그 효과는 선진국에 비해 상대적으로 제한적일 수밖에 없다. 더구나 이자율 하락이 쉽사리 투자 증대를 가져오기 어렵다는 이른바 유동성 함정(liquidity trap) 현상뿐만 아니라 이자율 절하 정책 효과는 특히 경기침체기에서는 반감될 것으로 예상된다. 반면 저금리는 해외 투자 자금 유출 및 가계 부채 증가를 유발할 가능성도 높다는 문제도 있다.

그러나 저금리 내지 양적 완화 정책은 환율 절하를 가져다줄 수 있을 뿐 아니라 저성장 탈출을 위해서는 우선적으로 고려해 볼 수 있는 정책 사항임에 틀림이 없다. 그러나 이러한 이유로 금리 인하 정책을 시도할 경우에도 일단 풀린 돈이 실물이 아니라 부동산 등으로 가는 길은 '주택담보대출비율'(loan to value ratio: LTD)과 '총부채상환비율'(debt to income: DTI) 등을 활용하여 적절히 대처하는 정책 공조가 이루어질 필요가 있다는 것을 강조해 둔다. 그리고 유동성 함정 우

화 정책을 적극적으로 두둔했었다. 그러나 한국에서는 중앙은행이 경기 대책에 소극적이었고 저금리로의 기조 전환에도 오랫동안 망설여 왔다(한국은행은 2016년 6월 9일에야 조선 및 해운업 구조 조정 자금의 제공과 더불어 기준 금리를 1.75%에서 1.5%로 내렸음).

려를 불식시키기 위한 각종 규제의 개혁을 동시에 추진하여 투자 촉진 및 채권 매입, 중소기업 대출금 지원, 금융 중개 지원 대출 확대 등을 도모하는 노력이 동시에 추진되어야 할 것이다. 물론 저금리에 따른 가계 부채의 탕감 효과라는 자산 효과(wealth effect)가 소비 진작으로 이어질 수 있도록 유도하는 일도 간과해서는 안 될 것이라고 판단된다. 따라서 이자율 인하 정책이 이상과 같은 정책 공조 속에 이루어진다면 비록 정부가 희망한 만큼의 경기 회복 효과를 가져오지 못한다고 해도 제한적이나마 단기적인 경기 정책 효과를 볼 수는 있을 것이다. 물론 공급 측면에서의 제도 개선까지를 동반할 경우 그 효과는 보다 커질 수 있으며, 미국은 양적 완화 및 저금리 시대를 마감하고 이자율을 상향 조정하기 시작했다. 따라서 한국이 더이상 저금리 노선을 선택하여 정책 효과를 거둘 수 있는 기회는 사라졌다.

이상과 같은 견해는 단순히 버냉키식 확장적 금융 정책 노선만을 추종하는 것은 문제가 있다는 점, 그러나 비록 한계성이 있는 금융 정책이라 하더라도 일단 채택할 경우 소기의 효과를 거두기 위해서는 정부 및 금감원 등과의 정책 공조가 필요하다는 점, 그리고 무엇보다 중요한 것은 장기적 차원에서의 정책 효과 개선을 위해서는 각종 제도의 개선과 활용상의 세부적 지침 도입 및 활용 등을 아우르는 공급중시 경제 정책과의 융합이 필요하다는 사실을 다시 한 번 강조해 둔다.

2) 한국이 추구해야 할 경기 대응 정책

이상에서와 같은 인식에 근거하여 제2장에서 제시한 공급중시 경제 정책 기조의 핵심 내용과 장 · 단기 정책 수단의 융 · 복합이라는 관점 하에 한국이 추구해야 할 경기 관련 정책의 기본 방향을 아래와 같이 정리해 보았다.

금융 정책이 나아가야 할 방향

우선 한국은행이 전통적 경기 회복 방안으로서의 금융 정책을 보다 능동적이고 선제적으로 운용할 수 있도록 인식의 전환을 권장해 본다. 중앙은행의 기능과 역할은 물가 안정에 한정된 것이 아니며 경제 성장과 금융 및 환율 안정 등도 동시에 관장할 필요가 있는바, 물가 및 경기에 대한 사전 예측을 바탕으로 선제적이고 과감한 정책을 주도적으로 운용하는 전통을 새로이 정립하는 것이 진정한 중앙은행의 독립적 기능을 확대해 나가는 것이라 믿기 때문이다.

또한 금융 정책의 효과를 보다 확실하게 그리고 안정적으로 운용하기 위해서는 아래와 같이 보다 본질적인 차원에서의 여건의 개선이나 제도의 확충이 선결될 필요가 있다.

첫째, 급속한 발전을 이룩할 수 있었던 실물 부문과 달리 오랫동안 정부 주도적 정책 금융의 운용으로 인해 자생력을 잃고 국제적인 경쟁력마저 매우 후진 단계에 머물러 있는 금융 부문을 획기적으로 개혁하는 일이다. 삼성전자나 현대자동차와 같은 실물 산업은 문자 그대로 세계를 선도해 나가고 있다. 그러나 한국의 대표적 금융 그룹이라고 해도 해외에서는 거의 알려져 있지 않을 정도로 후진 단계에 있고, 심지어 일부 동남아 국가의 금융보다도 열등한 단계에 머물러 있다. 제조업에 비해 규제도 덜 받고 또 손쉽게 엄청난 수익을 올릴 수도 있는 금융 산업을 우리는 여태까지 방치하고 있었던 것이다. 명실상부한 선진 금융 산업의 건설이야말로 한국 경제가 가장 중점을 두어야 할 정책 과제이다.

둘째, 물가 안정이 한국은행의 가장 주요한 책무이지만 이는 한국은행이 독자적으로만 달성하기 어려운 목표라는 사실을 인식하고 정부와 금융감독위원회의 협조 체제를 구축하는 제도적 개선이 시급하다. 중앙은행이 기준 금리 조정만으로는 물가 안정을 달성할 수 없는 환경에 처해 있기 때문이다. 예컨대, 국제 유가나 국내 농수산물의 풍흉에 따른 가격 급등락이 발생할 경우 중앙은행이 금리 정책으로 물가를 안정시키기는 불가능한 것이다. 뿐만 아니라 유동성을 조정하여 물가에 대응할 경우에도 금융감독위원회의 총부채상환비율이나 주택담보대출비율 정책이 금리 정책보다 훨씬 직접적이고 확실한 영향을 미칠 수 있을 것이다. 또 한편 세계 각국에서 국제 금융 위기의 재발이나 금융 부문에서의 거품 발생 가능성을 차단함으로써 금융 안정화를 담보할 수 있는 이른바 거시경제적 안정화(macro prudential) 체제를 정착하는 일에도 정부와 금융감독 당국과의 공조가 필수적임을 강조해 둔다.

셋째, 금융 산업의 자율화와 금융 기반 확대 등 제반 여건의 개선을 통하여 진정한 국제화를 이룩하고 국제 경쟁력을 신장시키는 일에 매진해야 할 것이다.

재정 정책이 나아가야 할 방향

재정 지출 확대를 통한 경기 회복 방안은 그것이 민간 투자를 대체(crowding-out effect)하지 않는 한도 내에서 그리고 성장 및 고용 창출 효과가 극대화될 수 있도록 이루어질 필요가 있다. 즉, 재정 지출은 단순히 그 규모만을 확대하면 된다는 생각에서 탈피하여 생산 및 소득 증대로 이어질 수 있도록, 그리고 각종 제도 및 공급 관련 여건의 개선과 연관시켜 장기적 정책 효과가 나타날 수 있도록 세심한 배려를 해야 할 것이다.

또 한 가지 중요한 사실은 재정 지출 확대가 증세를 통한 자금 확보로 이루어질 때 그것이 민간 소비를 가능한 한 위축시키지 않도록 노력할 필요가 있다. 이러한 노력이 성과를 거두기 위해서는 금융 정책과 주택 정책 등이 복합적으로 운용될 필요가 있다. 물론 증세 없이 재정 확대가 가능하다면 가장 좋을 것이다. 사실 박근혜 정부는 줄기차게 이 원칙을 천명해 왔다. 지금까지 방치된 세원을 추가로 확보하거나 고갈 위험에 빠진 연금 제도의 개선 등으로 각종 복지 비용을 절약할 수 있다고 하였다. 그러나 이는 단시일 내에 이루어질 성격의 것이 아니며 현재까지 이렇다 할 성과도 없었다. 더구나 현 시점에서 보면 증가일로에 있는 재정 수요와 누적되고 있는 재정 적자를 감안할 때 증세 없는 재정 지출 확대로 경기 대책을 마련하는 것 자체가 현실적으로는 용이하지 않다는 견해에 주목할 필요가 있다.

한편, 학계에서는 이론적인 차원에서 볼 때 확장적 단기 재정 정책에 대한 효율성 자체에 대해 끊임없이 회의론을 제기해 왔다. 그래서 재정 정책이 추진되더라도 공급 여건의 개선을 통한 생산성 향상과 연계하여 선별적으로 재정

투융자를 수행할 필요가 있다는 주장에 무게가 실리고 있다.

이와는 별도로 경기 대응과 관련하여 한국은행의 역할론에 대해 간략히 살펴보자. 한국은행이 경제개발계획기에 정부의 시녀 노릇을 하는 기관으로 전락한 적도 있으며, 아직도 정부의 한국은행에 대한 영향력이 상당한 것도 사실이다. 그러나 진정한 한국은행의 (정부로부터의) 독립은 한국은행이 해야 할 일을 그리고 잘할 수 있는 역할을 능동적으로 창출해 나가는 전통을 정립해 나가는 것이라 판단된다.

한국은행이 물가 안정 문제를 전담하고 있다고는 하지만 정부와 금융감독위원회의 협조 없이 단독으로는 목표를 달성하기 어렵다는 점을 인식하고 이들 부처와의 협조 체제를 선도적으로 구축해 나갈 필요가 있다는 점을 이미 언급한 바 있다. 그리고 경제 성장 또한 정부가 재정 정책만으로 성과를 얻기 어려운 것이므로 한국은행이 물가에의 영향을 최소화하는 수준에서 경기 활성화에 능동적으로 대응해 나가는 전향적인 태도가 요청되는 시대에 와 있다. 금융 정책과 재정 정책의 융합(policy mix)은 안정적 성장을 도모하는 데 필수적 요구사항임을 강조해 둔다. 물론 금융 정책이나 재정 정책 모두 전통적인 케인즈 정책 도구인 통화량이나 이자율 그리고 정부 지출이나 세율의 조정만으로는 실효성 있는 효과를 얻기 어려우므로 보다 미시적이고 제도적인 차원의 세심한 배려가 동반되어야 할 것이다.

자본 정책이 나아가야 할 방향

한편, 장기적 성과를 목표로 하는 발전 전략은 우선 그간 핵심 정책 수단으로 삼아온 양적인 차원의 물적 자본 확충(내자 동원 및 외자 도입) 위주의 성장 추구 노선에서 일단 탈피할 필요가 있다. 차후의 자본 확충이나 도입 및 활용은 R&D 투자나 기술 이전 및 기술 진보와 관련한 공급 측면에서의 인센티브 제공 차원에서 이루어질 필요가 있기 때문이다.

또한 정부는 제2장에서 제시된 신공급중시 경제학 종합 논리에 근거하여 공급 애로 요인이 되고 있는 각종 사회간접자본(social infrastructure)의 확충이나 선진 사회 질서 정착을 위한 사회적 자본(social capital) 구축에 진력하는 일이 긴요하다 할 수 있다. 결국 미래 사회를 선도할 자본의 확충은 단순한 물량적 측면에서의 확대 단계를 넘어 자본의 질적 향상을 동반하는 방식으로 추진되어야 할 것이다. 자세한 논의는 제4장으로 미룬다.

노동 정책이 나아가야 할 방향

궁극적으로 장기적 성장을 위해 가장 중점적으로 고려해야 할 사항은 노동 시장에서의 여건 개선이라 할 수 있다. 이것이 어쩌면 공급중시 경제학 종합 이론의 핵심 주제가 되기 때문이다.

우선 노동 공급 확대를 위해 출산, 육아에 획기적인 정책 전환이 필요하다. 특히, 저출산 방지는 복지가 아니라 장기적 성장 잠재력 확충을 위한 핵심적 생산 요소 확충 방안이라 인식할 필요가 있다. 또한 노동의 질적 개선을 위한 교육 및 훈련 그리고 이민 정책에 혼신의 노력을 기울여야 할 것이다.

한편, 청년 실업을 해소하기 위한 전문 기술 교육의 확충과 사회적 수요에 부응하는 대학 교육의 창출, 그리고 각종 공적 직업 훈련 및 기업 연수 교육에 대한 재정 지원을 확대하는 일 등이 긴요하다.

그리고 노년층 근로 기회 확충을 위한 정년의 탄력적 운용 내지 폐지, 임금피크제의 효율적 활용, 제2 인생기 직장 마련을 위한 직업 훈련 등 고령화 대책이 동시에 추진될 필요가 있다.

물론 노사 간의 상생 문화 정착 및 비정규직의 차별 금지와 최저임금 수준의 점진적 상향 조정 정책 등이 안착될 수 있도록 꾸준히 노력해 나가는 일은 필수적 고려 사항이다.

정부 역할이 지향해야 할 방향

차후 정부 부문의 핵심 과제는 장기적 성장 잠재력 확충은 물론 선진 사회 진입을 위해 점진적으로 생산성 향상을 수반하는 복지 제도를 확충해 나가는 데 초점을 맞추어야 할 것이다. 물론 연금 및 의료보험 등의 제도적 개선이 선결될 필요가 있다. 즉, 재정 적자나 공공 부채의 추세적 증가를 사전적으로 방지할 수 있는 제도적 장치의 정착이 필수 고려 사항이다.

한편, 전통적인 주도 부문 위주의 성장 전략 대신 비주도 부문 산업의 근대화와 도시 서민층 등 비근대 부문 종사자의 능력을 제고시키기 위한 훈련 및 교육 기회를 확대해 나감으로써 양극화 완화와 동시에 상대적으로 형평성이 개선될 수 있는 균형적 사회 발전을 도모해 나가야 할 것이다.

이상과 같은 목표 달성을 위해서는 정부 부문의 구조 조정은 필수적이다. 뿐만 아니라 차후 정부의 기능은 민간 부문에 대한 개입이나 단기적 경기 대책 중심에서 벗어나 독과점 등 시장 실패의 시정과 복지 향상, 각종 불평등의 시정, 대기업–중소기업 간 불공정 관행 해소 등 장기적 제도 개선에 초점을 맞추어 나가야 할 것이다.

한편, 기업 소유와 경영 방식(산업 조직 및 재벌 문제 등 포함), 상생할 수 있는 노사 관계, 그리고 생산적 복지 등에 관한 제도 및 여건의 개선을 위한 노력이 아울러 경주되어야 할 것이다.

요약하자면 정부는 민간 부문이 할 수 없는 국민 복지의 향상 등 공공적 이익 사항에 전념하되 민간 부문이 자율적으로 해소할 수 없는 각종 시장 실패 현상(독과점이나 금융 위기 등)을 치유하는 일에 중심적 역할을 담당해야 할 것이다. 그러나 정부의 행위는 관료적 특성으로 인해 심각한 비효율성에 빠질 가능성이 매우 높다는 사실(이를 정부 실패라 함)에 유념하여 특히 부패 방지에 최선을 다해야 할 것이다. 이상과 같은 관점에 근거한 정책 기조가 바로 공급중시 경제 종합 모형이 요구하는 본질적 고려 사항이라 할 수 있다.

3) 미래 지향적 경제 패러다임의 모색: 인본 자본주의

이상에서처럼 한국이 추구해야 할 경기 대응 정책을 마련하는 과정에서 장차 우리가 살아갈 새로운 시대란 기술 및 지식 기반 사회이며, 특히 인적 자본의 질적 향상이 중요한 시대이고 물적 자본(physical capital)의 중요성 내지 위상이 상대적으로 저하되는 반면, 지식을 많이 소유한 자와 인적 자본의 상대적 위상이 제고되는 시대가 될 것으로 전망하였다. 그리고 이러한 차원에서 미래 사회를 지식에 기반을 둔 인적 자본주의(knowledge-based human capitalism) 시대라 규정한 바 있다.

또한 지식 정보화 시대의 핵심이 되는 인적 자본의 개발은 결국 교육 및 훈련 그리고 기술 개발 수준에 따라 좌우될 것이란 사실, 특히 공적 교육의 확대 및 개선은 보다 많은 노동자 계층에 대한 혜택을 증가시킬 것인바, 노동자 계층의 위상 제고는 물론 노사 간의 협력 증진 그리고 경제적 형평 제고에도 기여할 것이란 사실을 강조한 바 있다.

결국 지식 정보화 시대의 도래는 지식 소유자 또는 노동자의 상대적 위상 제고에 따라 효율성과 형평성이 아울러 제고될 수 있는 상생 사회(win-win society)의 성격을 갖는다고 볼 수 있으며, 이러한 인적 자본 중심 사회의 조기 정착이야말로 선진국 단계로의 진입을 시도하고 있는 한국 경제의 미래를 약속할 수 있는 발전 목표가 될 것이다. 이러한 관점에서 차후 한국이 지향해야 할 발전 모형은 '인적 자본을 중시하는 인본(人本) 자본주의'라 칭하였는데, 이는 인간에 의한 인간을 위한 인간 중심의 경제가 지향해야 할 그리고 인간의 행복이 궁극적 목표가 되는 사회의 건설을 표방하는 패러다임이라 할 수 있다.[2]

2 인본주의(또는 휴머니즘)는 인간주의, 인문주의라고도 하며 '인간다움'을 존중하는 대단히 폭 넓은 범위의 사상적 · 정신적 태도 및 세계관을 지칭하는 것이다. 간단히 말해서 인간의 가치를 주된 관심사로 삼는 사상이라 할 수도 있는데, 인간의 고통을 극소화하고 복지를 증진시키려는 모든 도덕적 · 사회적 운동을 통칭하는 것으로 이해될 수도 있고 신이나 자연에 대한 숭배 대신 인간성(humanity)의 존귀(尊貴)함을 강조하는 실증주의적 인간 중심 사상을 일컫는 경우도 있다.

제 4 장

한국 경제의 발전 과제 I: 안정적 성장

역사적으로 경제학은 생산성 증대나 국부의 증대, 또는 경제 발전을 기본 목표로 삼아 왔다. 경제 발전이란 제반 경제 여건 및 물질적 생활 수준의 향상 및 개선을 의미하는 것으로 그 주요 내용으로는 경제의 안정적 성장, 그리고 각종 불균형의 시정과 복지의 증진을 들 수 있다. 본장에서는 그 중 경제 성장과 안정 문제에 대하여 집중적으로 논의할 것이다.

제 4 장

한국 경제의 발전 과제 I: 안정적 성장

한국 경제의 성장 요인은 무엇이었나?

한국 경제의 안정적 성장 방안을 모색하기에 앞서 20세기 후반 한국 경제가 이룩한 성공적 경제 성장의 핵심 요인이 무엇이었는지를 검토해 볼 필요가 있다.

머리말에서 언급한 바 있듯이 1960년대 이후 한국 경제가 성취한 경제 성장 내지 발전 내용은 경제 발전의 상징(symbol) 내지 모범(model)으로 인식될 만큼 실로 괄목할 만한 것이었다. 적어도 1997년 말 외환 위기를 맞기 전까지 한국 경제는 미국, 일본 등을 위시한 선진국은 물론 후진 제국들로부터 경이와 찬탄, 심지어는 경계가 혼합된 평가를 받아 왔다.

물론 1997년을 전후하여 한국을 비롯한 동아시아 신흥 공업국들에 외환 위기가 도래하면서 아시아적 발전 방식에 대한 의문이 제기된 바 있어 논쟁이 되고 있다. 그러나 이러한 위기가 구조 조정을 요하는 발전 과정상의 전환기적 사건인지, 아니면 아시아적 성장 방식의 한계를 드러낸 것인지는 속단하기 어렵다.

여하튼 한국 경제가 기록한 고도성장의 주 요인 중 하나로 1960년대 이후 추진해 온 경제 개발 전략이 자주 거론되어 왔다. 그런데 과연 한국 경제의 1960년 이전과 이후의 성과가 단지 정책적 전환만으로 설명될 수 있을까? 만일 그렇다면 수많은 개발도상국들도 한국과 유사한 정책을 추진해 왔음에도 불구하고 한국과 같은 성장을 이루지 못한 사실을 어떻게 설명할 것인가? 아마도 한국의 고도 경제 성장은 개발 전략 이외에도 나름대로의 특유한 정치 · 사회 및 경제적 여건과 제도의 변화와 무관하지 않을 것이란 직관이 선다.

그런데 이러한 논의와 관련하여 우선 세상의 주목을 받아 온 크루그먼(Paul Krugman)의 주장(한국 경제의 성장 내용 및 방식이 단순히 생산 요소의 추가 투입만에 의한 것이라 함)이 정당한지 여부를 확인하는 일부터 검토해 볼 필요가 있다. 그간의 눈부신 성과에도 불구하고 한국의 미래 성장 잠재력을 비관적으로 보는 것이 타당할지 판단하는 데 필수적 연구 과제이기 때문이다. 그런데 크루그먼의 주장에 대한 타당성 여부를 가리기 위해서라도 일단 한국 경제가 성취한 고도성장이 주로 어떤 요인에 의해 주도되었는지를 밝혀낼 필요가 있다. 아울러 어떤 여건의 조성과 제도의 개선이 여타 개발도상국에 비해 높은 성장을 이룩할 수 있는 동인으로 작용하였는지를 밝혀 내는 것이 중요하다.

한국의 성장 요인과 크루그먼 주장의 타당성 여부를 분석한 저자의 연구 결과(이종원, 2002) 중 주요 결론만을 제시해 보면 다음과 같다.

첫째, 로머(Paul M. Romer)의 내생적 성장 모형을 이용하여 한국 경제 성장의 특성을 분석해 본 결과 1960년대 이후 한국 경제 성장은 물적 자본 축적과 함께 인적 자본과 기술 향상 그리고 무역 증대에 의해 주로 이루어진 것으로 분석되었다.

둘째, 인적 자본은 물적 자본보다 한국 경제 발전에 보다 중요한 역할을 담당한 것으로 나타났다. 인적 자본의 축적은 기술 진보를 유발시킴으로써 물적 자본의 효율성 또한 개선시키는 역할을 담당한 것이라 판단된다.

셋째, 물적 자본과 노동의 역할은 규모에 대한 한계생산력 체감이란 속성 때문에 그 기여도가 상당히 제한적이었다.

넷째, 인적 자본의 축적과 기술 진보는 무역량 증대에 따라 가속되어 온 것으로 분석되었는데, 이는 국제 무역의 증대가 외국으로부터의 선진 기술을 흡수하는 주요한 교량 역할을 감당한 것으로도 평가될 수 있는 결과라 할 수 있다. 또한 이러한 결과는 한국의 수출 주도형 성장 방식의 효율성을 간접적으로나마 입증해 준 분석 내용이라 할 수 있다.

이러한 분석 결과에 의하면 한국 경제의 성장이 단지 노동과 자본의 추가 투입에 의해 이루어졌다는 크루그먼의 주장은 받아들여질 수 없었다. 인적 자본의 확충과 이에 의한 기술 진보의 기여도가 오히려 크다는 결론이 도출될 수 있었기 때문이다.

한편, 같은 주제를 국가별 비교 방식을 통해 분석해 본 이종원(2002)의 연구 결과는 다음과 같다.

첫째, 한국 경제의 초기 조건 중 비교 대상국들에 비해 상대적으로 우수했던 것은 물적 자본이 아니라 인적 자본이었다.

둘째, 상대적으로 열악했던 물적 자본 축적의 초기 조건은 1960년대 이후 급속한 물적 자본 축적을 통해 개선되었다.

셋째, 인적 자본 축적 역시 비교 대상국에 비해 빠른 속도로 이루어졌는데, 특히 여성 인력의 교육 정도가 남성보다 상대적으로 높은 증가율로 향상된 것으로 나타났다.

넷째, 빠른 인적 자본 축적을 반영하여 기술 발전 속도도 여타 국가들에 비해 가장 높게 나타났다.

다섯째, 경제 개발 과정에서 정부의 역할은 상대적으로 중요하게 인식되어 온 것으로 평가되었다.

결론적으로 한국 경제는 초기의 우수한 인적 자본과 이의 빠른 향상, 그리고 이에 따라 실현된 기술 수준의 향상 및 정부의 적극적인 개발 정책과 무역 자유화 시책의 확대 등에 의해 발전해 온 것으로 평가할 수 있다. 이러한 분석 결과는 내생적 기술 변화 모형에 기초하여 추정한 결과로써 한국 경제 발전의 근본 원인이 기술과 인적 자본의 내생적 발전에 의한 것이라는 주장과 부합하는 것이라 할 수 있으며, 이런 측면에서 볼 때 한국은 이미 지금까지도 여타 개발도상국들에 비해 공급 측면에서의 각종 애로 요인을 제거하고 인적 자본을 확충하는 이른바 공급중시적 경제 정책을 충분하지는 않지만 효율적으로 운용해 왔다고 평가할 수 있을 것이다.

1. 성장의 지속성과 잠재력 확충을 위해 무엇이 필요한가?

1) 경제 성장의 의미

통상적으로 경제 발전은 GNP 증가와 더불어 발생하는 지속적인 경제 여건의 개선 과정으로 이해할 수 있는데, 분석 대상 기간 중 1인당 실질 GNP의 증가로 정의되는 경제 성장이 대표적 지표로 활용되고 있다.

따라서 국민 소득 수준 향상이 반드시 국민의 행복이나 복지 수준의 향상을 보장하는 것은 아니며 국민 소득 수준 차이만큼 복지 수준에 차이가 발생하는 것도 아니다. 이는 국민 소득은 한 나라에서 생산된 재화와 서비스를 단순히 시장 가치로(그것도 해당국의) 추계한 것에 불과하며, 따라서 물가가 비싼 선진국의 국민 소득 수준이 상대적으로 과대평가되는 등의 문제가 있기 때문이다.

여하튼 경제 성장은 분석 기간 중 1인당 실질 GNP의 증가로 정의되는 반면, 경제 발전이란 GNP 증가와 더불어 발생하는 경제 구조의 지속적인 개선 과정으로 정의함으로써 경제 성장이란 개념과 차별화되기도 한다. 이러한 관점에서 보면 경제 성장이 단순히 양적 변화 내용을 위주로 하는 제한적 정의인 데 반해 경제 발전은 지속적 기술 진보와 경제 제도의 개선에 근거하는 국가 생산 능력의 장기적 상승과 이에 부응하는 국민들의 이데올로기 및 의식 구조를 총칭하는 질적 변화 내용이 강조되는 포괄적 개념이라 볼 수도 있다. 즉, 경제 발전이란 인류 복지 측면에서 본 경제 여건의 개선으로 파악될 수 있으며, 보다 구체적으로는 경제적 효율과 형평이 개선되는 경제 제도 및 구조의 개선이라 볼 수 있다. 그러나 경제 성장이 경제 발전의 총괄적 성과를 대변하고 있을 뿐만 아니라 질적 · 제도적 · 구조적 개선의 구체적 성과가 GNP 향상으로 시현된다는 측면에서 볼 때 두 가지 개념을 지나치게 차별화하는 것보다는 가시적 성과 측정이 용이한 그리고 발전의 가장 핵심적 성과인 GNP 증가 내지 경제 성장을 위주로 경제 발전 문제를 논하는 것이 현실적이라 볼 수 있다.

한편, 실질 GNP와 대비되는 개념으로 잠재 GNP가 있다. 잠재 GNP란 노동과 자본 등의 생산 요소를 완전히 고용할 경우 달성할 수 있는 최대 GNP, 즉 자연실업률 상태 하에서의 GNP 또는 인플레이션을 가속화시키지 않고 달성할 수 있는 GNP라고 정의한다.[1] 현재 한국 경제는 저성장이 지속되는 경기침체기에 빠져 있으며, 저출산 · 고령화 추세가 고착되면서 2017년을 고비로 경제 활동 인구 자체가 줄어들고 잠재성장률이 하락하는 난국을 맞고 있다.

경제가 성장하면 고용은 자동적으로 증대되는가?

일반적으로 경제 개발 초기 단계에서는 경제 성장이 고용 증대를 가져온다. 저개발 단계 국가들의 일반적 특징 중 하나는 무한대에 가까운 실업이 존재한다는 점이며, 따라서 국제 경쟁력 유지를 위해 저임의 노동력을 집약적으로 생산에 투입시키는 방식으로 산업화를 도모해 가는 과정에서 고용이 크게 확대되는 경향이 있다.

1 통상적으로 실질 GNP가 잠재 GNP보다 낮으면 인플레이션을 가속화시키지 않으면서 유효 수요를 증가시켜 실업률을 낮출 수 있고 반대로 실질 GNP가 잠재 GNP를 초과하게 되면 경기가 과열되어 인플레이션이 가속화될 수 있으므로 총수요를 억제할 필요가 있다는 것으로 분석한다. 그렇지만 잠재 GNP가 단기적으로 달성되어야 할 최적의 GNP로 볼 필요는 없으며 경제 상황에 따라 실질 GNP를 조정할 때 기준이 되는 지표 정도로 이해하는 것이 바람직하다.

그런데 경제 성장이 지속되기만 한다면 고용 문제가 자동적으로 해소될 수 있을까? 개발 초기에는 무한대에 가까운 노동 공급 때문에 임금의 급격한 상승 없이 추가 고용이 가능하므로 노동의 추가 투입에 의한 성장 방식을 추구하게 되고 또 그 과정에서 고용이 증대될 수 있지만, 경제 발전 단계가 성숙되어 갈수록 경제 성장과 고용 사이에 점차 괴리 현상이 강하게 나타나게 된다. 임금이 지속적으로 상승하게 되면서 노동 고용을 회피하는 경향이 강해지기 때문이다. 즉, 경제 성장이 일정 수준에 이르면 임금이 상승하게 되고 따라서 추가 고용을 억제하는 생산 방식을 추구하는 경향이 강해지는데 이를 고용 없는 성장 현상(jobless growth)이라 한다. 최근 한국 경제에서도 이른바 고용 없는 성장 문제가 사회적 이슈로 등장하고 있는데, 이는 노동절약적 기술 진보의 발생, 사양 산업 생산 거점의 해외 이전, 그리고 강성 노조 등장에 따른 신규 정규직 고용 기피 현상 등에 기인하는 것이다.

어떻게 하면 경제가 성장할 수 있는가?

기본적으로 ① 생산 요소를 추가로 고용하거나, ② 기술 진보에 의해, 또는 ③ 제반 여건 및 제도의 개선에 의해 달성되는데, 첫 번째와 두 번째 요인에 의한 경제 성장은 그림 2-5(제2장 참조)에서처럼 생산가능곡선을 확장시키게 되는데, 이때 초래되는 균형국민생산 수준의 향상이 경제 성장 또는 경제 발전이 된다.

그런데 이러한 경제 성장 요인 중 가장 용이하게 추가 투입할 수 있는 생산 요소는 자본이다. 이러한 이유로 대부분의 경제 성장 전략은 자본의 축적 및 활용을 통한 경제 성장이었고, 이처럼 생산 과정에 주로 자본을 추가적으로 투입하여 경제 성장을 도모하는 과정을 '자본 심화'(deepening of capital) 또는 '자본 위주 성장 방식'(capital fundamentalism)이라 부르기도 한다. 그런데 지금까지 거의 대부분의 개발도상국들(후발 선진국 경우도 마찬가지)이 사용해 온 성장 방식이 여기에 속하는 것임은 전술한 바 있다. 한국도 예외라고 할 수는 없다.

이러한 성향으로 인해 노동이라는 생산 요소의 확충이나 질적 개선 방안 그리고 기술 진보 등은 상대적으로 경시되어 왔고 노동 또는 인적 자본에 대한 투자나 기술 진보의 중요성이 상대적으로 경시되는 경향이 있어 왔다. 단, 한국의 경우에는 이러한 공급 부문에 대한 정책 배려가 여타 개발도상국에 비해 상대적으로 성공적이었다는 사실도 지적한 바 있다.

한편, 제반 여건 및 제도의 개선에 의한 경제 성장은 특히 후진국 성장 방식에 매우 중요한 시사점을 던져 주는 점을 상기시켜 준다. 후진국에서의 현실적 생산 수준은 시장 제도가 완비된 선진국에서나 가능한 최적 생산 수준보다는 훨씬 낮은 수준에서 이루어진다. 즉, 경제 이론상의 최적 생산량은 결코 후진국에서는 달성이 불가능한 지극히 비현실적 상황에 해당되는 것으로, 이는 후진국들의 각종 제도나 관습이 전근대적이거나 시장 실패 요인이 대규모적으로 일반화되어 있기 때문이다.

따라서 생산 요소의 추가 투입이나 기술 진보와는 별도로 시장경제 제도 등 각종 경제 · 사회 인프라를 근대화시킴으로써 실제 생산 가능한 수준을 확충시키는 노력이 아울러 추진될 필요가 있으며, 제반 여건 및 제도의 개선이 바로 후진 제국의 성공적인 경제 성장에 근본적이고 장기적인 그리고 필수적인 요인이 된다는 점을 다시 한 번 강조해 둔다. 그리고 이러한 인식과 관점이 바로 진정한 의미의 공급 측면 중심의 경제 논리이다.

그런데 이 시점에서 강조해 둘 필요가 있는 것은 경제 성장이란 이상에서 열거한 '생산 요소의 추가 고용'과 '기술 진보' 그리고 '제반 제도 및 여건의 개선'과 같은 공급 애로 요인의 제거 등 기본적인 세 가지 요인 외에도 인적 자본의 축적, 국제 무역의 확대, 그리고 정부의 능동적인 역할 등에 의해서도 이룩될 수 있다는 사실이다. 물론 이때의 국제 교역은 해당 국가가 어떤 식의 무역 정책을 채택하는가에 따라(예컨대, 수입 대체 방식 또는 수출 주도 방식) 그리고 국제 환경 변화에 어떤 식으로 대응해 나가는가에 따라(보호 무역이나 자유 무역 또는 개방화) 국민 생산에 미치는 효과가 달라질 것이다.

따라서 이상에서와 같은 논리에 근거하여 이하에서는 경제 성장을 요인별로 구분하여 논의하되 전통적인 케인지언 성장론이 강조해 온 생산 요소(자본과 노동)의 추가 투입 방안과 기술 진보 요인 그리고 공급중시 경제학의 핵심 고려 사항인 각종 인센티브의 제공과 공급 장애 요인의 제거 그리고 제도의 개선과 같은 항목을 별도로 구분하여 논의함으로써 본서가 강조해 온 공급 관리 경제학 논리를 효율적으로 부각시켜 보고자 하였다. 제2장에서 신공급중시 경제학 종합이라는 모형 형태로 최종적 대안을 제시하였고, 이는 케인즈 경제학과의 융합을 전제로 하는 분석 모형이란 점을 감안하여 이하에서는 성장 요인별 구분은 일단 전통적인 케인즈 경제 이론에 의거 분류한 요인을 중심으로 하되 각 항목마다 공급중시 정책 고려 사항을 융합시켜 가는 방식으로 논의를 전개하였다.

2) 자본의 확충과 소유 방식의 개선을 통한 성장

우선 생산 요소를 생산 과정에 추가로 투입시켜 경제 성장을 이룩하는 방안 중 추가 투입이 가장 손쉬운 것은 물적 자본이라 할 수 있다. 그런데 물적 자본을 위주로 추가 투입하여 성장을 추구할 경우 경제 성장의 수혜자는 주로 자본 공여자, 즉 자본가가 된다는 문제점이 잉태될 수밖에 없다.

그나마 자본이 원천적으로 부족한 개발도상국들은 특히 개발 초기 단계에서는 외국 원조나 차관에 의해 필요 재원을 확보할 수밖에 없다(물론 가계 저축과 기업 투자에 대한 각종 세제 혜택을 부여함으로써 국내 시장에서의 자본 형성 노력을 기울이기도 하지만). 따라서 외국 자본 의존성이 강해지고 해외 부문으로부터의 충격에 매우 취약한 경제 체질을 갖게 된다.

또한 경제 발전이 일정 단계에 이르면 자본의 한계생산성은 점차 낮아지는 현상이 나타난다. 따라서 단순히 자본 추가 투입 위주의 성장 방식이 문제가 있든 없든 간에 단지 자본 규모만을 확대하는 방안은 재검토할 필요가 발생하게 된다.

예컨대, 단순한 물적 자본의 규모 확충을 통한 생산량 증대보다는 자본의 소유 방식을 개선하는 방안을 통해 생산성 내지 장기적 성장 잠재력을 증진시키는 방안을 심각하게 고려해 보아야 하는 사유가 여기에 있다.

즉, 중소기업들 경우 주식회사 대신 협동조합(co-op) 형식의 기업 유형을 활용하거나 그 밖의 다양한 형태의 자본 소유 및 경영 방식을 고려해 보는 것이다. 자본 소유의 분산이 효율적 생산 증대로 이어지고 또 그로 인해 생산 성과가 수많은 소자본 소유자들에게 귀속될 수도 있기 때문이다. 바로 이러한 제도적 측면에서의 다양한 자본 소유 방식과 그에 따른 경영 방식의 전환이 생산성과 형평성을 동시에 제고할 수도 있는 공급경제학적 정책 고려 사항이 될 수도 있다.

한국의 경우에도 1997년 외환 위기로 인해 많은 기업들이 도산하는 단계에서 일부 기업들은 종업원들에 의해 인수되기도 하였고 공사장 감독(foreman) 그룹들이 회사를 공동으로 또는 부분적으로 인수하여 운영하는 이른바 소사장제(intrapreneuring)로 전환되기도 하였다. 여기서 소사장제란 원래 생산성 향상 등 기업의 경쟁력 회복을 위해 동일 사업 내에서 생산 라인 또는 공정의 일부에 대해 독립 경영 체제를 형성케 하는 소규모 경영 방식을 말한다. 제조업에서는 사업장 내에 근무하던 근로자가 생산 라인 또는 생산 공정의 일부를 맡아 경영 책임자가 되고, 모기업은 소사장에게 생산 현장에 작업장과 생산 설비를 설치, 임대해 주며, 총무, 세무, 회계, 판매, 기타 대관공서 업무를 모두 대행하여 지원하고, 소사장은 생산 활동에만 전념하도록 하는 제도이다. 제조업이 아닌 서비스 업체에서는 일선 영업 현장의 책임자가 예산, 인사, 대리점 관리권 등 영업 경영 전반에 대한 권한을 사장으로부터 위임받아 행사하기도 하는 제도이다.

불행하게도 이러한 자연 발생적인 그러나 진취적인 소유 및 경영 방식의 중요성이 정부에 의해 제대로 인식되지 못한 채 빛을 보지 못하고 말았다. 그러나 앞으로 끊임없이 발생될 것으로 예상되는 산업 구조 조정 과정에 슬기롭게 대처하기 위해서도 다양한 소유 및 경영 방식에 관심을 가지고 지원 체제를 정착시켜 나갈 필요가 있다. 적용상 한계성은 있으나 생산성은 물론 고용 확대 및 임금 수준의 향상까지를 도모하거나 심지어 사회적 자본의 확충으로 사회적 안정성을 증진시킬 수도 있기 때문이다(자세한 내용은 제6장을 참고하기 바란다).

3) 노동력 및 인적 자본의 확충을 통한 성장

자본과 더불어 노동력의 증가는 경제 성장의 가장 핵심적인 요인 중 하나가 되어 왔다. 한 국가의 경제력이나 힘은 우선 해당국의 인구 수와 연관도가 높다. 그러나 경제 성장이란 보다 구체적 측면에서 보려면 인구보다는 그들 중 시장성 있는 노동력을 제공할 수 있는 인력의 규모가 의미를 갖는다. 예컨대, 경제 활동 인구를 15세 이상 64세 이하로 규정하고 있는데(이를 통상 노동력(labor force)이라고 함), 인구성장률이나 출생률, 유아사망률 그리고 평균 수명 등에 따라서 노동력의 크기 자체는 물론 노동력이 인구에서 차지하는 비중이 변화하기 때문이다.

대체로 선진국일수록 인구증가율은 낮은 편이고, 후진국일수록 인구증가율은 높은 경향을 띠어 왔다. 그리고 같은 나라 내에서도 저소득층의 출산율이 일반적으로 고소득층 경우보다 높은 성향을 보여 왔다. 따라서 저소득 국가(저소득층)일수록 인구와 노동력은 풍부한 반면 취업 기회는 상대적으로 낮은 경향을 보이고 있다. 따라서 한 나라의, 특히 후진국의 경우 경제 성장은 바로 이처럼 상대적으로 풍부한 인력을 생산 과정에 투입시키는 방식으로 추진하는 것이 현실적으로 효율적이라 볼 수 있다. 한국 또한 1960-1970년대에 무한대에 가까웠던 저임 · 양질의 노동력을 생산에 투입함으로써 경제 성장을 선도한 역사적 경험을 갖고 있다. 여하튼 일반적으로 후진국일수록 노동력이 풍부하므로, 특히 개발 초기 단계에서 단지 이들을 생산 과정에 추가 투입하는 방식의 성장 전략을 주로 추진하여 왔고, 이 과정에서 실업이 해소되는 긍정적 효과가 나타났다고 분석된다.

인적 자본 확충을 통한 성장

그런데 경제 발전 단계가 성숙되는 과정에서 노동력의 한계생산력이 체감하는 결과가 초래되므로 단지 노동의 추가 투입에 의한 성장 방식만으로는 장

그림 4-1 세계 주요 58개국의 인구증가율과 소득 간의 관계

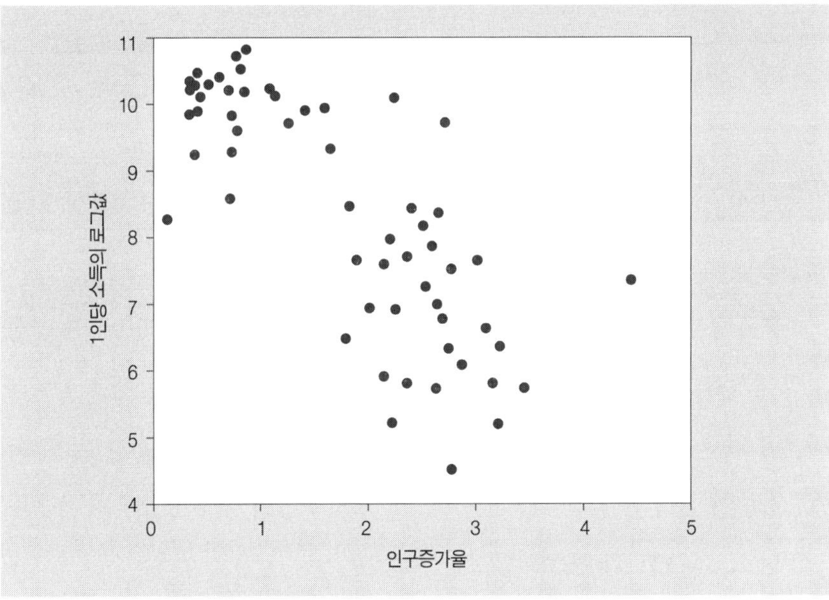

자료: IFS yearbook.

그림 4-2 한국의 경제성장률과 인구증가율

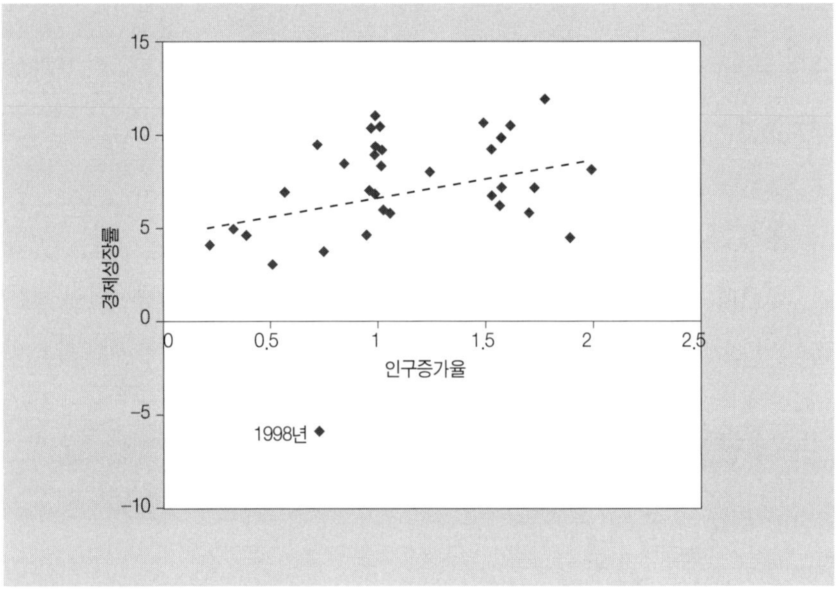

자료: KOSIS.

기적 성장을 유지하기는 어렵다. 일반적으로 장기에 있어 인구증가율과 경제성장은 음(-)의 상관관계를 갖는 것으로 분석되고 있다(그림 4-1 참조).

물론 공급중시 경제 이론이 강조하는 노동력의 질적 개선 또는 노동생산성의 향상을 가져다줄 인적 자본에 대한 투자가 동시에 이루어질 경우 한국에서처럼 인구증가율과 경제성장률이 양(+)의 관계를 가질 수도 있다(그림 4-2 참조). 바로 이 점이 한국 경제가 여타 개발도상국에 비해 경제 성장에 성공할 수 있었던 요인의 하나가 된 것이다.

따라서 경제 발전이 일정 단계에 다다르면 단순한 노동력의 확충보다는 노동력의 생산성이 신장될 수 있는 인적 자본 정책이 동시에 추진될 필요가 있다는 논리가 성립된다. 그런데 인적 자본 확충과 관련하여서는 다음과 같은 사항에 유념할 필요가 있다.

즉, 단순한 생산 요소 투입량의 증대 대신 투입할 생산 요소의 질적 개선으로 이해할 수도 있는 인적 자본의 형성, 또는 인적 자본에 대한 투자가 바로 진정한 의미의 공급중시 경제학의 핵심 고려 사항일 뿐만 아니라 최근 들어 미래 지향적 성장 전략의 핵심적 화두로 자리매김하고 있다는 사실이다.

특히, 인적 자본은 물적 자본과는 달리 천재지변과 같은 충격을 겪게 되더라도 쉽사리 파괴되지 않는 특성을 갖고 있다. 즉, 전쟁 등으로 인해 경제 성장이 장기적 추세선에서 잠시나마 심하게 이탈하더라도 인적 자본에 축적된 잠재력은 빠른 시일 내에 충격을 완충시켜 가며 장기적 성장 추세선으로 회귀시키는 역할을 담당할 수 있다는 점이다.

그런데 인적 자본에 대한 투자가 특히 중요한 의미를 갖는 것은 자본 확충에 의한 성장 방안과는 달리 성장의 효과가 오히려 인적 자본 당사자인 노동자에게 주로 귀속된다는 사실이며, 따라서 사회적 분배와 경제적 형평이 개선되는 결과를 가져다준다는 점이다.

이러한 이유 등으로 인해 인적 자본 중심의 성장이 주도하는 발전 전략이야말로 장기적 성장 잠재력을 신장시킴은 물론 미래 지향적인 이른바 인본 자본주의 시대를 열어 나가는 지름길이 될 것이며, 이것이 또한 공급경제학적 정책 고려 사항에 핵심 내용이 되는 것이다.

또 한 가지 인적 자본과 관련하여 지적해 둘 것은 인적 자본은 교육과 훈련 과정을 통해 대다수 노동자에게 축적된다는 점이다. 그런데 교육과 훈련이 개인의 비용으로 취득되기도 하지만 의무 교육을 비롯한 기초 교육은 주로 정부에 의해, 그리고 훈련은 기업에 의해 제공되기도 한다. 그리고 교육과 훈련 기회가 주로 정부 및 기업의 비용으로 제공되는 반면 혜택은 노동자들에게 귀속되므로 경제적 형평이 크게 개선될 수 있다.

결국 인적 자본의 축적은 생산성 향상이라는 경제적 효율성 제고는 물론 형평성을 개선하는 일거양득의 효과를 가져다줄 뿐 아니라 지식 정보화 시대를 선도할 수 있는 주도적 생산 요소로 기능한다는 사실이다. 이처럼 인적 자본을 중시하는 인본 자본주의 시대는 단지 교육, 훈련을 통한 인적 자본의 축적에 머물지 않고, 각종 의료, 건강, 보험 및 연금 제도 확충을 통한 복지의 개선과 연계되어 추구될 경우 더욱 가속화될 수 있을 것이다.

인적 자본과 원상회복 능력(recuperating power)

이번에는 인적 자본이 갖는 또 다른 측면에서의 특수성을 잠시 살펴보기로 한다. 원래 인적 자본(human capital)이란 용어는 1964년 베커(G. S. Becher) 교수가 교육이 노동 생산력에 미치는 영향을 강조하는 차원에서 사용한 이후 주목을 받았는데 물적 자본(physical capital)에 대응된 개념이라 할 수 있다. 물적 자본과 더불어 생산의 양대 요소를 구성하고 있는 노동력의 규모와는 별도로 노동자들이 갖는 질적 측면, 즉 생산성 증대 요인을 분리하여 새로운 생산 요소로 취급하였던 것이다.

인적 자본을 보다 공식적으로 정의하자면 노동자들이 교육이나 훈련을 통해 얻는 지식과 기술이라고 할 수 있다. 교육이란 의무 교육을 비롯한 정규 학교 교육과 평생 교육을 총괄하는 개념이며, 훈련이란 각종 연수 및 현장 직업 훈련을 포괄하는 개념이다. 동일한 수의 노동력이라도 이러한 인적 자본이 보다 많이 축적된 사람일수록 생산 능력이 증대될 것인바, 노동자가 활용할 수 있는 물적 자본량(이를 노동의 자본장비율이라 함)이 증대될수록 생산성이 향상된다는 논리와 유사한 측면이 있어 이를 인적 자본이라 부르게 되었다.

물론 인적 자본은 눈에 보이지도, 만져서 느껴 볼 수도 없는 무형 요소이므로 정확히 계측하기 어렵다는 측면이 있다. 반면에 보이지 않기 때문에 쉽사리 파괴되거나 소멸되지도 않는다는 장점이 있다. 따라서 전쟁이나 자연재해로 인해 많은 생산 시설이나 장비는 쉽게 파손 또는 망실될 수 있지만 인적 자본은

그림 4-3 인적 자본의 원상 회복 능력

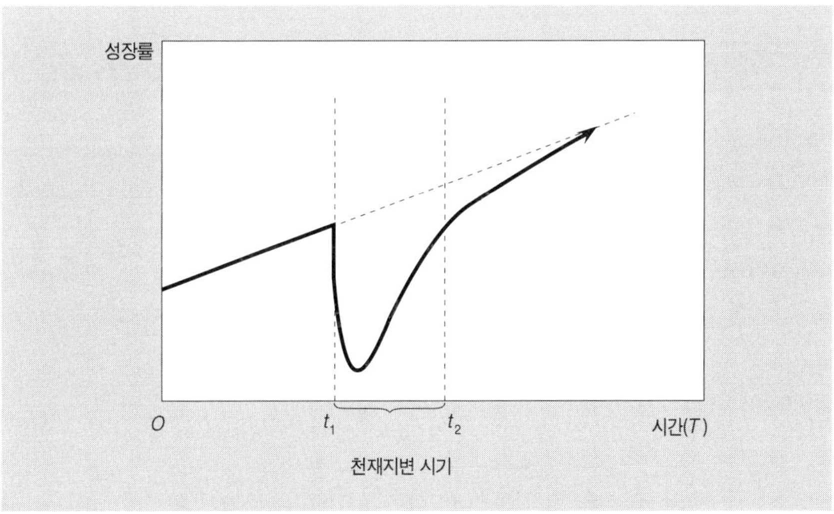

노동자가 생존하는 한 존속하게 된다.

제2차 세계대전에서의 패전에도 불구하고 일본과 독일이 급속한 경제 회복 내지 재건을 달성할 수 있었다는 사실은 이를 반증하고 있다. 한국 또한 1997년 말 외환 위기를 겪었으며 일시적으로 극심한 불황에 처하기도 하였지만, 축적된 인적 자본에 근거한 성숙된 성장 잠재력에 힘입어 장기적 성장 추세선에 점근적으로 접근하여 신속히 회복할 수 있었다. 그림 4-3은 이와 같은 인적 자본의 원상 회복 능력을 가늠할 수 있는 성장률의 변동 추이를 보여 주고 있다.

이상과 같은 측면에서 볼 때, 인적 자본은 물적 자본에 비해 유리한 측면이 있다고 볼 수 있다. 특히, 최근 들어 지식정보화 시대가 도래하면서 인적 자본의 기능과 역할은 보다 더 중요해지고 있다.

4) 기술 진보를 통한 경제 성장

생산 요소의 추가 투입 다음으로 경제 성장과 성장 잠재력 확충의 핵심 요인이 되는 사항은 바로 기술 진보라 할 수 있다.

여기서 기술이란 재화와 서비스를 생산하는 방법에 대한 지식이라 할 수 있으며, 기술의 진보란 창조적 기술이나 적응적 기술은 물론 제반 제도 및 생산 방법의 개선에 따른 생산성 향상이나 비용 절감을 가능케 하는 과정이라 할 수 있다. 즉, 기술 진보란 생산성 향상에 기여할 수 있는 모든 변화를 포괄하는 개념으로 인식할 수 있으며 동시에 주어진(또한 한정된) 생산 요소를 가지고 이전에 비해 더 많은 생산을 달성할 수 있는 능력 또는 동일한 생산량을 전보다 적은 양의 생산 요소만으로 (따라서 보다 낮은 생산비를 들여서) 생산할 수 있는 생산 방법의 활용을 의미한다고 볼 수 있다.

그런데 혹자는 기술 진보를 새로운 상품을 만들어 내거나 새로운 기술을 개발하는 것(invention)으로만 이해하기도 한다. 그러나 앞서 정의한 바 있듯이 생산성을 향상시킬 수 있는 제반 변화를 기술 진보라고 보면, 즉 보다 광의의 해석을 따르면, 결국 다음과 같은 세 가지 유형을 포괄하는 개념으로 이해하는 것이 적절하다.

① 새로운 상품이나 새로운 기술의 개발과 같은 창조적 기술(inventive technology)

② 기존의 기술을 효율적으로 활용하여 획기적으로 생산량을 증대시키거나 생산비를 절감할 수 있는 이른바 적응적 기술(adaptive technology)

③ 생산성 증대에 기여할 수 있는 제반 제도 및 생산 방법으로, 예컨대 고용 중 직업 훈련(on the job training: OJT)에 따른 숙련도 향상이나 조직 관리 제도의 개선

이러한 기술 진보 중 미국과 같은 선진국은 제1의 유형인 창조적 기술의 창출에 주력하여 세계 경제를 주도해 나갈 수 있는 경쟁력을 보유하고 있다. 반면 일본과 같은 나라는 특히 적응적 기술을 통한 생산성 향상에서 선도적 역할을 담당해 온 나라에 속한다. 그러나 대다수 국가들은 비록 이들이 성공적으로 생산성 증대를 이룩하였다 하더라도 특히 경제 개발 초기 단계에서는 세 번째 유

형의 기술 진보를 통해 고도 경제 성장을 달성한 것으로 이해할 수 있다. 한국 또한 개발 초기 단계에서는 주로 제3 유형의 기술 진보를 통해 생산성을 증대시켰으나 현재는 이른바 적응적 기술 진보를 주축으로 성장을 구가하고 있으며, 일부나마(예컨대, 메모리 분야의 전자 산업 등) 창조적 기술 진보를 통해 생산성 향상을 이룰 수 있는 단계에 이르렀다.

한때 한국과 대만, 홍콩 및 상가포르 등 4개국은 아시아의 4마리 용 또는 호랑이로 불리었던 적이 있다. 그런데 크루그먼 교수는 이들 국가의 고도 경제 성장이 단지 생산 요소의 추가 투입만으로 이룩한 것이어서 차후의 지속적 성장은 불가능하다며 이들 국가는 4마리 종이호랑이에 불과하다는 식으로 폄하하였다는 점을 지적한 바 있다.

그는 기술을 창조적 기술 개발만으로 이해하는 협의의 개념에 집착하여 위에서 제시한 두 번째나 세 번째 요인에 의한 생산성 향상 부문을 도외시하는 우를 범했다. 또한 전술한 바 있듯이 한국의 성공적인 경제 개발은 노동이나 자본의 추가 투입보다는 기술 진보와 인적 자본의 축적(즉, 노동력의 질적 향상), 그리고 능동적인 국제 무역을 통한 기술 및 자본 유입 등에 더 의존해 왔음을 제대로 이해하지 못했다. 더구나 최근 일부 분야이지만 한국 등이 세계의 창조적 기술 발전의 선두 주자로서 경제 성장을 주도해 오고 있는 현실을 전혀 예단하지 못했던 것이다.

기술은 인적 자본과 더불어 지식정보화 시대를 주도하는 가장 중요한 경제 성장 요인이 되고 있다. 또한 기술의 개발이나 발전은 인적 자본의 축적과 밀접한 관계가 있다. 그런데 인적 자본이 주로 교육과 훈련 등에 의해 창출되며 정부와 기업은 물론 가계 자신들의 능동적 참여를 통해 이루어지는 반면 기술 진보는 주로 연구 개발을 통해 이루어지며 개별 기업에 의해 주도된다는 점에 유념할 필요가 있다.[2)]

5) 국제 무역을 통한 경제 성장

생산 요소의 추가 투입이나 기술 진보 외에 경제 성장의 견인차가 될 수 있는 또 다른 항목으로 국제 무역을 들 수 있다. 교역을 통해 거래 당사자 모두가 이익을 볼 수 있다는 논리는 자본주의 작동의 기본 원리 중 하나라는 사실(제1장 참조)을 다시 한 번 상기시켜 둔다.

물론 제1차 산업 상품에 비교우위를 갖고 있는 후진국들이 이를 특화하여 수출하고 대신 선진국의 제조업 상품을 수입할 경우 장기적으로 교역 조건(자국 수출 상품의 상대가격)이 악화되는 문제가 발생할 수 있다. 즉, 수출품 가격이 수입(제조업) 제품 가격에 비해 점차 낮아지게 되므로 국제 수지가 지속적으로 악화될 소지가 있기 때문이다.

2 여기서 또 한 가지 지적해 둘 사항은 마르크스(K. Marx)가 주장한 바대로 자본주의 성숙 과정에서 자본 심화에 의한 경제 성장은 이윤율 저하 현상(자본 심화→수확 체감 현상 가속→이윤 저하)을 필연적으로 유발할 것이라는 예언은 실패로 돌아갔다는 점이다. 그리고 자본 심화→자본가 위주의 불평등 분배 구조 확대→노동자 계층의 분배 악화 및 유효 수요 감소→과잉 생산 현상 초래→공황→자본주의 체제 몰락으로 이어지는 이행 과정도 발생하지 않았다. 이러한 현상은 자본주의 발전 과정에서 수확 체감 현상을 상쇄하고도 남을 만한 기술 진보가 실현되었다는 사실에 연유한다고 볼 수 있다. 결국은 수확 체감 현상을 상쇄하고도 남을 만한 기술 진보가 지속적으로 실현됨으로써 자본주의가 발전해 왔다고 볼 수도 있다.

또한 인간 생존에 불가결한 식량은 산술급수적으로밖에 증가하지 않는데 인간의 본능인 성욕은 기하급수적인 인구 증가를 가져오므로 전쟁과 질병 및 기아가 아니면 식량 부족은 피할 수 없다고 주장했던 맬서스(Thomas Robert Malthus: 1766-1834)의 예언도 결국 생산성의 급속한 향상을 가능케 하는 기술 진보를 예견하지 못해 실패한 것으로 분석된다.

이러한 이유로 인해 불공정 무역을 해소하기 위해 선진국과의 교역을 단절하고 수입 대체 산업화 등을 추구하여 자급자족을 도모하는 것이 바람직하다는 이른바 종속 이론이 제기되기도 하였다.

그러나 이러한 노력은 실패하였다. 이는 교역으로부터 얻을 수 있는 이익의 포기, 외국 업체와의 경쟁이 불필요해진 수입 대체 산업의 생산성 향상 노력 부족, 협소한 국내 시장 규모로 인한 규모의 경제 실현 가능성 저하 등에 기인한다. 바로 이러한 이유 때문에 한국은 수입 대체형 산업화 대신에 수출 주도적 공업화 전략을 추구하였고 또 큰 성과를 거두기도 하였다. 수출 주도형 공업화와 수입 대체형 공업화 중 어떤 정책이 더 바람한지와 관련한 논쟁의 핵심은 다음과 같다.

수출 주도형 공업화와 수입 대체형 공업화 논쟁

개발도상국이 적극적 개발 의지를 가지고 개발 계획을 추진하되 불균형 성장 방식의 전략을 선정한다면 과연 어떠한 부문에 집중 투자하는 것이 바람직한 것인가? 경제 발전 또는 근대화란 일반적으로 산업화를 추구하는 것인바 농업보다는 공업에 중점을 둘 것임은 자명하다 할 것이다. 그러나 공업화를, 예컨대 대기업 중심으로 추구할 것인지 또는 중소기업 중심으로 추진할 것인지에 관해서는 선택의 여지가 있다. 그러나 그보다 더 중요한 관심사는 수출 주도형 공업화를 통한 경제 성장을 추구할 것인가 아니면 수입 대체형 공업화로 경제 성장을 선도할 것인가 하는 문제라 할 수 있다.

물론 한국은 이들 중 수출 주도형 공업화를 추구하였고 또 가장 성공적인 모범 사례로 인용이 되어 왔다. 한국의 이러한 선택은 제2차 세계대전 이후 대부분의 개발도상국들이 수입 대체 산업화를 선택했던 역사적 사실로 볼 때 다소의 위험을 내포한 전략이었다.

한편, 20세기 중반에 대다수 개발도상국이 수입 대체형 산업화를 추구하였던 것은 대체로 다음과 같은 사유에 근거하는 것으로 본다.

첫째, 19세기부터 20세기 초반에 이르는 기간 동안 이른바 후발 선진국들(당시의 개발도상국)의 산업화는 수입 대체적 공업화 성향이 강했다.

둘째, 1930년대 대공황을 겪으면서 원료 수출에 특화했던 후진국들이 극심한 타격을 받았고 따라서 중남미를 중심으로 하는 개발도상국들이 수입 대체 산업화를 시도하게 되었다.

셋째, 제2차 세계대전 후의 개발도상국 경우에는 한두 개 상품에 특화해 온 식민지적 분업에서 벗어나 산업 간 균형을 이룰 수 있는 다변화된 국민 경제 건설을 희망하게 되었고, 이는 결국 자연스럽게 수입 대체 산업화 전략의 선택으로 이어졌다.

넷째, 이와는 별도로 1930년대 가장 성공적 산업화를 성취한 소련의 전략 또한 수입 대체적 산업화라 할 수 있다. 소련에서의 성공 사례는 이후 주로 1차 산업에 특화해 온 후진국들이 종속적 국제 분업 체계를 거부하는 신종속 이론에 의거하여 중핵국과의 단절과 특히 중화학 공업에 대한 집중적 투자를 통해 자급자족적 자립 경제 건설을 추구하는 계기를 제공해 주었다.

그러나 이러한 역사적 경험에도 불구하고 제2차 세계대전 이후에는 수입 대체 산업화를 통한 경제 발전에 성공한 개발도상국은 거의 없었다. 그렇다면 19세기에 유럽 등지에서 성공할 수 있었던 발전 전략이 왜 20세기 후반 개발도상국에서는 실패하고 말았을까? 이에 대해 케이브스와 존스(Caves and Jones, 1973), 그리고 허쉬만(Hirschman, 1971)은 다음과 같은 이유를 들고 있다.

첫째, 19세기 유럽에서는 진입해 들어갈 새로운 산업이 상대적으로 광범위하게 존재했고 19세기 유럽의 후발국들은 이미 근대 산업화 이전에 존재한 수공업 기반이 튼튼했기 때문에 당시 주도 산업 및 기술 수준에 근접되어 있어서 수입 대체 산업화에 대한 집중 투자가 전후방 연쇄 효과를 유발할 수 있었다. 그러나 20세기 후반 개발도상국들은 전통적 수공업 기반이 결여되어 있거나 기술 수준이 낮은 수준에 머물러 있어서 전후방 연쇄 효과를 효율적으로 이끌어 내기 어려웠다.

둘째, 기술 수준이 낮은 단계에서의 수입 대체 전략은 표준화된 소비재 산업이나 조립 단계적 생산에 머물 수밖에 없어 일정 단계 이후에는 산업화가 지속되기 어려웠다.

셋째, 이처럼 낮은 수준에 머물 수밖에 없는 산업 제품은 국제 경쟁력을 확보하기 어렵고 결국 국제 수지 적자를 유발하게 된다. 이를 억제하기 위한 정부의 선택은 국제 경쟁으로부터의 보호뿐이다. 그러나 비좁은 국내 시장만으로는 규모의 경제나 생산성 향상을 실천할 가능성이 적은 반면 창의적 생산을 저해할 수밖에 없는 정부 개입은 결국 지대 추구 행위 등 부패를 유발시켜 경제적 효율과 형평을 모두 해치게 되었다.

결국 수출 주도적 공업화도 상황에 따라서는 대외종속성이나 교역 조건의 악화와 같은 문제가 초래될 수 있는 부정적 측면이 있다. 그렇지만 이를 해소하고 긍정적 효과를 극대화할 수 있는 제도의 도입이나 여건의 조성과 같은 공급 측면에서의 정책 배려를 통해 성공적 성장을 실현해 나갈 수 있음을 한국 경제의 예에서 확인할 수 있을 것이다.

경제특구와 FTA의 재접근

세계 경제 질서가 WTO 체제 등극과 더불어 신자유주의적 경제 사조를 근거로 한 무한 경쟁 시대에 돌입하면서 국제 경쟁은 더욱 치열해졌고, 그 결과 세계는 부익부 빈익빈 현상이 가속화되었으며, 경제 강국을 중심으로 영향력이 집중되고 있다.

더구나 선진국 간에도 EU나 NAFTA 같은 지역 협력 기구 결성을 통해 배타적 공동 이익을 추구하고 있고, 중국 경제가 급부상하고 있는 반면 한국은 경쟁력을 상실한 산업 부문이 확산되는 등 대외 여건이 지속적으로 악화되어 왔다는 인식이 확산되고 있다.

이러한 국제 경제 질서 개편 과정에서 한국은 위기 탈출 방안의 하나로 자유무역협정(free trade agreement: FTA)의 추진을 통한 경쟁력 유지 방안을 심각하게 고려하게 되었다. 오랜 진통(특히, 농업 부문으로부터의 반발) 끝에 2003년 칠레와 자유무역협정을 조인하게 되었고, 그 이후에는 보다 적극적 자세로 미국, 중국 및 EU 등과 FTA를 체결해 왔다. 또한 최근에는 일본 등과도 FTA 협상을 벌이면서 EU나 NAFTA 같은 지역 결합을 결성하지 못함으로써 초래된 경제적 불이익을 만회하려고 노력하고 있다.

물론 지역 또는 가입국에 대한 배타적 이익을 추구하는 FTA는 모든 교역국에 대한 무차별적 대우를 천명한 이른바 최혜국 대우에 따른 자유 무역 확장 기조에 역행하는 측면이 있다. 그러나 동시에 FTA는 아직도 선진국이 희망하는 수준에 이르지 못한 WTO 협력 체제 하의 자유 무역 체제를 지역 협력이나 이해당사국 간의 자유무역협정 등을 통해 보완해 나가려는 추세의 일환으로 볼 필요가 있다.

어느 관점에서 보더라도 한국만이 FTA를 도외시할 수도 없을 뿐 아니라 FTA로부터 소외될 경우 국가적 이익이 크게 침해될 것임은 불문가지이다. 그러나 적절한 사전 준비나 대책 없이 무작정 FTA를 확대해 나갈 경우 국내 산업구조의 균형적 발전이 크게 저해될 수밖에 없다. FTA 대상 국가의 선정과 협상 내용 그리고 체결 일정 등을 면밀히 검토하여 대처해 나가야 할 것이다.

FTA와 더불어 최근 한국이 경제적 난국을 타결하기 위해 구상하고 있는 또 하나의 정책 시안이 바로 경제특구의 설치 및 운용이라 할 수 있다. 2002년 정부는 동북아 물류 중심지화와 동북아 비즈니스 거점화를 추진하기 위해 인천신공항(김포 매립지 포함) 및 송도 지역과 부산 신항 그리고 광양만 지역을 경제자유지역으로 지정하고 구체적 추진 계획을 마련하였다. 원래 경제특구란 체제 전환을 원활하게 수행하기 위한 방편의 하나로 중국이 연안 13개 성을 중심으로 경제 개방을 제한적으로 실시한 다음 이를 내륙 지역으로 확대시켜 나간

사례로부터 유래된 것이다. 따라서 개발도상국이나 사회주의 체제 전환국들이 국내 경제 체제의 붕괴를 우려한 나머지 제한적 지역 위주로 시도한 방법을 선진국 진입을 눈앞에 둔 한국과 같은 나라에서 추진하는 것이 과연 바람직한가에 많은 의문이 제기되기도 하였다.

그런데 경제특구란 각종 규제 철폐 및 세금 감면, 그리고 노사 관행의 국제적 기준 적용에 이르는 혁신적인 제도 개선을 필요로 할 뿐만 아니라 특구 지역에 유입될 국제 기업 종사자들의 편의를 위한 외국인 학교와 방송국 설립, 외국인 전용 주거 단지와 국제적 의료 기관 설치, 그리고 외화의 자유로운 통용 등이 뒤따라야 하는 등 사회 각 부문에 커다란 변화를 촉발할 것이다. 이러한 변화는 국민 경제의 이중 구조를 확대하고 부문 간 그리고 지역 간 균형 발전을 저해할 뿐만 아니라 특구 외 지역의 기업 및 노동자들에 대한 역차별을 초래하는 등 수많은 난제를 낳고 있다.

그러나 경제특구라는 형식의 부분적 경제 개방 정책은 선진국(핀란드, 아일랜드, 네덜란드, 싱가포르 등)까지도 이를 활용하기에 이르렀는바, 이는 더 이상 후진적 체제 전환국 특유의 정책으로 간주하지 않고 오히려 경제난국 타개나 배타적 이익 극대화를 실현시키기 위한 능동적 개방 정책의 일환으로 인식한 데 기인한 것이다. 물론 지나치게 빠르게 그리고 일부 산업만을 중점적으로 정착시켰던 아일랜드의 경우 대외 의존도가 커져서 국제 금융 위기 발발 시 큰 위험에 처했던 사실은 유념해 둘 필요가 있다.

한국이 과연 인근 및 여타 지역에 비해 어떤 인센티브를 제공하여 성공적인 특구를 정착시킬 수 있을지 아직은 불투명하다. 반면, 특구 설립 및 운영은 많은 부문으로부터의 반발을 초래할 것이다. 결국 정부는 이러한 반발을 능동적으로 수용하면서 국가 전체를 경제특구화에 준하는 환경을 조성해 나간다는, 즉 조기에 경제 제도 및 여건을 국제화 시대를 선도할 수 있는 체제의 정책을 도모한다는 관점에서 접근할 필요가 있다. 바로 이와 같은 능동적 대응 차원에서의 제도 도입 및 개선이야말로 공급중시 경제학적 접근의 필수 고려 사항이라 믿는다.

마지막으로 비록 최근 폐쇄되었지만 차후 재개될 경우 개성특구를 선두로 경제자유지역을 확대해 나가는 일은 남북 경제 간의 통합을 선도할 수 있는 중요한 매개체가 됨은 물론 통일 후 한국 경제의 성장 잠재력을 확충해 나가는 작업에 기초를 제공해 줄 수 있으리라 믿는다. 물론 폐쇄된 개성공단이 단시일 내에 다시 가동되기 어려울 경우 비무장 지대 남쪽에 새로이 공단을 조성하여 북한 인력을 영입하여 활용하는 방안도 구상해 볼 필요가 있다.

6) 능동적 정부의 역할과 경제 성장

제1장에서 소개한 바 있듯이 시장 실패 시 이를 시정하기 위한 정부의 개입은 경제 성장을 개선할 수 있다고 알려져 있다. 물론 정부의 자본주의 성립기부터 20세기 초반까지는 대체로 자유방임, 즉 정부는 국방이나 치안과 같은 전통적인 공공 서비스를 제공하는 데 그치고 민간 경제 부문에는 하등의 개입도 않는 것이 최선이라는 사조가 주류를 이루었다. 그렇지만 20세기 초 세계 대공황을 거치면서 이를 타개하기 위한 방안의 하나로 적극적인 정부의 역할이 강조

되는 이른바 케인지언 경제학이 정착되었음은 여러 차례 지적한 바 있다.

그런데 그보다도 강력한 시장 개입이 더욱 강조된 것은 제2차 세계대전 이후 경제 성장을 열망하는 개발도상국의 경제 개발 노력에서였고 한국도 이 점에서 예외는 아니었다. 이러한 측면에서 볼 때, 정부의 적극적 역할은 경제 성장의 가장 중요한 요인의 하나로 기능하였음을 알 수 있다.

특히, 후진국들은 자본주의 시장경제 제도가 제대로 정착되거나 성숙되지 못한 상태에 처해 있으므로 단순히 여건을 개선하거나 근대적 제도를 정착시키는 것만으로도 경제 성장이 가능하다는 점을 다시 한 번 환기시켜 두고자 한다. 이와 관련하여 끊임없는 정부의 제도 개선 노력이 경제 성장 정책의 일환으로 경주될 필요가 있으며, 이러한 정책 관점이 공급중시 경제학의 핵심 중 하나가 되고 있다.

이로 인해 개발 초기 단계에서 근대 산업의 구축을 통한 경제 발전을 도모하려는 후진국들의 경우 정부의 적극적 역할이 경제 발전에 긍정적 효과를 가져올 수도 있다는 논리, 즉 정부 주도형 경제 개발 정책이 경제 발전에 매우 효율적이라는 논리가 강하게 자리 잡아 왔다. 그러나 동시에 발전 단계가 일정 수준에 달하면 정부의 역할은 변모되어야 한다는 논리에는 제대로 경청하지 못하는 경향이 있다. 일단 강력한 영향력을 행사해 온 정부가 쉽사리 그 권리를 포기하려 들지 않기 때문이다. 한국 또한 바로 이러한 측면을 제대로 인식하지 못한 채 효율적으로 대처하지 못해 결국 1997년 외환 위기와 같은 어려움을 겪게 되었다. 결국 동아시아 지역에서 외환 위기가 발발하면서 정부 주도적 성장 방식에 대한 회의적 견해가 강력히 대두되기 시작하였다. 경제 발전 단계가 일정 수준을 넘어선 경우에도 정부가 적극적 시장 개입을 주도해 나갈 때에는 오히려 부정적인 결과가 초래될 수 있다는 사실이 입증되었기 때문이다.

이상과 같은 관점에서 볼 때 결국 20세기 초 대공황을 거치며 시장 실패에 대한 시정자로서 적극적 개입이 강조되었던 정부 역할론은 1950년대 및 1960년대를 거치며 특히 개발도상국 경제 개발의 핵심 논리로 자리매김을 하였던 점, 그리고 이러한 개발국가론이 적어도 일정 기간 동안 한국과 아시아 NICs에서는 양적으로나마 괄목할 만한 성과를 창출해 주었다는 점 등은 일단 인정할 필요가 있다. 개발 초기에 제반 공급 애로 요인을 타파하고 가용 자원을 효율적인 부문 위주로 집중 배분하는 일, 그리고 이러한 개발 계획의 수행을 위해 필수적인 자본의 형성 및 축적을 단시일 내에 성취시키기 위해서는 정부의 적극적인 시장 개입이 효과적이라는 논리가 현실적으로 입증된 측면이 있기 때문이다.

그러나 이미 1960년대 말부터 시작하여 1970년대에 들어서면서부터는 이러한 개발국가론의 문제점과 한계성이 부각되기 시작했고, 결국 1970년대 후반부터 개발 경제의 핵심 논리는 점차 신고전학파적 특성을 띠게 되었다. 수출주도형 성장 방식이 큰 성과를 가져오기는 했으나, 지나친 관주도적 경제 운용은 관료 부패를 조장함으로써 정부 보조 및 지원 그리고 보호 정책에 근거하는 자원 배분이 더 이상 효율적으로 운용될 수 없었고, 결국 1950년대와 1960년대에 걸쳐 성장의 원동력이 되어 왔던 정부 주도적 자본 형성은 자원 효율적 배분 기능을 상실해 가기 시작했다고 본 것이다. 따라서 정부의 역할을 축소시키는 한편 시장의 기능을 활성화해야 한다는 논리가 득세하기 시작한 것이다.

이러한 개발 논리의 전환은 1970년대의 두 차례에 걸친 원유 가격 파동으로 세계적인 스태그플레이션 현상이 초래되면서 적극적 정부 역할론의 근거를 제공했던 케인즈 이론 체계가 퇴조하는 시대적 변화와 궤를 같이하였다. 이러한 시대적 변화와 더불어 시장 중심의 경제 운용과 수입 개발 등을 통한 무역자유화가 오히려 경제 개발에 도움이 된다는 신자유주의 논리가 자리를 잡게 된 것이다. 그러나 한국과 같이 경제 성장에 어느 정도 성장한 국가도 명실상부한 선진국 이해 위주의 신자유주의적 경제 원칙이 최선이라는 논리는 받아들이기 어려워 보인다. 이들 국가가 선진 제국들과 완전 경쟁을 통해 지속적 경제 성장을 성취하기에는 아직도 제반 여건상 역부족이기 때문이다.

물론 정부의 시장 개입은 점차 축소되거나 그 기능이 조정될 필요가 있다. 그러나 정부의 역할은 후진국은 물론 선진국에서도 앞으로도 지속될 필요가 있다. 개발도상국의 경우에는 지금까지의 개발 과정이 몰고 온 제반 문제점을 해소하고 차후 새 시대를 주도해 나갈 경제적 패러다임을 정부가 선도해 나갈 필요가 있는 반면, 복지 수준의 증진이 가장 큰 관심사가 되고 있는 선진국에서도 정부의 역할은 여전히 중요하기 때문이다. 이러한 관점에서 볼 때 차후 한국에서 정부의 역할은 다음과 같이 변화될 필요가 있다.

첫째, 분권화와 민영화를 근간으로 하는 민간 부문의 자율 경제 제도 정착을 위해 오랜 동안 고착되어 온 정부 주도적 그리고 중앙 집권적 관리 체제를 조속히 청산하여야 한다.

둘째, 정부의 기능과 역할은 일차적으로 사회간접자본 확충 및 생산성 향상 기반 확충과 시장 실패(독과점, 외부 효과 등) 요인의 시정 등, 제도 및 여건의 개선에 초점을 맞추어 장기적 성장 잠재력 확충에 진력해야 한다.

셋째, 형평성 제고와 후생 복지 구현에 전력하여 선진 복지 사회 건설에 앞장서 나가야 할 것이다.

2. 물가 안정이 어떤 측면에서 중요한가?

경제 발전의 두 번째 구성 항목으로는 물가 안정을 들 수 있는데, 이는 지속적 성장이나 성장 잠재력 향상에 필수적 고려 사항이다. 물가 상승은 특히 생산비를 증대시키고 국제 경쟁력을 저하시켜 결국 수출과 경제 성장을 저해하기 때문이다. 뿐만 아니라 물가 상승은 소득 계층마다 차별적인 피해(통상적으로 저소득층이 불리)를 주어 사회적 불평등을 악화시키고 사회적 불안을 조성할 수도 있다. 그리고 인플레이션으로 인한 상대가격 변화는 자원이 비생산적 부문에 집중되는 등 자원 배분의 왜곡을 촉발할 수 있으며, 나아가서는 실질 가처분 소득의 감소와 생산 위축을 유발할 수도 있다.

1) 물가 상승과 원인

해방 이듬해인 1946년에는 생산자 물가 지수(PPI)가 1년간 530.7%나 증가했고 특히 생산재 경우에는 1,177.8%가 증가하면서 극도로 국가 경제 · 사회가 혼란스러웠었다. 당시의 물가 상승은 제2차 세계대전을 겪으면서 한국을 병참기

지화했던 일본이 패퇴하여 물러나게 되자 군수 산업 위주였던 한국의 공업은 몰락할 수밖에 없었고, 특히 일본인 철수와 더불어 일본 자본과 기술자들이 함께 떠나버림으로써 생산 기반이 붕괴 상태에 이르렀기 때문이었다. 생산력 또는 공급 능력이란 단시일 내 회복될 수 없는 성격의 것이어서 이러한 물가 불안은 상당 기간 지속되었는데, 당시의 물가상승률은 가히 살인적이었다. 그리고 한국전쟁(1950-1953) 기간 중의 평균 물가상승률은 60%를 훨씬 넘어서는 수준을 기록하였다. 그런데 이 시기의 인플레이션은 기본적으로 공급 측의 애로 요인에 기인한 것이라 볼 수 있다.

한편, 한국의 경우 경제 개발 초기 단계에서는 고도성장을 지속적으로 유지하기 위해 다소의 물가 인상은 참아야 한다거나 혹은 기업가 측에서 보면 오히려 바람직한 측면이 있다는 견해가 제시된 적도 있다. 그러나 1970년 말에 이르러 물가 인상(특히, 부동산 가격 폭등) 폭이 급속히 확대되면서 경제 안정이 얼마나 중요한 것인가를 깨닫게 되었다. 중화학 공업 중심의 과도한 투자(1978년에는 신규 투자의 약 78%에 달함)를 도모하는 과정에서 심지어는 사회주의 국가에서나 있을 법한 치약과 비누 같은 생필품 부족 현상까지 나타났다. 반면, 투자 재원 마련을 위한 과도한 외자 유입과 이자율 인상 정책 그리고 고삐 풀린 부동산 정책 등으로 인해 1979년 1년 동안 정부의 공식 소비자 물가 지수(CPI)가 무려 18.32%나 상승하는 결과를 초래하였다. 이러한 경제적 난국은 정치적 불안정과 맞물리면서 제3공화국의 유신 체제를 붕괴시키는 박정희 대통령 암살 사건으로 연결되었다. 경제 안정이 얼마나 사회 안정에 중요한 것인지를 단적으로 보여 준 좋은 예라 할 수 있다. 여하튼 이 시기의 인플레이션은 초과 수요에 주로 기인한 것이라 할 수 있다.

그러나 이러한 수준의 한국 인플레이션 경험으로는 상상조차 하기 어려운 이른바 초인플레이션(hyper inflation)을 경험한 나라들도 있었는데 그 주요 사례를 보면 다음과 같다.

우선 인류 역사상 최악의 경우로 기록된 독일의 경우를 보면 제1차 세계대전을 전후한 1918년 11월부터 1923년 10월 사이의 5년 기간 중 현금 유통액이 무려 5,875만 2,500배 증가하였다. 이는 전쟁과 같은 천재지변을 겪을 때 발생할 수 있는 극단적인 인플레이션의 대표적인 사례이다. 전시중인 1920년대 초반부(1921-1924)(제1차 세계대전 후)에 이미 이웃 국가인 오스트리아와 헝가리가 약 1,000배, 그리고 폴란드는 10만 배에 가까운 물가 폭등을 기록한 바 있다. 이와 같은 전쟁 수행에 따른 물가 상승 요인 외에도 독일의 경우는 패전국으로서 전승국에 전쟁 피해를 보상해야 할 의무를 이행하는 과정에서 물가가 폭등할 수 밖에 없는 상황에 처하게 되었다. 결국 독일은 지폐를 금으로 바꿀 수 있는 권한을 정지시키는 한편 단지 정부 채권이나 상업 어음을 담보로 화폐 발행을 허용하는 제도를 도입한 다음 엄청난 속도로 신규 화폐를 발행하여 당면한 전쟁 보상 관련 지출 수요를 충당하였던 것이다. 이러한 역사적으로 뼈아픈 경험을 한 독일이기에 현재 지구상의 모든 국가 중 중앙은행(독일은 Bundes Bank라 함)의 독립성을 가장 높이 유지 · 보장함으로써 물가 안정에 관한 한 절대로 정치인의 영향력이 미치지 못하도록 하는 제도를 정착 · 운용하게 되었다.

정확한 기록은 없지만 1949년 중국의 국민당 장제스 군대가 상하이 지역에서 마오쩌둥에 의해 패퇴하기 직전 경험한 초인플레이션도 독일의 경험에 준

할 정도로 극심한 것으로 알려져 있다. 물건을 사기 위해서는 돈을 수레로 실어 와야 했고 실어오는 동안에도 물가가 올랐다는 시사 만평이 나타날 정도였다. 결국 이러한 경제 불안으로 장제스 군은 패퇴하여 대만으로 쫓겨 가고 말았다. 이러한 뼈아픈 경험을 거쳐 성립된 대만 정부는 경제 정책의 최우선 목표 중 하나로 물가 안정을 설정하였던 것이다.

한편, 전시를 전후한 독일이나 중국에서처럼 극단적인 물가 폭등에 이르지는 않았지만 페루의 경우 1985년 상반기에 연율로 무려 38,000%의 물가가 상승하였고, 1984년과 1985년 정부 공식 집계상으로도 연간 인플레이션율이 각각 2,000%와 8,000%로 공시되기도 하였다. 또한 1989년경 아르헨티나 역시 연 1,100%의 물가 상승을 경험한 바 있다. 이들 국가에서 가장 유망한 직종의 하나는 하루 일과가 끝나 은행이 문을 닫은 시점부터 다음날 은행이 업무를 개시할 시점까지 돈을 고리로 빌려 주는 '밤중대출'(over-night loan)이었다. 그리고 경쟁력 있는 기업이 되려면 임금 협상을 적어도 1주일에 한 번쯤 할 수 있어야 한다고 했다. 초인플레이션이 초래할 수 있는 극단적 현상들이다. 최근에도 2008년 짐바브웨에서는 연간 43배의 물가 상승이 기록된 바 있다. 당시 그곳에서는 지폐를 불쏘시개로 써버리거나 어린아이들이 돈다발을 레고 블록처럼 놀이용으로 사용하기까지 했다. 우리로서는 가히 상상조차 하기 어려운 일들이 현실 사회에서 나타났던 것이며, 이러한 사례들이야말로 물가 안정의 중요성을 대변해 주고 있는 것이다.

그런데 이러한 극단적 물가 상승의 가장 중요한 그리고 공통적인 원인은 결국 정부에 의한 화폐 남발이었다. 이러한 이유로 인해 독일 등에서는 정부의 화폐 남발 의지로부터 중앙은행의 독립적 의사결정권을 가장 높이 유지 · 보장하게 되었다.

그러나 전후 일부 국가에서처럼 극단적이지는 않지만 현실적으로 대부분 국가에서 인플레이션은 필연적인 현상이 되어버렸다고 해도 과언이 아닐 것이다. 그렇다면 과연 인플레이션은 불가피한 것인가?

물론 19세기 후반까지도 물가가 하락한 사례가 보고된 바 있다. 그러나 화폐가 금본위제를 포기하고 정부의 자의적 결정에 따라 발행되면서부터 물가 상승은 일반화되는 경향을 띠게 되었다고 볼 수 있다.

그렇다면 물가 상승의 핵심 요인인 화폐 증발을 효율적으로 제어할 수는 없을까? 일반적으로 한 국가의 화폐 발행 권한은 중앙은행에 귀속되어 있다. 따라서 통화 증발 억제 가능성 여부는 중앙은행이 과연 정부의 영향력으로부터 얼마나 자유로이 통화 공급량을 조절할 수 있는가에 달려 있다. 즉, 물가의 안정은 결국 중앙은행의 독립성 여부가 매우 중요하다는 것이다. 독일과 미국 등에서 중앙은행의 독립성 원칙이 상대적으로 잘 준수되고 있고 따라서 인플레이션율도 상대적으로 낮게 유지되고 있다. 그러나 한국을 비롯한 많은 개발도상국(및 중진국)에서는 성공적 경제 개발을 위한 정부의 주도적 역할이 강조되면서 중앙은행의 독립성은 주요 관심사가 되지 못했다.

그렇다면 중앙은행의 기능만 독립성이 보장된다면 물가 상승을 막을 수 있을까? 이는 결국 핵심 물가 인상 요인인 통화 발행을 중앙은행이 얼마나 효율적으로 억제할 수 있는가에 달려 있다고 볼 수 있다.

2) 중앙은행의 독립성과 효율성

경제의 안정적 성장은 물가와 금융 시장 안정을 기반으로 한다. 이러한 기반을 견고하게 하기 위해 금융 정책의 최고 의사결정 기구인 중앙은행이 독립적으로 정책 결정을 수행할 수 있는지가 초미의 관심사가 되어 왔다. 그런데 지금까지는 중앙은행의 정부 영향력으로부터의 독립 문제를 중앙은행의 물가 안정에 관한 업무 집행에 한정시킨 다음 정부로부터의 압력을 배제하자는 데 초점이 맞추어져 왔다. 그러나 본서는 일단 이러한 그간의 관행적 인식을 불식시켜 중앙은행의 역할이 더 이상 단순히 물가 안정에 국한되어 있지 않다는 점을 강조해 두고자 한다. 중앙은행은 금융의 안정은 물론 경기 안정에도 능동적으로 나서야 한다는 메시지를 전하고자 하는 것이다. 이미 한국은행법은 오래 전에 그러한 취지로 개정되었다. 중요한 사실은 중앙은행의 기능은 역사적으로 계속 변천해 왔고 앞으로도 시대적 여건 변화와 요청에 따라 끊임없이 변화해 나갈 것이라는 점이다. 이러한 관점에서 중앙은행과 관련하여 주요 검토 사항을 아래에 간략히 정리해 보았다.

중앙은행의 기원

중앙은행은 1694년 설립된 영란은행(Bank of England)에서부터 기원한다. 영란은행은 당초 정부에 자금을 빌려 준 대가로 정부가 지불을 보장하는 은행권(bank note)을 발행하였고 또 정부로부터 특혜적 지원을 받는 일종의 정부의 은행이었지만 여전히 민간 소유 은행이었다. 그런데 은행권이 광범위하게 유통

되면서 발권상의 독점적 지위를 차지하게 되었고, 반면 경쟁에서 밀려난 중소규모 은행들은 자신의 은행권 발행을 포기한 채 영란은행의 은행권을 지급준비금으로 사용하게 되었다. 결국 영란은행은 독점적 발권자로서 정부의 은행이란 기능 외에 지급준비금의 집중적 보유자로서 은행의 은행이란 기능을 아울러 갖게 되었다.

한편, 중소규모 은행들이 지급준비금 부족으로 파산 위기에 빠질 때마다 영란은행은 특별 대부를 수행하게 되었고, 이와 더불어 최종 대부자(lender of last resort)로서의 기능도 갖게 되었다. 또한 자신의 대부 자금의 안정적 관리를 위해 은행들의 자산 운영에 대하여 감독하거나 규제하는 일을 수행하게 되었다. 이처럼 영란은행이 금융 시장 안정에 중추적인 역할을 담당하게 되자 1946년에 이를 국유화하여 국가 기관으로 삼게 되었다. 그리고 제2차 세계대전 이후에는 화폐 가치의 안정이라는 거시경제적 정책 기능까지 담당하기에 이르렀다.

이러한 영란은행의 발전 과정에서 자연스럽게 성립된 국가 금융 정책의 중추적 기능의 필요성이 여타 국가에도 절실하게 인식되면서 오늘날 거의 대다수 국가가 영란은행이 가졌던 기능을 두루 행사할 수 있는 중앙은행을 설립·운영하게 되었다.

한국은행의 설립 및 위상의 변천

1950년 6월 12일 한국은행이 창립되고 업무가 개시되었다. 재할인 정책, 지급준비율 정책, 공개시장조작 등 전통적인 중앙은행의 통화 신용 조절 수단을 수행할 권한이 부여된 형태였다. 최초 금융통화위원회는 자주성과 중립성이 보장된 명실상부한 국제 수준의 위상을 가진 중앙은행으로 발족되었던 것이다.

당시 중앙은행 제도는 의결 기구로서의 금융통화위원회(이후 금통위), 집행 기구로서의 한국은행, 그리고 감독 · 규제 기구로서의 은행감독부로 구성되었는데, 후일 금통위와 은행감독부의 한국은행과의 연계성 여부를 가지고 한국은행과 정부가 대립하는 결과를 초래하기도 하였다.

그러나 1962년 5월 군사 정권에 의해 한은법이 개정되면서 한국은행의 위상은 철저히 유린되고 말았다. 우선 금통위의 주요 기능 중 금융 정책 의사결정권은 정부로 이관되고 단지 금융 정책의 운용 과정에 관한 업무만을 담당하게 하는 금융통화운영위원회(이후 금통운위)로 개편되었다. 그나마 금통운위의 실제 운영권마저 정부가 장악함으로써 한국은행은 성장 통화의 공급 창구로 전락하고 말았다.

시중은행의 소유 및 관리권 장악 그리고 각종 특수은행 설립을 통한 정책 자금의 조달 및 배분권을 장악한 정부가 이른바 관치 금융, 즉 관주도적 규제 금융을 주도해 나가면서 한국은행의 중앙은행으로서의 기능은 극단적으로 제한되었다.

이후 수차례에 걸쳐서 한국은행의 독립성 회복을 위한 노력이 시도되었으나 성공하지 못하였고, 정부와 한국은행과의 대립은 결국 1997년에 이르러 본격화되어 금융 개혁 입법의 주요 쟁점으로 등장하였다. 그러나 1997년 말 금융 위기를 맞게 되자 금융 감독의 중요성이 강조되면서 은행감독원은 증권감독원 및 보험감독원과 통합되어 금융감독원으로 개편되기에 이르렀다. 결국 한국은행이 관장할 수 있는 업무 영역은 줄어들었고 한국은행이 관장하는 금융 정책의 파급 효과는 위축될 수밖에 없어 한국은행의 위상은 더욱 떨어지고 말았다. 최근 경기 침체에 대한 대응 과정에서 정부가 한국은행으로 하여금 이자율을 내려서 경기 활성화에 동반하라고 여론몰이까지 했던 사실은 아직도 한국은행의 위상이 제대로 정립되지 못한 단계에 있음을 여실히 입증해 주고 있다.

한국은행 독립에 관한 논쟁

통화 정책의 수행과 관련하여 중앙은행의 독립성이 보장되어야 한다는 주장은 대체로 다음과 같은 논거에 기초하고 있다. 우선 통화 정책이 유효하고 효율적으로 수행되기 위해서는 중앙은행의 통화 정책에 대한 일반 대중의 신뢰가 조성되어야 하는데, 일반적으로 중앙은행에 독립성을 부여하게 되면 대중의 통화 정책에 대한 신뢰도가 높아지게 된다는 것이다.

이상과 같은 논리와 연계하여 중앙은행의 독립성이 강한 나라일수록 인플레이션이 안정적이라는 주장을 뒷받침할 수 있는 많은 실증 결과들이 제시되기도 하였다.

반면, 중앙은행의 독립이 반드시 바람직한 것만은 아니라는 주장도 있는데, 예컨대 한국은행의 통화 정책이 독립적으로 수행될 경우 정부의 경제 정책과 상충될 수 있다는 것이다. 그러나 이는 독립적인 통화 정책은 정부로 하여금 건전한 정책을 집행하도록 하는 견제 기능을 수행할 수 있다는 사실을 간과하고 있다. 그리고 정상적으로는 금융 정책은 재정 정책과 융합적으로 활용함으로써 극단적 상황을 미연에 방지하며 소기의 목표를 달성할 수 있는 것이다. 이를 정책 융합(policy mix)이라 한다. 예컨대, 재정 지출 확대로 경기 과열이 우려되면 긴축적 금융 정책으로 이를 완화하고, 반대로 재정 긴축으로 경기 위축이 우려되면 확장적 금융 정책으로 이를 완화시킨다는 것이 기본 취지이다.

이상에서와 같은 저간의 논의를 바탕으로 중앙은행 독립성 보장과 관련하여 다음과 같은 사항이 고려될 필요가 있을 것이다.

첫째, 통화 정책의 최종 책임은 정치 지도자들이 담당하되 정부는 통화 정책의 수립 및 집행 권한을 중앙은행에게 위임하는 원칙을 준수해야 한다.

둘째, 중앙은행에 대해 자율성 및 권한을 보장하되 그에 상응하는 의무 및 책임을 부과하여야 한다.

셋째, 중앙은행과 정부의 관계 및 역할을 명백하고 투명하게 규정하되 정부와 중앙은행 간의 이견 조정 제도를 공개적으로 운용한다.

넷째, 중앙은행은 정부와 금융감독원과 더불어 물가와 금융 안정은 물론 경제 안정을 위한 협조 체제를 공식 기구로 설립하여 운영하는 방안을 강구할 필요가 있다.

3. 전통적 물가 안정 정책은 얼마나 유효한가?

1) 통화 정책 중심의 물가 안정

통화량 조정을 통한 물가정책

일단 통화 증발이 인플레이션의 핵심 요인이라고 보더라도 문제는 과연 통화 또는 화폐란 어떻게 정의될 수 있을까 하는 점이다. 통상적으로 화폐란 교환의 매개 수단 및 측정 기준, 그리고 가치의 저장 수단 등의 기능을 갖는 것으로 정의된다.[3]

그런데 최근 들어 새로운 금융 상품이 지속적으로 출현하고 금융 시장 구조 자체가 급변함에 따라 화폐적 특성을 갖는 유동성이 대폭 확대되었고, 따라서 보다 광범위한 통화 개념에 의거 통화 정책을 수행해야 하는 시기가 도래했다. 그러나 어떤 화폐 개념이나 통화 지표를 활용하던 우리의 일차적인 관심은 물가에 결정적인 영향을 미치는 것으로 알려진 통화량을 어떻게 조절할 수 있는가에 맞추어지게 된다.

통화 정책의 주체인 중앙은행은 일반적으로 독점적 발권력을 가지고 있을 뿐 아니라 상업은행에 대한 '최종 대부자' 역할을 하고 있기 때문에 통화량의

3 이러한 기능을 하는 화폐는 초창기에는 물품 화폐 형식으로 등장하였다가 운송이나 보관 또는 분할이 용이한 금속 화폐 형태로 변천되었다. 그러나 경제 규모나 거래량이 확대됨에 따라 금속 화폐 사용도 점차 불편하게 되었고 결국 일정량의 금과 교환을 보장한다는 조건 하에 지폐를 발행하기에 이르렀다. 그러다가 금의 생산 및 공급이 실물 경제 확장 속도를 쫓아갈 수 없게 되면서 금 태환 대신 정부가 가치를 보장하는 불태환 지폐(금 또는 은으로 바꿀 수 있는 권한이 보증되지 않는 지폐)가 탄생하였으며, 최근에는 수표나 직불 카드 그리고 전자 화폐 등 화폐적 기능을 갖는 다양한 매개체가 급증하기에 이르렀다.

크기를 조절할 수 있는 힘을 갖고 있는 것으로 알려져 있다.

예컨대, 은행은 예금자가 모두 한꺼번에 예금을 인출해 갈 가능성이 매우 낮아 일정 비율만 남겨 두고 모두 대출을 해주게 된다. 이때 남겨 두게 되는 예금의 일정 비중을 '지급준비율'(reserve requirement rate: rr)이라 하는데 그 크기를 법으로 정하고 중앙은행이 그 비율을 조정하는 권한을 갖는다. 결국 중앙은행은 이러한 법정지급준비율을 조정하여 화폐 유통량의 크기를 조절할 수 있게 되는 것이다. 이때 중앙은행은 통화 정책의 핵심 지표로 현금 화폐와 법정지급금을 합한 '본원통화'(money base)라는 개념을 활용하는데, 이는 결국 총통화량의 크기가 본원통화 규모와 지급준비율에 의존한다는 논리에 근거한 것이다. 그러나 최근에 이르러서는 이러한 방식에 의해 총통화량을 조정하는 데에는 한계가 있게 되었다. 크레디트 카드의 사용이 급증하고 인터넷 뱅킹이 확산되며 현금 화폐의 사용이 급속하게 줄어들어 총통화량 중 차지하는 현금 비중이 매우 낮아졌기 때문이다. 게다가 현실의 지급준비율마저 더 이상 낮출 수 없을 만큼 낮은 수준에 다다르고 있어 현금 화폐 발행을 증가시키거나 지급준비율을 더 낮추어 통화량을 증대시키기는 어려워졌고 따라서 이 정책 도구는 실효성이 명맥을 다하고 말았다.[4)]

4 그러나 상황에 따라서는 법정 지준금 제도를 보완한 청산결제 기준 방식의 지준 제도를 도입할 수도 있다. 법정 지준금이 폐지되거나 대폭 축소 내지 소멸 단계에 있더라도 은행 간 청산결제를 위한 초단기 자금에 일정한 금리를 부과하여 공급하는 방식을 도입함으로써 은행 간 초단기 금리를 조절하기 용이해진다. 이 제도는 영국, 호주, 뉴질랜드, 스웨덴 등에서 도입 운용되고 있다. 중앙은행이 청산결제를 위한 초단기 자금을 목표 금리 수준으로 공급하되 추가 소요 자금에 대해서는 목표 금리보다 높은 금리로 공급하는 방식이다. 또한 금융 기관이 적당한 운용처가 없어 중앙은행에 예치할 경우에는 중앙은행이 일정 수준으로 이자를 부과하면 금융 기관들이 리스크가 큰 투자나 대출을 지양하게 됨으로써 경제 전반의 위험(risk)을 감소하는 기능까지 가질 수 있게 된다. 물론 이러한 정책의 효과는 제한적 범주에 머무를 수밖에 없다는 한계가 있다.

여기서 잠시 통화 정책의 주요 대상이 되고 있는 일반 상업 은행의 역할에 대해 생각해 보자. 일반 상업 은행들을 통상적으로 '금융 중개 기관'(financial intermediaries)이라 부른다. 가계가 소비하고 남은 돈을 은행에 저축하면 은행은 이 돈을 사업상 자금이 필요한 기업에게 대출해 주는 중계 역할을 한다는 데에서 붙여진 이름이다. 그리고 기업에 대출을 하는 은행들은 기업의 건전성이나 발전 가능성에 대한 평가를 통해 대출 여부를 결정한다. 따라서 상대적으로 신용도가 높은 기업부터 대출해 주게 되므로 결국 사회 전체적으로는 제한된 자금이 상대적으로 효율적인 기업에 배분되는 부차적인 기능을 한다고 경제학 교과서는 가르치고 있다.

그런데 최근 통화성 금융 기관이라고도 부르는 금융 중개 기관, 즉 은행 기관의 유동성 비율이 지속적으로 감소해 왔다. 따라서 통화량 조정의 핵심 정책 사항인 본원적 통화의 양이 국가 전체의 총유동성에서 차지하는 비중이 현격히 감소하여 비록 한국은행이 본원통화를 조정한다 해도 사회 전체의 총유동성 크기를 조절하기 어려워졌다. 반면 비통화성 금융 기관(또는 직접 금융 기관이라고도 부름: 가계가 직접 주식이나 채권을 증권 시장에서 직접 매매하는 방식으로 운용되기 때문에 붙여진 명칭이며, 중앙은행이 매매 과정에 개입하여 유동성을 조정할 방법이 없음)이라 부르는 증권 및 보험 회사들이 창출하는 유동성이 훨씬 커졌다. 그러나 이를 중앙은행이 조정할 수 있는 권한이 없기 때문에, 중앙은행의 총체적인 통화량 조정 능력이 급격히 저하되어 통화량을 조절하여 물가 안정을 도모한다는 정책적 함의가 많이 퇴색되고 말았다. 따라서 한국에서는 1990년대 후반 이후 더 이상 한국은행은 통화량이라는 정책 수단을 활용하지 않고 있다. 물론 외국에서도 비슷한 현상이 발생하고 있다.

더구나 오늘날 증권 시장에서는 하루에도 엄청난 규모의 증권을 외국인 투자자들이 한국에서 사고판다. 그런데 이들이 한국 주식을 사기 위해서는 외화를 한국 화폐로 일단 교환해야 하며 이 과정에서 원화 통화량이 급증하게 된다. 물론 외국인 투자자들이 주식을 팔고 나갈 때는 통화량이 감소하게 될 것이다. 반면, 이러한 증권 거래에 따른 원화에 대한 수요의 변동으로 인해 환율이 변화하게 된다. 그리고 중요한 사실은 이러한 국제 부문에서의 통화량 증감 현상에 한국은행이 영향을 미칠 수 있는 방안이 거의 없다는 점이다. 이러한 현실을 제대로 인식해야만 비로소 적절한 금융 정책 수립이 가능해질 것이다.

중앙은행이 통화량을 조절할 수 있는 또 다른 정책 수단으로 공개시장 조작 기능이 있다. 예컨대, 중앙은행은 국공채를 은행이나 민간으로부터 사들이거나 판매하며 그 대금을 현금으로 지급하거나 현금 화폐로 수취함으로써 시중의 현금 화폐 크기를 조정할 수 있다. 그런데 일반적으로 국공채의 판매는 국공채 가격을 떨어뜨려 국공채 수익률을 상승시키게 되고 이자율 상승 압력을 발생시키는 2차적인 영향을 미칠 수도 있다. 반대로 국공채 매입은 이자율 하락 압력을 유발하게 된다는 점을 염두에 두고 정책이 수행되어야 할 것이다. 그런데 이 정책으로 시중의 통화량을 일부 조절할 수는 있으나 총통화량이나 유동성을 조정하는 데에는 한계가 있다.

중앙은행이 통화량을 조절할 수 있는 세 번째 정책 수단이 재할인율이다. 중앙은행이 상황에 따라 시중은행에 자금을 빌려 주며 적용하는 이자율을 재할인율이라 하는데, 이를 올리거나 내려서 시중은행의 자금 수요를 조절할 뿐

아니라 시중 이자율의 동반 상승이나 하락을 유도함으로써 통화 수요를 조절하게 된다.[5)]

그런데 최근 들어 기업, 특히 대기업들은 필요 자금을 주로 증권 발행을 통해 조달하고 있어 시중은행으로부터의 대출이 급감하게 되었다. 예컨대, 오천 원짜리 액면의 주식을 수십 배 이상의 가격으로 증권 시장에서 팔아 소요 자금을 조달할 수 있다면 이자까지 내어 가며 은행으로부터 대출을 받을 필요가 없기 때문이다. 물론 주식 발행 및 판매는 경영권 방어 문제 등으로 인해 무한정 이루어질 수는 없다. 더구나 소수 지분만으로 실질적 경영권을 독점하고 있는 재벌 기업들이 그러하다. 결국 증권 시장에서 자금 확보가 용이하지 못한 중소기업들이 은행 대출의 주 고객이 될 수밖에 없다. 그러나 은행들은 중소기업에 대한 대출을 저신용 문제 또는 위험 관리 등을 이유로 회피하곤 한다. 결과적으로 부동산을 담보로 하는 가계 대출이 은행 대출의 대종을 이루게 되었다. 그에 따라 은행의 기업에 대한 건전성 평가 기능은 급속히 떨어지고 금융 중개 기관의 국민 경제에 대한 기여도도 축소되고 말았다. 그리고 재할인율 제도의 효용성도 그 빛이 바래 가고 있다.

---

5 그런데 미국도 전통적인 재할인율 정책은 더 이상 잘 쓰지 않는다. 재할인을 통해 연방은행으로 대출을 받게 되면 시장으로부터 그 은행은 자금 여력이 없는가보다 하는 의심을 받게 되므로 쉽사리 재할인을 통한 중앙은행으로부터의 대출에 나서지 않기 때문이다. 재할인을 받게 되면 일종의 낙인(stigma)이 찍히는 결과가 초래된다고까지 인식되고 있는 실정이다. 따라서 미국은 재할인율 대신 단기 금리를 조정하는 정책을 운용하여 왔다. 한국 또한 재할인율 정책을 간헐적으로 운용하는 대신 금융통화위원회가 1일물 초단기 금리만을 정기적으로 조정하는 정책을 쓰고 있다.

이러한 상황을 감안하여 재할인율 정책을 보완할 수 있는 대출 제도를 개선하는 방안이 있다. 예컨대, 상업 은행들이 중앙은행에 유가증권을 담보로 대출을 받을 때 적용하는 최저 금리를 조정하는 방안이다. 이때 적용되는 금리는 유가증권을 담보로 하는 긴급 자금 금리로 일반 상업 은행들의 콜금리의 기준을 제시하는 기능을 아울러 가질 수 있다는 점 등에서 재할인율보다 의미가 있다. 현재 독일 등 선진 제국에서 널리 쓰이고 있으며 롬바르트(Lombard) 방식이라 부르고 있으나 한국에서는 아직 시행되지 않고 있다.

그런데 지금까지 소개한 세 가지 통화량 조절 방식은 시중 은행에 직접 제약을 가하지 않는 간접적 규제 정책이다. 이와는 별도로 중앙은행이 은행별 또는 산업이나 기업별로 여신 한도를 책정하거나 용도까지를 지정하는 직접 규제 방식이 있다. 중앙은행이 통화량을 효율적으로 조절하기 어려울 경우 활용할 수도 있는 정책이다. 물론 이러한 직접 규제 방식은 금융 시장의 자율적 기능과 자금의 효율적 배분 기능을 저해할 것이므로 불가피하더라도 단기에 그쳐야 할 성격의 정책으로 평가되어 왔다.

그럼에도 불구하고 최근 국제 금융 위기로 인해 발생한 경기 침체를 해소하기 위해 미국을 비롯한 선진 각국들이 중앙은행을 통해 보다 직접적인 방법으로 총유동성을 조절하는(물가 안정을 위해 통화량을 조절하는 경우와는 상반된 경우) 이른바 양적 완화(quantitative easing: 중앙은행이 국공채나 회사채를 팔거나 사들이는 방식으로 시중의 통화량을 직접 조절함으로써 물가를 억제하거나 신용 경색을 완화하고 경기를 부양시키는 통화 정책) 정책을 활용하고 있다.

단, 이 시점에서 일단 지적해 두고 싶은 사항은 양적 완화 시 어떤 채권을 매입하는가에 따라 차별화된 효과를 기대할 수 있다는 점이다. 예컨대, 첨단 산업 관련 회사채나 유망 중소기업 관련 채권 등의 매입 비율을 확대하면 추가로 공급되는 통화가 선별된 분야로 흘러갈 수 있기 때문이다. 통화량은 늘어나도 필요한 부문으로는 흘러들어가지 않고 투기 부문 등 엉뚱한 곳으로 흘러가 버리는 현상이 종종 있었다는 사실을 지적해 둔다.

여하튼 이와 같은 중앙은행의 직접적 통화량 조절은 전통적 케인지언 통화 정책에 비해 그 영향이 상대적으로 강하고 또 빠르기 때문에 위기 상황에서 활용하기 편리하다는 강점이 있다. 중앙은행의 통화량 조절이 여의치 못하게 되면서 전통적인 간접 규제 수단 대신 꺼내든 통화량 조정 정책이라 할 수 있다. 그러나 양적 완화 정책은 기본적으로 경기 부양을 위한 금융 정책이었고 그 파급 효과가 국내외적으로 많은 후유증을 낳고 있다(경쟁국으로부터의 보복 및 환율 불안정 등). 뿐만 아니라 인플레이션 압력이 발생하여 양적 긴축 정책으로 전환해야 할 경우 그 파급 효과 역시 매우 강하다는 문제점을 안고 있다는 점에 유념할 필요가 있다.

통화량 크기와 물가상승률

앞서 우리는 역사적 사실에서 통화의 남발이 물가 상승의 주범이었다는 것을 확인한 바 있다. 이러한 논리적 관점은 통화량의 크기가 인플레이션 수준을 결정한다는 이른바 화폐수량설(통화 공급량이 물가의 중심적 결정 요인이라는 주장)로 정착되었다.

그런데 통화량 크기가 인플레이션 수준을 결정한다는 화폐수량설은 암묵적으로 화폐의 유통 속도가 일정하다는 가정에 근거하고 있다. 따라서 만일 화폐의 유통 속도가 변화한다면 통화량과 물가상승률 간의 연관성은 낮아지게 되고 고전학파적 논리[6]도 설득력이 낮아질 것이다.

이러한 의문과 관련하여 신화폐수량설이 제시되었는데, 화폐 유통 속도가 변하기는 하지만 상대적으로 안정적이어서 예측이 가능하다고 보았으며 따라

6 고전학파 이론은 통화량 공급의 증가는 명목국민소득 증대를 가져올 수는 있으나 물가 상승으로 인해 결국 실질 국민소득은 변화되지 못한다고 보고 있다. 이를 화폐의 중립성(neutrality of money)이라고도 한다.

서 장기적으로는 화폐수량설에 근거하는 고전학파 견해는 여전히 유효하다는 주장이다. 그러나 이러한 주장과는 달리 실제 통화 유통 속도는 단기적으로는 제도적 변화에 따라 급변할 수 있으며, 장기적으로는 하락하는 추세를 보여 주고 있다.

따라서 통화의 남발이 물가 상승의 핵심 요인이기는 하지만 통화량을 완전히 조절할 수도 없고 또 조절할 수 있다 해도 통화량과 물가 수준 간에 일정한 함수 관계가 성립되는 것도 아니어서 정확히 물가 상승을 억제하기는 어렵다고 할 수 있다.

2) 이자율 정책 중심의 물가 안정

그렇다면 통화량이나 유동성을 조절할 수 있는 다른 방법은 없는가?

아직도 경제학 교과서들은 통화 공급량을 정책 변수 또는 외생 변수로 취급하고 있는데, 이는 통화량 크기를 정책 당국의 의사대로 결정할 수 있다는 인식에 근거하고 있다. 그러나 이는 현실적으로 실현되기 어려운 일이다.

그런데 이렇게 항시적으로 끊임없이 변동하는 통화량 변동은 더구나 그것이 정책 당국의 의지와는 상관없이 별도의 변수에 의존한다면 그것은 무엇일까? 바로 이자율이다.

주지하는 바와 같이 여타 조건(소득이나 물가 수준 등)이 일정할 경우 화폐 수요와 이자율은 역함수 관계를 갖게 된다. 화폐를 현금 형태로 보유(수요)할 경우 저축 시 얻을 수 있는 이자를 포기하는 것과 같고, 따라서 이자율이 오를수록 현금 소유에 따른 손실이 커질 것이므로 현금 수요 내지 보유 욕구가 감소할 것이기 때문이다. 뿐만 아니라 통화량 공급의 가장 큰 결정 요인인 외국인 투자도 이자율에 직접적 영향을 받는다. 즉, 화폐의 수요는 물론 공급도 이자율에 의존한다는 것이다. 이를 바꾸어 말한다면 정책 당국이 이자율을 조절할 수 있다면 통화량 크기도 어느 정도 조정이 가능하다는 결론이 나온다. 바로 이러한 이유로 인해 오늘날 대다수 국가들이 이자율이라는 변수를 통화량 지표 대신에 핵심 금융 정책 지표로 삼아 물가 안정을 추구하고 있는 것이다.[7]

한국의 경우도 중앙은행은 정책 변수인 이자율을 조정하여 물가 안정을 도모하고 있으며, 대표적인 제도로서 물가 안정 목표제(inflation targeting)를 활용하고 있다. 현재 한국은 중장기 물가상승률 목표를 3% 수준에 설정하고 이를 중심으로 ±0.5%를 넘어설 경우 금융 정책 수단을 동원하여 시정한다는 원칙을 세워 놓고 있다.

그런데 그림 4-4에서처럼 물가 안정 목표제를 도입하여 운용하고 있는 국가들의 경우 동 제도 도입 이후 물가상승률이 하향 안정화된 것으로 나타났다. 물론 낮아진 물가상승률이 반드시 동 제도 도입 때문이 아닐 수도 있다. 예컨대, 기술 진보에 따라 그리고 국제 간의 경쟁이 격화됨에 따라 물가가 내릴 수 있는 요인이 발생했기 때문이다.

여하튼 현재 한국은행은 물가 안정 목표제를 최우선 목표로 삼고 단기 금

7 그런데 통화의 수요 공급에 영향을 미칠 수 있는 여타 변수(예컨대, 국민 소득 수준이나 물가 수준 등)가 동시에 고려될 경우 역으로 화폐 공급 증가가 오히려 이자율을 상승시킬 수도 있다. 따라서 이자율을 정책 당국이 인위적으로 조작하는 데에도 한계가 있는 것이다.

그림 4-4 물가 안정 목표 제도를 채택한 주요 국가들의 물가상승률

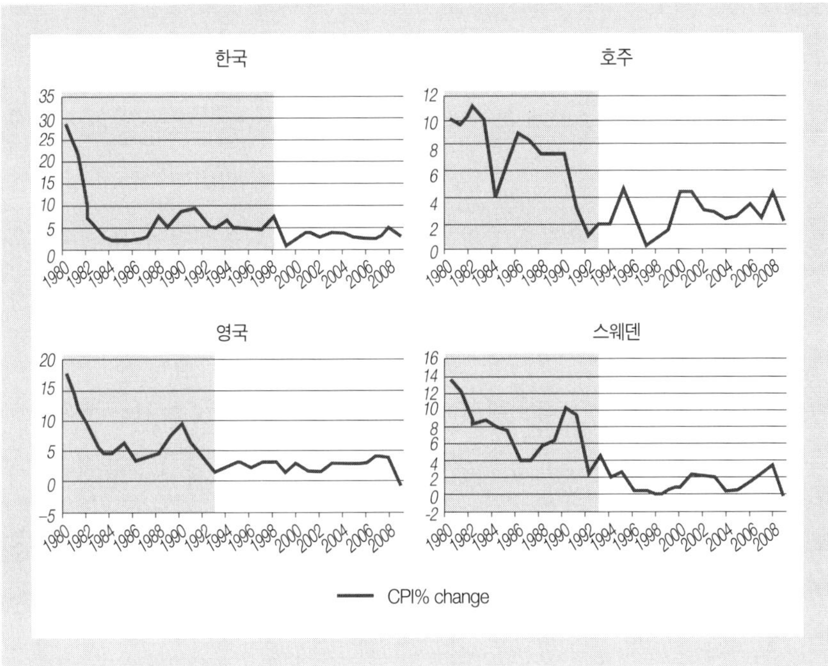

리 운용 중심의 금리 정책을 주 무기로 삼아 대처하고 있다. 그런데 과연 이자율만으로 물가를 안정시킬 수 있을까? 현실적으로 수긍하기 어렵다. 물가가 대외적 요인(원유 등 자연 자원 가격의 변동)이나 여타 공급 측면의 요인(가뭄이나 수해에 따른 농산물 가격의 급변 또는 급성 유행병에 따른 축산물 가격 변동 등)에 의해 폭등할 경우 이를 이자율 조정으로 제어할 수는 없다는 한계성이 있기 때문이다. 또한 물가 안정 목표 달성을 위해 설정된 중기적 소비자 물가 상승률 밴드를 3±0.5%로 설정하고 있어 실제 CPI가 이 영역을 벗어나지 않는 한 이자율을 변동시킬 논리적 근거를 잃게 되는 문제도 있다. 이 밖에도 이자율 중심의 물가 안정 목표제 운용이 한계성을 드러내는 경우가 간혹 나타나 정책 당국을 당혹케 하곤 하였다.

예컨대, 2000년대 중반에 불어닥친 부동산 가격 버블이 신용의 과도한 확장에 의한 것인데도 불구하고 여전히 물가가 안정되어 있었다. 따라서 물가 안정 목표제의 목표치가 유지되고 있는 상황에서 과도하게 형성된 신용 버블을 억제하기 위해 이자율 변경 정책을 쓸 수가 없었던 것이다. 더구나 이러한 상황에서 유용하게 활용할 수 있는 정책 수단(현재 금융감독원이 가지고 있는 DTI나 LTV 정책: 후에 설명할 것임)이 한국은행에 남아 있지 않다는 현실적 문제까지 발생하였다. 1997년 외환 위기 발발 후 시행된 금융 부문 개혁 과정에서 은행감독원이 한국은행에서 분리되어 금융감독원으로 귀속됨으로써 신용의 과도한 팽창을 제어할 마땅한 제도적 장치가 없어졌기 때문이다. 따라서 경기가 위축되어 있거나 물가가 오르지 않고 있는 한 신용이 과다하게 팽창하였더라도 물가 안정 목표제 하에서는 이자율을 쉽사리 올릴 수 없게 되었던 것이다.[8)]

한편, 물가는 단순히 상품 가격뿐만 아니라 주가, 부동산 가격, 임금, 환율 그리고 위에서 언급한 공급측 요인(국제 시장에서의 원자재 가격 급변이나 농축산물 가격의 급변동 등) 등 중앙은행이 통제할 수 없는 많은 요인에 의존하므로 이자율 중심의 물가 안정 목표제 운용의 한계성을 차치하더라도 중앙은행의 물가 안

8 이러한 어려움 때문에 한국은행(금통위)은 2006년 12월 23일 지급준비율을 5%에서 7%로 올려 신용 팽창을 다소 억제하고자 하였다. 이자율 인상 정책을 쓸 수 없었기에 오랫동안 사장되었던 지급준비율 정책을 사용하게 되었던 것이다. 물론 이상과 같은 어려움은 한국뿐 아니라 다른 나라들도 공통적으로 겪고 있는 문제들이다.

정 목표는 쉽게 달성되기 어려운 시기에 와 있다고 볼 수 있다.

다행히 최근 기술 진보와 중국으로부터의 저가 상품 유입 그리고 국제 금융 위기 이후 불어닥친 세계적인 경기 침체 현상으로 인해 물가는 안정되어 있다. 그러나 트럼프 대통령 취임 후 불어닥친 보호 무역의 파고와 이에 따른 환율의 하락(원화 가치 상승) 압력 등에 직면한 현 시점에서 차후 과연 이자율 정책만으로 물가 안정에 성공할 수 있는지에 대해서는 의문이 남는다. 아마도 우리는 현재 물가 안정을 위한 완전한 정책 대응 방안이란 존재할 수 없는 상황에 처해 있는지도 모른다. 적어도 이상에서 소개한 전통적 케인지언 금융 정책만으로는 더 이상 물가 안정(경기 회복 문제는 제외하더라도)에 제대로 대처하기는 어렵다는 사실은 분명하다.

이상에서의 논의 과정을 통해 우리는 다음과 같은 결론을 얻을 수 있다.

첫째, 통화량의 크기를 전통적 정책 수단으로 조절하기는 매우 어려워졌고 또 통화량과 물가 간의 1:1 관계의 동조성도 다소 훼손되었지만 여전히 통화량 크기가 물가 수준에 가장 큰 결정 요인이 된다는 사실은 분명하다.

둘째, 중앙은행의 전통적이고 간접적인 통화량 조정 능력이 한계에 부딪치며 통화량의 직접적 조정 수단이 활용되기도 한다. 국제 금융 위기 도래 후 미국을 위시한 선진 각국이 도입한 이른바 양적 완화 정책이 바로 그것이다. 이 정책은 그 효과가 상대적으로 빠르고 강하게 나타나지만 그만큼 부작용도 크다는 문제점이 있어 실시하더라도 단기에 그칠 필요가 있다.

셋째, 통화량 또는 총유동성의 크기는 이자율 변동을 통해 조절될 수도 있어 최근 정책 당국은 이자율이라는 변수를 중심으로 하는 물가 안정 목표제를 활용하여 경제 안정을 도모하고 있으나 이 또한 많은 한계점이 있다.

넷째, 결국 두 전통적인 케인지언 정책 수단(통화량과 이자율)만으로 물가를 안정시키기에는 한계가 있다는 사실을 확인할 수 있었고 따라서 보다 세밀한 미시경제적 차원의 정책 보완이 절실하며 금융감독원 및 정부 당국과의 공조 체제 확립도 중요하다.

4. 금융 안정과 경제 안정 방안은?

1) 거시적 차원의 금융 안정

경제 안정을 위해 금융의 안정은 글로벌 금융 위기 이후 그 중요성이 크게 부각되었다. 금융 시장의 붕괴가 국민 경제의 붕괴를 초래하였기 때문이다. 이러한 인식 하에 국제 금융 위기 이후 다음과 같은 금융 개혁 방안이 마련되었다. 이는 기본적으로는 국제 금융 위기와 같은 재난을 미연에 방지하기 위해 필요한 정책적 고려 사항이지만 궁극적으로는 금융의 안정과 안정적 성장에 필수적인 제도 개선이란 의미를 아울러 갖는다.

첫째, 거시건전성 감독(macro-prudential regulation)을 강화하자는 것이다. 기존의 금융 감독 체계는 개별 금융 회사의 건전성 감독에 중점을 두었던 이른바 미시건전성 감독(micro-prudential regulation)이란 특성을 갖고 있었으며, 이러한 방법만으로는 2008년에서와 같은 국제 금융 위기를 방지할 수 없기 때문이다.

둘째, 자본금에 대한 양적 규제는 물론 질적 규제를 강화하자는 것이다.

셋째, 그 동안 감독 및 규제의 사각지대에 있었던 금융 시장에 대한 규제를 강화하자는 것이다. 단기 차입에 과도하게 의존하는 유사 금융 행위와 증권화 과정 그리고 파생 상품의 확산이 야기할 수 있는 위험 요인을 더 이상 방치하기 어렵다는 인식에서이다.

넷째, 금융 회사 CEO들에 대한 보수 체계를 개선하자는 것이다.

다섯째, 금융 소비자 보호를 강화하는 방안을 강구하자는 것이다.

여섯째, 부실 금융 회사를 상시적으로 정리할 수 있는 체제를 정착시켜 부실 금융이 누적되기 전에 조기에 시정될 수 있도록 관련된 각종 제도를 정비하자는 것이다.

일곱째, 금융 감독의 국제적 공조가 강화될 필요가 있다는 것이다.

이상에서 특히 첫 번째 사항이 중앙은행의 핵심적인 기능으로 자리 잡을 수 있어야 할 것이다. 최근 미국의 금융 위기도 본질적으로 보면 오로지 금융 기관의 개별적 건전성 평가에만 의지한 채 고위험 금융 상품 출현에 따른 유동성 급증(거품)을 파악하고 억제하는 일을 경시한 데 기인하는 바 크다. 즉, 이른바 거시적 건전성 감독을 위한 중앙은행의 역할이 전무하였던 사실에 기인했음을 다시 한 번 강조해 둔다.

이러한 관점에서 볼 때 지금이라도 한국은행의 기능을 단순한 물가 안정 차원을 넘어 금융 안정을 적극 관장할 수 있는 체제로 정착시킬 필요가 있다. 또한 유동성(특히, 외환)을 관장함에 있어 해외 투자가들이 중시하는 평가 기준(단기 외채 비율, 국내 외국 은행 지점 채무액, 수익성 그리고 유동성 확보 능력 등) 등을 참고하여 투기 및 작전 세력의 피해자가 되는 길을 차단해야 할 것이다. 또한 중앙은행 집중식 외환 보유 제도를 개편하여, 예컨대 개인에게도 외환 보유를 무제한 허용하거나 장려함으로써 또 다른 외환 저장소를 창출함과 동시에 외평채나 통안채 발행에 따른 인플레도 막고 유사시 동원할 수 있는 외환의 풀로 활용할 수 있는 방안을 도입해 볼 필요가 있다. 이상과 같은 인식의 전환은 안정적 성장의 기틀을 만들기 위해서는 전통적인 케인지언 정책이 갖는 한계점을 보완해 나가는 공급 측면에서의 제도 보완 작업이 필요하다는 관점에서 제기된 것이다.

또 한 가지 강조해 두어야 할 사항이 있다. 이번 위기를 거울삼아 금융 중개 기관으로서의 은행의 역할이 무엇인가를 다시 한 번 되돌아보자는 것이다. 은행 중심의 금융(commercial banking)은 실물이 안정적으로 돌아갈 수 있도록 윤활유와 같은 역할과 더불어 기업에 대한 객관적 평가 기능에 충실해야만 비로소 작금의 위기에서 도래한 것과 같은 거품 현상을 미연에 방지할 수 있다는 사실이다. 투자 은행(investment banking) 업무의 확대와 금융의 증권화가 곧 선진 금융이라는 환상에서 깨어나 제자리로 돌아가야 한다는 것이다. 투자 은행의 천문학적인 인센티브는 고수익 · 고위험 상품을 남발하고 그 결과 거품이 조성되었다가 꺼질 때 초래되는 충격을 사전에 방지하기 위한 차원에서 시정되어야 할 것이다.

결국 금융이 본연의 자세로 돌아가 실물과의 연계성이 강화되고 또한 통상적인 '은행주의'에 입각한 실물 부문에 대한 간접적인 평가 과정을 통해 상시적인 구조 조정까지를 주도함으로써 제한된 자원의 효율적 활용이 가능해지도록 역할을 담당하는 것이 금융 시장 자체의 건전성은 물론 장기적 차원에서의 실물 부문의 효율성 제고에 기여할 수 있을 것으로 판단된다.

그런데 이제까지 살펴본 대응 방안들은 그것이 수요 측면 중심의 것이든 미시·제도적 측면을 강조한 공급 측면의 대응 방안이든 기본적으로는 위기의 해소 내지 방지를 위한 대응 정책의 성격을 갖는다. 그러나 금융 정책이 이상에서와 같은 위기 극복을 위한 처방에 그쳐서는 안 될 것이다. 경제 안정은 물론 경기 회복, 나아가서는 장기적인 성장 잠재력을 신장하는 일 또한 금융 정책의 주요 임무 중 하나이기 때문이다.

2) 경기 회복 측면의 경제 안정

경제 안정의 마지막 과제는 경기 침체를 탈피하는 문제라 할 수 있다. 그런데 이 문제에 대해서는 이미 앞서 충분히 논의되었으므로 여기에서는 상세한 논의는 생략한다. 단지 앞서의 논의에서 빠졌거나 미흡했다고 생각되는 사항 두 가지만 아래에 소개한다.

첫째, 비록 중앙은행이 유동성 조정을 통해 경기를 진작시킬 수 있는 능력이 많이 약화된 것은 사실이지만 운용 과정에 있어 투자 및 경기 활성화에 기여할 수 있는 다양한 정책 세칙을 도입·활용함으로써 소기의 성과를 낼 수도 있다. 예컨대, 공개시장정책 운용 시 중소기업이나 새로 창업한 기업들의 채권을 선별적으로 매입하는 방법 등을 활용함으로써 경기 활성화는 물론 미래 주도형 산업 부문으로의 유동성 공급을 집중시키는 방법을 들 수 있다. 단지 통화량만의 조정으로 경기를 진작시키거나 물가를 안정시킬 수 있다고 여겼던 전통적 케인지언 금융 정책 기조를 넘어 제도적 보완이나 운용 방식의 다양화로 소기의 목적을 달성시킬 수 있다는 것이 바로 본서가 강조하고 있는 공급중시 경제학의 기본 시각이다.

둘째, 이자율을 내려서 투자 및 경기를 활성화해야 한다는 주장이 최근 국내에서 비등한 적도 있다. 더구나 미국, 일본 및 유럽 제국들이 이른바 양적 완화와 더불어 제로 금리에 가까운 저금리 정책을 펴왔다는 사실을 들추어 내며 심지어는 이에 부응하지 않는 한국은행을 마녀사냥 하듯이 공격했다. 그런데 이자율 정책만으로 과연 경기 진작이 가능할까? 앞서 잠시 언급한 바 있지만, 특히 최근과 같은 장기 침체기에 이자율 하락이 경기를 활성화시킬 수 있을 것이라 믿는 학자는 많지 않다(이른바 이자율 변동에 민감하게 반응하지 않는다는 유동성 함정 논리를 차치하고라도). 오히려 그렇지 않아도 우려를 자아내고 있는 가계의 부채를 한층 더 증가시킬 가능성만 커질 것이다(특히, 부동산 담보 대출에 따른).

더구나 이 시점에서 경기 회복은 쉽게 달성될 성격의 것이 아니며, 더구나 이자율 하락만으로 성취 가능한 일은 더욱 아니라는 사실을 이해할 필요가 있다. 경기 진작을 위해 금융 정책이 필요한 것은 사실이지만 전통적 이자율 정책만으로 성과를 거두기 어려운 시점에 와 있다는 것도 사실이다. 이자율 정책도 기준 이자율에만 의존하여 물가 안정이나 경기 회복을 도모하는 관행을 떠나 다양한 형태로 존재하는 이자율들(전통적인 중앙은행의 정책 수단이었던 지준율과 재할인율, 그리고 청산결제 시 적용 이자율, 롬바르트 방식의 운용 이자율 등)을 동시에 조정하는 정책의 세부화를 고려해 볼 때이다. 공급 측면에서의 여건 및 각종 제도의 개선을 유발시킬 수 있는 경기 정책으로서의 금융 정책도 효율성이 증대될 수 있다는 사실을 다시 한 번 강조한다.

제 5 장

한국 경제의 발전 과제 II: 불균형의 시정

제4장에서 고찰해 본 안정적 성장이 장기적으로 지속되려면 경제 성장 과정에서 파생되는 불균형 현상을 미연에 방지하거나 시정하는 일이 선결될 필요가 있다. 이것이 경제 발전의 두 번째 핵심 과제이다. 따라서 여기에서는 그간의 경제 발전 전략과 국제 여건 변화 등으로 인해 초래된 각종 불균형 현상의 원인 및 폐해를 분석함과 동시에 이를 완화 내지 시정할 수 있는 방안에 대하여 논의해 볼 것이다.

제 5 장

한국 경제의 발전 과제 II: 불균형의 시정

1. 불균형은 국가 경제 체질에 어떤 위협을 주는가?

1) 각종 불균형의 심화와 소득 양극화

전술한 바 있듯이 한국이 오랫동안 고수해 온 불균형 성장 방식은 각종 이중성을 확대 또는 고착시켜 불균형을 심화시켜 왔다. 특히, 자본을 추가 투입하는 방식에 의존하는 수출 주도적 공업화 성장 방식은 혜택이 주로 자본 공여자 및 주도적 부문에 귀속되는 등의 결과가 초래된 데 기인하는 바 크다. 그리고 이러한 불균형은 결국 소득 불균형을 심화시켜 소득 분배 구조를 왜곡 내지 악화시키는 결과를 가져왔다. 즉, 한국이 자생적인 자본주의 정립이 이루어지지 못한 여건에서 빈곤의 악순환 고리를 끊고 근대 산업화를 이루기 위해 정부가 주도하는 불균형 성장 방식의 경제 개발을 추구할 수밖에 없었고 이 과정에서 여타 개발도상국에 비해 공급중시 경제학이 강조하는 인적 자본 확충 문제를 상대적으로 잘 활용함으로써 모범적인 성장을 이룩할 수 있었던 것은 사실이지만 중앙 집권적 관리 경제 체제의 정착으로 인해 이중성과 불균형, 그리고 불평등의 심화가 초래되는 것을 막지는 못했던 것이다.

한편, 불균형 성장 방식이라는 경제 발전 전략의 선택이라는 요인 외에도 한 국민 경제가 발전 과정에서 자연스럽게 당면하게 되는 불균형의 또 다른 요인이 있다.

주지하는 바와 같이 한 나라의 경제는 성숙 단계에 진입하면서 필연적으로 구조 조정 과정을 거치게 되며 이러한 과정에서 일반적으로 경제 주체들이 갖는 적응 능력 등의 차이로 인해 경제적 성과에 격차가 발생할 수 있는 것이다. 예컨대, 세계화의 급속한 진전은 경쟁 격화와 기술 진보의 가속화, 그리고 제반 제도의 변화 등 경제 환경 변화를 촉발하였는데, 이 과정에서 초래되는 무한 경쟁시대로의 진입은 결국 적자생존 법칙에 따라 승자와 패자를 지속적으로 양산하게 된다. 그리고 이러한 새로운 경제 환경 변화에 성공적으로 적응할 수 있는 경제 주체와 그렇지 못한 주체들 사이에 경제적 성과에서 큰 차이가 발생할 수밖에 없게 되고 경제적 '양극화 현상'이 필연적으로 도래된다고 볼 수 있다.

원래 양극화란 최고와 최저 계층의 비중이 확대되어 중간 계층의 비중이 현저히 축소됨으로써, 예컨대 계층별 비중이 마치 아령 모양처럼 양극 계층을 중심으로 재편되는 현상이라는 의미를 갖는다. 그러나 일반적으로 경제 주체들이 가지고 있는 이질적 속성이 가속화됨에 따라 경제적 성과가 양 극단 위주로 분화되어 나가는 현상을 의미하기도 한다. 여하튼 한국에서의 경제 양극화 현상은 1997년도의 외환 위기 이후 악화되었고, 그 결과 소득 양극화의 심화 및

그림 5-1 양극화의 진전

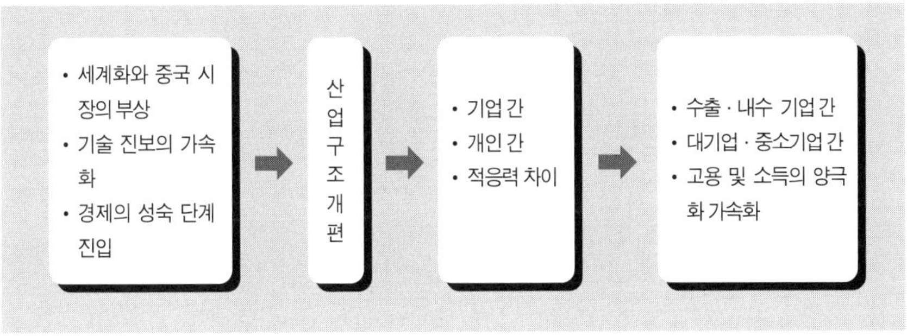

중산층 붕괴 조짐이 커지는 것으로 나타났다.

물론 이러한 상황에서도 경제 구조가 탄력적으로 조정될 수 있다면 양극화 현상을 완화 내지 억제할 수 있다. 예컨대, 수출 산업이나 대기업 등 선도 부문의 경제적 성과가 확대되고 이들 성과가 낙후 부문에게도 혜택이 돌아가는 이른바 '트리클 다운 효과'(trickle down effect: 넘쳐흐르는 물이 바닥을 적시는 것과 같은 효과)(Hirschman, 1958)가 발생한다면 경제 양극화 현상은 완화될 수도 있었다.

그러나 한국은 산업 연관 관계가 미약할 뿐만 아니라 중소기업 성장 기반이 취약한 경제 구조가 고착되어 있어 트리클 다운 효과는 나타나기 어려웠다. 불균형 성장 방식을 오랫동안 고수해 온 한국의 경우 바로 이로 인한 구조적 결함 등으로 인해 경제의 양극화 현상이 가속화되었던 것이다. 따라서 IT 산업 등을 위시한 첨단 산업 중심으로 산업 구조가 개편되고 수출이 급신장되었지만 이는 수출과 내수 산업 간, 선도 기업과 낙후 기업 간 양극화 현상을 고착시키키는 결과를 초래하고 말았던 것이다.

2) 양극화의 파급 효과

그런데 불균형적 성장 전략 이외의 양극화 요인, 즉 대내외 경제 환경 변화나 경제의 성숙 과정은 어느 나라나 겪을 수 있다. 그리고 구조적으로 이중성이 고착되지만 않는다면 여건 변화에 따른 산업 구조 개편은 일면 국민 경제를 발전시킬 수 있는 좋은 계기가 될 수도 있다. 미국 경제가 경쟁력을 상실한 제조업의 비중을 대폭 축소하고 지식, 정보 및 서비스 산업 등의 비중을 확대시켜 나가는 구조 조정을 성공적으로 이룩함으로써 세계 경제의 리더십을 계속 유지할 수 있었던 것은 바로 성공적인 구조 조정의 좋은 예가 될 것이다. 제조업 부문이 쇠퇴하여 이른바 '제조업 공동화'(hollowing out of manu-facturing) 또는 '탈공업화'(deindustrialization)를 겪게 된 미국 경제가 쇄락하게 될 것이라는 항간의 주장을 뒤엎는 결과였다.

반면, 한국과 같이 불균형 성장 방식이 경제 구조 왜곡 현상을 고착시켜 온 경제는 대내외 경제 여건의 변화와 경제 발전 단계(성숙 단계)의 진전 과정에서 더욱 심각한 양극화 현상을 겪지 않을 수 없으며, 이러한 현상은 경제 구조를 획기적으로 개선하지 않는 한 차후로도 지속될 것이고 심지어는 장기적 성장 잠재력에 대한 미래 전망을 어둡게 할 수도 있다.

예컨대, 수출 산업과 내수 산업 간, 중화학 공업과 경공업 간, 그리고 대기업과 중소기업 간 양극화가 방치될 경우, 국민 경제는 주도 부문 의존성이 증대되고 따라서 대내외 충격에 취약한 경제 체질을 갖게 된다. 또한 낙후 산업이나 기업의 양산은 고용 저하와 민간 소비 부진을 초래하여 경기 회복을 지연시킬

소득을 기준으로 본 양극화

소득 양극화(income polarization)는 중산층, 즉 중간 소득 계층의 비중이 줄어듦에 따라 소득 분포가 양 극단에 밀집되는 현상이라 볼 수 있다. 아래의 그림은 삼성경제연구소(2006. 4. 5.)가 발간한 CEO Information 제547호에서 작성된 1980년대 중반 이후 시기의 울프슨(Wolfson) 지수와 이알(ER) 지수로 본 양극화 지수 추세선이다.

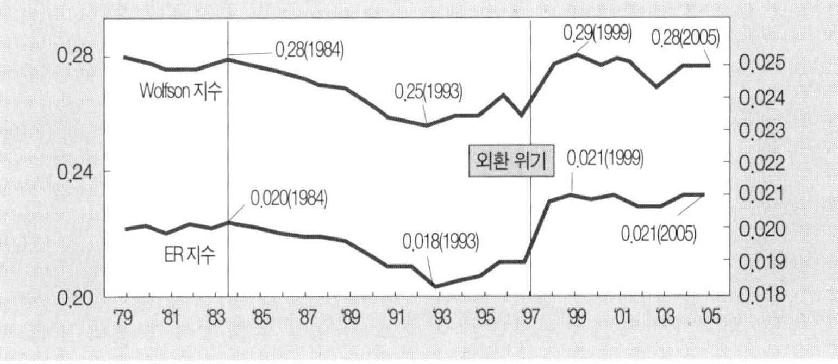

위의 그림에서처럼 1980년 중반 이후 외환 위기 이전까지 10여 년간 양극화 수준이 다소 완화되는 경향이 나타났으나 외환 위기 이후에는 양극화 지수가 증가하여 양극화 수준이 악화되는 현상을 보여 주고 있다.

것이다. 뿐만 아니라 이러한 양극화 현상은 내수 또는 낙후 산업의 물적 자본 축적을 저해함은 물론 결국은 고용 및 소득 양극화를 초래함으로써 경제 · 사회적 불안정성을 증대시킬 뿐만 아니라 비정규직을 양산하는 등 인적 자본 축적까지 저해하게 되어 성장 잠재력이 약화될 것이다.

양극화의 수준을 정확히 측정하기는 어렵지만 중산층 비중을 중심으로 볼 때 한국의 경우 1980년 중반 이후부터 외환 위기 전까지는 (고성장 및) 실질임금 상승 등으로 인해 양극화가 완화되는 계기가 마련되었으나 외환 위기 이후에는 중산층이 대폭 축소되고 하위 계층이 증가함으로써 양극화가 가속된 것으로 평가되고 있다. 이로 인해 국민 경제에 저성장과 내수 침체, 제조업 공동화, 고용 없는 성장, 수출과 내수 산업 간 격차 심화 및 연관도 약화, 실업 증대 및 비정규직 증가 등의 현상이 초래된 바 있다.

이상과 같은 양극화의 원인과 진행 과정을 고려해 볼 때 한 국가의 거시경제 운용이 단순히 경제 성장 또는 안정적 성장만으로는 불충분하다는 사실과 불균형 문제를 경시할 경우 국가경쟁력은 물론 궁극적으로 장기적 성장 잠재력이 저해될 수밖에 없다는 사실을 확인할 수 있다.

경제 양극화는 이것이 초래하는 문제점의 심각성을 제대로 인식하고 부문 간 격차를 해소시키되 부문 간 연관 관계를 강화시켜 선순환 구조를 정착시키며 낙후 부문은 혁신 및 능동적 구조 조정이 성공적으로 정착될 수 있도록 정부가 적극 지원함으로써 대처해 나갈 필요가 있다. 물론 이러한 과정에서 특히 인적 자본의 확충을 중심으로 하는 산업 구조 개편 정책은 무엇보다 중요하다 하겠다.

2. 노동 시장 유연화로 인한 소득 불균형을 개선시킬 수 있는가?

경제 성장은 성장 방식에 따라 노동 시장의 불균형을 심화시키기도 한다.

개발 초기 단계에서는 노동 집약적 산업 위주의 공업화가 추구되면서 전반적으로 고용이 증대되는 현상이 나타나지만, 발전 단계의 진전에 따라 산업 구조가 고도화되면서 성장 주도 부문이 중화학공업이나 R&D 중심 산업 또는 지식정보화 산업으로 바뀌게 되면 고용 및 임금 수준이 이들 주도 부문 위주로 증대되고 비주도적 부문과의 고용과 임금 격차가 확대된다.

특히, 이러한 과정에서 사양 단계에 이른 비주도 부문 산업은 경쟁력과 생존 유지를 위해 비정규직 확대, 조기 퇴직 권장, 해외로의 생산 시설 이전 등을 추구하게 되고 그 결과 국내 고용이 감축되어 노동 시장의 불균형을 심화시키게 된다. 더구나 한국은 경제 개발 단계에서 줄곧 '선성장 후분배 원칙'(growth first, distribution later principle)을 고수하면서 경쟁에서 낙오한 사람들에 대한 대책은 거의 마련하지 않았다.

더구나 1997년 외환 위기를 거치며 노동 시장 유연성 제고 차원에서의 개혁이 이루어지면서 비정규직 고용 비율이 갑자기 확장되었고, 비정규직 직장마저 얻지 못한 수많은 조기퇴직자들은 실업 상태로 전락하거나 퇴직 시까지 조금 모아 놓은 자금으로 자영업을 시작하였다. 전문적 기술이나 지식도 없이 뛰어든 많은 자영업자들은 대다수가 일정 기간 후 사업에 실패하고 남겨 두었던 자산마저 탕진함으로써 빈곤 계층으로 전락했다. 특히, 음식업의 경우 평균 3년을 버티지 못하고 문을 닫는 것으로 집계되고 있다.

사실 해방 이후 전체 인구의 80%에 가까웠던 농어촌 인구가 경제 개발에 따른 공업화 과정에서 많은 수가 도시로 이전해 감에 따라 최근에는 5% 이하로 대폭 줄어들었다. 이들 중 젊은 세대들은 새로운 교육이나 훈련 등을 통해 근대 부문으로 흡수될 수 있었지만 약 30-35% 정도의 인구는 그러지 못한 채 주로 유통 부문에 기생하면서 이른바 도시 서민층을 구성하기에 이르렀다.

그런데 이것은 오랜 기간 동안에 걸쳐 발생하였기 때문에 사회적으로 큰 문제를 야기하지는 않았고 또 전근대 부문이나마(비록 일부는 조선 시대의 보부상이나 좌상과 같은 업종 수준에 불과하지만) 순차적으로 적응해 들어갔던 것이다. 그러나 1997년 외환 위기 이후의 기업 구조 조정은 일시에 많은 사람들을 비정규직이나 자영업으로 몰아갔다. 이러한 추세는 2008년 국제 금융 위기 도래 후 가속화되었다. 따라서 경제개발계획 추진 단계에서 발생한 구조 조정 시 발생했던 이직 현상과는 달리 단시일 동안에 구조 조정이 이루어지면서 사회에 큰 충격을 주게 되었다. 그리고 절대 빈곤층의 양산과 상대적 불평등의 확대 그리고 소득 및 자산의 양극화를 가속화시켰다.

1) 현재 한국의 소득 분포는 얼마나 불평등한가?

불평등은 부(wealth) 또는 소득(income)을 기준으로 분석될 수 있다. '부'란 결국 다양한 소득에서 파생되어 축적되는 성격의 것이어서 여기서는 소득을 중심으로 불평등 문제를 살펴보고자 한다.

소득 분배에는 요소별 또는 기능적 분배(예컨대, 자본가와 노동자 계층과 같은 생산 요소 소유자 집단 간)와 계층별 또는 인적 분배가 있는데, 여기서는 후자의 유형만을 검토해 보고자 한다. 인적 분배는 통상적으로 10분위 지수나 지니 계수 등으로 평가된다.

‘10분위 지수’(decile ratio)는 우선 소득 10분위별 소득점유율을 산출한 다음(최저 소득 계층부터 각각 10%씩을 차지하는 계층들의 소득이 전체 소득에서 차지하는 비율을 산출) 가장 소득이 낮은 40% 소득 계층의 소득 점유 비율을 가장 소득이 높은 20% 소득 계층의 소득 점유 비율로 나눈 것으로 정의한다. 이 값이 클수록 소득 불평등도가 낮아지는 것으로 이해할 수 있다.

한편, 세계은행은 최고 10% 소득 계층 소득 점유 비율을 최저 10% 소득 계층 소득 점유 비율로 나눈 지수값을 사용하기도 하는데, 이는 통상적인 10분위 지수와는 역의 기준을 설정한 것이다. 따라서 이들의 지수값이 클수록 소득 불평등도가 높아진다.

반면에 일정 소득을 받고 있는 사회 구성원 수의 누적 비율과 이들의 소득 누적 비율을 대비시켜 놓은 ‘로렌츠 곡선’(Lorenz curve)을 이용하여 소득 불평등도를 평가하기도 한다. 일단 로렌츠 곡선이 대각선 위에 형성되면 그 사회는 완전 평등 상태에 있는 것으로 이해할 수 있는 반면, 대각선으로부터 점차 멀리 형성될수록 불평등도가 높아지는 것으로 이해할 수 있다.

그런데 로렌츠 곡선 형태만으로 소득 불평등도를 상호 비교하기가 어려워 로렌츠 곡선상의 불평등 면적의 상대적 비율을 산출하여 지수화한 이른바 ‘지니 계수’(Gini coefficient)가 가장 보편적 평가 지표로 활용되고 있다.

그림 5-2에서 볼 수 있듯이 시장 소득을 기준으로 한 지니 계수는 2009년에 최대치(0.345)를 기록함으로써 소득 불평등도가 가장 높은 것으로 추계되었다. 이후 완만한 감소세를 보이며 불평등도가 다소 개선되는 추세를 보였으나 불행히도 2014년 이후 지니 계수는 다시 상승 곡선을 그리고 있다.

그림 5-2 지니 계수

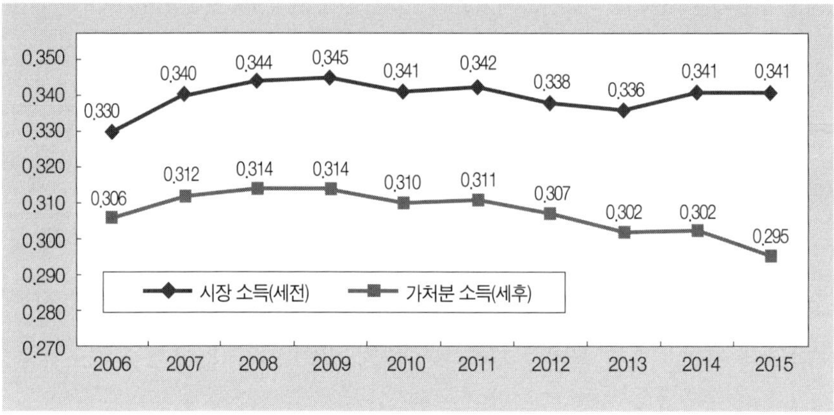

한편, 가처분소득을 기준으로 볼 경우에는 지니 계수가 2009년 이후 지속적으로 감소하는 추세를 보여 주고 있다. 세후 소득 기준으로는 소득 불평등도가 개선되어 왔다는 것이다. 이는 김대중 정부와 노무현 정부에서 도입한 각종 사회 보장 제도가 확대되어 온 것에 주로 기인하는 것이라 할 수 있다. 예컨대, 국민연금, 기초노령연금(2008년), 장애인연금(2010년), 근로장려세제(2008, Earned Income Tax Credit(EITC): 근로 소득이 있고 부부 합산 소득이 일정 수준 이하인 가구에 지급하는 현금 급여), 자녀장려세제(2015, Child Tax Credit(CTC): 부부 합산 소득이 일정 수준 이하이면서 자녀가 있는 가구에 자녀 수에 따라 자녀 장려금 지급), 그리고 보육료 지원 확대 및 한 부모 가정 아동 양육비 인상 등의 제도 도입 및 실행에 따라 저소득층의 가처분 소득이 증가한 데 따른 것이다.

이상과 같은 추정 결과에서 우리는 세전 소득상으로는 여전히 소득 불평등도가 개선되지 못하고 있으나 정부의 복지 재정 확대로 세후 소득상으로는 불평등도가 완화되었다는 사실을 확인할 수 있었다. 복지 재정이 제한적이나마 제 기능을 발휘한 것으로 볼 수 있다. 문제는 앞으로 계속 증대될 복지 수요에 부응할 만한 재정 여력이 뒷받침될 수 있는지, 그리고 이러한 복지 지출이 단지 비용으로 끝나지 않고 생산력 확충과 연계될 수 있는 방안은 무엇인지에 대한 성찰이 필요해 보인다.

2) 저소득층의 빈곤화 문제

소득 분배의 악화는 그 자체로도 사회의 불안정을 야기시키고 성장 잠재력을 저하시키는 문제를 발생시킨다. 그런데 지속적으로 소득 분배가 악화되고 소득 불평등도가 심화될 경우 빈곤층이 증대하게 된다. 특히, 최근 한국의 경우처럼 중산층이 점점 줄어들고 이른바 양극화 현상이 가속화될 경우 빈곤층의 확대는 불가피해진다.

이와는 별도로 최근 들어서는 고령화의 급속한 진전으로 인해 노령층의 빈곤이 심각한 사회 문제로 부각되는 문제까지 발생함으로써 빈곤 문제가 심각한 사회 문제로 자리 잡게 되었다. 한국의 노인 빈곤층 비율은 약 50%에 달하며 OECD 국가 중 최하위권에 해당된다는 사실은 결코 그냥 넘겨 버릴 일이 아니다.

일반적으로 빈곤이라 함은 어떤 사회 구성원의 실질소득이 일정 수준, 예컨대 최저생계비나 절대 빈곤 수준에 미달하여 구호를 필요로 하는 상태라 할 수 있다. 빈곤율 또는 절대빈곤율이란 보다 현실적으로는 한 달 소득이 법으로

정한 최저생계비에도 미치지 못하는 절대 빈곤 가구의 비율이라 정의된다.

2004년 한국개발연구원(KDI)이 발표한 보고서 『소득 분배의 국제 비교를 통한 복지 정책의 방향』과 2006년 삼성경제연구소가 발간한 CEO Information 제547호에 소개된 자료에 따르면, 한국의 절대빈곤율이 세전 소득 기준으로 볼 때 1996년 5.91%에서 1997년에 13.4%, 그리고 2004년에는 17.1%로 높아진 것으로 나타났다. 이 수치는 경제협력개발기구(OECD) 가입국 가운데 가장 높은 국가군에 해당하는 것으로, 소득 불평등 정도가 심하고, 경제 여건도 좋지 않다는 것을 의미한다. 문제는 최근까지도 그 비율이 좀처럼 낮아지지 못하고 있다는 점이다. 세전 기준으로 볼 경우 빈곤율은 2010년에 18.0, 그리고 2014년에도 17.9 수준에 머물러 있다(시장 소득 기준의 통계청 추정치 기준).

통상적으로 빈곤율은 절대적 소득 수준을 기준으로 정의되는 빈곤, 즉 '절대적 빈곤'(absolute poverty)이란 개념에 의거하여 계측한다. 한편, 이와는 별도로 '상대적 빈곤'(relative poverty) 수준으로 정의되는 상대적 빈곤율을 산출하여 활용하기도 한다.

그런데 상대적 빈곤율이란 일면 소득 분배 상황과 긴밀한 연관 속에서 해석될 수 있는 개념이기도 하다. 예컨대, 대다수 사회 구성원이 최소생계비 수준 이상의 소득을 얻고 있다 해도 이것이 소득 분배가 평등한 상태로 간주될 수는 없는 반면, 북한의 경우에서처럼 사회 구성원의 소득이 매우 평등하더라도 이들의 대다수 소득이 빈곤 수준에 해당될 수도 있기 때문이다. 따라서 불평등한 소득 분배 또는 상대적 빈곤이란 절대적 빈곤과는 별개의 문제라 할 수 있다.

여하튼 상대적 빈곤을 추계하기 위해서는 역시 어떤 기준에 근거할 것인

표 5-1 빈곤율 추이

(단위: %)

구분	절대빈곤율	2010년	2011년	2012년	2013년	2014년
절대빈곤율	시장 소득	12.1	12.0	11.1	11.7	12.2
	가처분 소득	9.6	9.6	8.5	8.6	8.6
상대빈곤율	시장 소득	17.0	17.0	16.3	16.7	16.7
	가처분 소득	14.3	14.3	13.7	13.4	13.3

자료: 통계청, 『가계동향조사』, 원자료, 각 연도.

가 하는 문제가 우선 결정되어야 한다. 가장 먼저 생각할 수 있는 방법으로 소득순으로 하위 일정 비율을 빈곤층이라 보는 경우를 들 수 있다. 이를 '순수상대빈곤계수'(purely relative measure of poverty)라 하는데, 통상 최하위 20% 또는 40%까지를 빈곤층으로 간주하곤 한다. 그러나 이 방법은 평균 소득 수준이나 소득 분포를 고려하지 못하고 있다는 단점이 있다.

이러한 이유로 인해 '유사상대빈곤계수'(quasi measure of poverty)가 자주 사용되고 있다. 이는 빈곤선을 전체 평균 소득(또는 소비)의 일정 비율로 정의하는 방법을 선택하고 있다. 미국 등 선진국에서는 평균 소득의 1/2 수준으로 빈곤선을 추산하고 있으나, 한국과 개발도상국들은 1/3 수준으로 정의하고 있다. 이와는 별도로 중앙치(medium)의 40% 수준을 빈곤선으로 보고 상대적 빈곤 계수를 산정하기도 한다.

한국의 경우 절대빈곤율은 시장 소득 기준으로 볼 때 2010년 이후 현재까지 큰 변화가 없으나 가처분 소득 기준으로는 완만한 하향세를 보이고 있다. 복지 재정 지출의 성과라 볼 수 있다. 한편, 소득 50% 미만이 차지하는 비율을 상대적 빈곤율로 정의하고 있는데 2001년 10.6%에서 2005년에는 13.2%, 2010년에는 17%로 최고점을 기록한 후 2014년에는 16.7%를 기록하고 있다. 역시 가처분소득 기준으로 볼 경우에는 상대적 빈곤율이 완만하게 낮아지는 추세를 보이고 있다.

3) 빈곤의 원인과 대책

이상에서 우리는 한국의 빈곤 문제의 근본 원인을 한국이 오랫동안 지속하여 온 형평보다는 성장을 중시해 온 성장 제일주의(growth-first, distribution-later principle)로 인해 고착된 경제의 이중성과 최근 경제침체기(외환 위기와 국제 금융 위기 이후 시기)를 거치며 확대된 양극화 현상에서 찾았다. 그러나 이러한 한국의 특수적 요인 외에도 어느 국가에서나 발생할 수 있는 요인도 있다.

예컨대, 질병 · 노화 · 불구 등 기능의 적응력이 떨어지는 등의 개인적 속성에 기인하는 비자발적 원인과 동기 부족, 낮은 성취욕, 무절제, 나태 그리고 의타심 등과 같은 자발적 요인도 있는데, 이들 요인은 다분히 개인적인 것이어서 어쩔 수 없는 특성을 갖는다. 이와는 별도로 불평등한 재산 · 권력 · 지식 · 자원 · 기회 등의 배분 상태, 도시 · 농촌 간, 인종 간, 종교 간 그리고 성별 간의 차별 요인, 부존자원의 편재 현상이나 기술 및 학력 수준 간의 차이 등을 들 수 있는데, 이들 요인은 사회적 속성에 기인하는 것으로 이해할 수 있다.

물론 개인적 속성이나 사회적 속성에 기인하는 빈곤 요인들은 다분히 외생성이 강하여 쉽사리 시정되기는 어려운 요인들이라 할 수 있다. 반면, 한 나라가 경제 발전을 적극적으로 도모하는 과정에서 선택한 성장 전략에 따라 빈곤화가 가속되었다면 이는 상대적으로 내생성이 강한 요인으로 이해될 수 있으며, 정책 기조의 전환 등으로 해소 또는 완화될 수 있는 요인으로 이해할 수 있다.

여하튼 빈곤층의 확대는 단순히 사회적 불안의 증대만으로 끝날 문제가 아니라는 사실에 유념할 필요가 있다. 빈곤은 사회 불안정과 생존의 가장 큰 위해 요인이기 전에 진정한 의미의 경제 발전이나 복지 사회 건설에 결정적 저해 요인이 되기 때문이다.

그렇다면 빈곤 문제는 어떻게 대처할 수 있을까?

우선 빈곤 요인별로 대처하는 것이 효율적이라 믿는다. 예컨대, 근로 능력과 의사가 있는 사람들에게는 가능한 한 많이 경제 활동 참가 기회를 부여하는 방안을 고려할 수 있다. 그러나 재취업을 위한 직업 훈련 등 다양한 기회 부여에도 근로 능력의 결여 등으로 남게 될 수밖에 없는 사람들은 일단 기초생활 대상자들로 분류하여 최저생계비를 제공해서라도 탈빈곤화를 도모하는 방안을 고려할 필요가 있다.

특히, 후자와 관련하여 활용되고 있는 제도 중 중요한 것으로는 미혼모나 소년소녀 가장 등 빈곤층에게 일정 액수의 소득을 보조해 주는 빈곤층 소득 보조 방안, 일종의 현금 급여 제도로 소득이 어느 시점 이하에 머무를 경우 보조금을 지급하는 음(陰)의 소득세(negative income tax) 제도, 그리고 현물 보조 방안 등이 있다. 그런데 그 중 처음 두 가지 제도는 우리나라에서 이미 시행하고 있는 제도들이다.

여기서 현물 보조 방안이란 빈곤층으로 파악된 사람들에게 최저 생활에 필요한 수준의 재화 및 서비스를 정부가 현물 형태로 지원하는 방안이다. 현금으로 지급된 보조금이 다른 용도로 전용되는 것을 막을 수 있다는 장점이 있는데, 미국에서는 식료품 교환권(food stamp)을 배급하는 방식을 쓰기도 한다. 물론 교환권을 시중에서 불법적으로 할인해 다른 용도로 사용할 수도 있다는 문제가 있다.

이상에서 살펴본 제도들은 빈곤층에 대한 일방적인 보조에 그치는 소극적 빈곤 대책이라 할 수 있다. 따라서 일자리 창출이나 실업자의 재훈련을 통한 직업 알선 등과 같은 보다 적극적 차원에서 요인별 빈곤 대책이 주도적으로 마련될 필요가 있다.

예컨대, 소득 불평등이나 양극화 등의 문제를 해결하기 위해 정부가 소득 결정 과정에 개입하여 분배를 개선하는 최저임금 제도 강화 방안이나 정부가 사후적으로 재정 지출을 통해 분배를 개선하는 방안도 있다. 또한 누진소득세, 상속 및 증여세 강화 등을 통한 분배 개선 및 빈곤층에 대한 최소 소득 보전책들도 자주 거론되어 왔다.

한편, 경제 구조 고도화와 국제 경쟁 확대에 따라 국제 경쟁력을 잃고 사양 사업화되는 기업으로부터 방출된 실업자들의 경우에는 맞춤형 재교육을 통해 경쟁력 있는 부문으로 재진입시킬 수 있도록 정부가 주도적으로 지원함과 동시에 사양화된 사업은 R&D를 통해 사업 자체를 고도화시켜 나가는 정책을 운용하는 방안을 생각할 수 있다. 그리고 이 과정에서 새로이 정착되는 중소기업들이 강소 기업으로 거듭나게 되면 대기업과의 경쟁은 물론 국제 경쟁력까지

갖출 수 있는 일거양득의 대응책이 될 수 있을 것이다.

그러나 소득 불평등이나 빈곤에 대한 보다 근본적이고 능동적 차원의 대응은, 반복하건데 인적 자본에 대한 투자 확대(교육 및 훈련 그리고 패배자의 재도전 기회 마련을 위한 계속 교육과 재훈련 확대는 물론 의무교육, 의료 서비스, 공공 주택 공급 등의 보조 확대 및 각종 사회 보장 제도를 개선하는 방안 등)와 직업 안정 정책 등을 통한 고용 확충, 그리고 고용 차별 · 직종 차별 · 임금 차별 등 각종 차별을 금지 또는 완화시켜 나가는 정책 등이라 할 수 있다.

특히, 현재 교양 강좌 제공 정도의 교육 과정 운용에 머무르고 있는 대학과 언론 및 백화점 등에서의 '평생 교육'(continuing education)을 정부나 지자체 중심의 명실상부한 재교육 제도로 전환할 필요가 있다, 고졸 직장인은 물론 직장인이나 성인층을 대상으로 하는 실용적 지식이나 기술 전수 기관으로 거듭날 필요가 있다는 것이다. 미국에서의 '지역시민사회대학'(community college)이 좋은 예이다. 물론 이와 더불어 '사회 안전망'(social safety net)의 확충이 동시에 가동될 필요가 있다. 특히, 고용 보험의 확대, 국민기초생활보장법 실시가 동시에 추진되어야 효율적인 성과를 거둘 수 있기 때문이다.

물론 이상에서와 같은 인적 자본의 창출 정책은 단지 일자리 수를 증대시키거나 재정 부담만을 가중시키는 복지성 재정 지출로 흘러서는 안 될 것이다. 정책의 근본 취지는 이른바 생산적 복지 정책, 즉 효율성과 형평성이 동시에 제고될 수 있도록 정책 마련에 세심한 배려를 해야 할 것이다. 반복되는 논리이지만 일방적 복지 제도의 도입이나 지출은 단기적으로 형평을 개선하는 효과를 가져올 수는 있으나 장기적으로 효율성이 저해될 위험성도 항상 안고 있기 때

그림 5-3 최저임금 추이

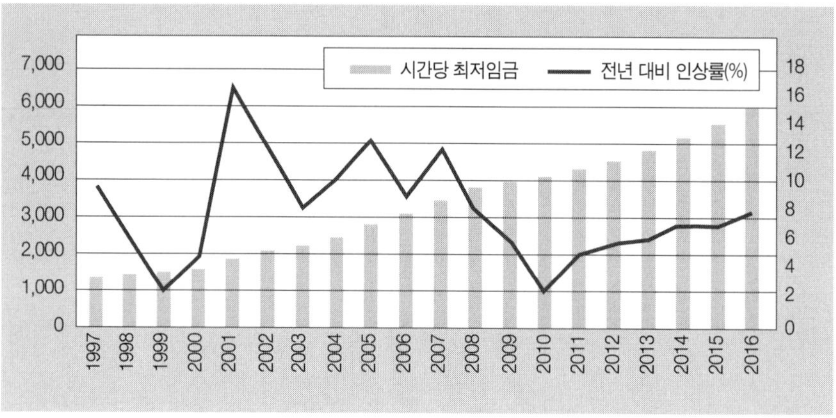

문이다. 즉, 자칫 잘못하면 이른바 'Dutch disease'라고 하는 일종의 '복지병'(welfare disease)을 초래할 수도 있다는 점이다. 방만한 사회 보장 제도는 오히려 근로 의욕을 저하시킴으로써 높은 재정 비용 지출에도 불구하고 실업률을 상승시킬 수 있다는 사실을 명심할 필요가 있다.

한편, 실업과 불평등한 취업 기회와 임금 구조가 결국은 양극화와 빈곤의 핵심 요인임을 인식하고 보면, 특히 노동력의 생산성 향상을 위한 교육 및 훈련 제도의 확충 이외에도 아래와 같은 노동 시장과 관련한 공급 측면에서의 제도 개선에 관한 매우 유용한 정책들이 추진될 수 있을 것이다.

예컨대, 최저임금 수준의 현실화이다. 그림 5-3에서 볼 수 있듯이 외환 위기 이후 노동 시장 개혁 과정에서 탄생한 노사정위원회의 역할에 힘입어 최저임금 수준은 꾸준히 증가되어 왔다. 그러나 최근 들어 김대중 정부나 노무현 정부 시기에 비해 그 상승률이 상대적으로 낮아졌다는 사실에 주목할 필요가 있다.

3. 중소기업과 영세 기업의 생존력 확보 방안은 무엇인가?

표 5-2와 그림 5-4에서 볼 수 있듯이 중소기업 비중이 사업체 수 기준으로는 전체의 99.9%, 종사자 수 기준으로도 전체의 약 88%를 차지하고 있다. 결국 중소기업 문제는 우리나라 전체 기업의 문제이고, 우리나라 전체 근로자의 문제로 인식해야 할 만큼 한국 경제의 대종을 이루고 있는 부문이다. 그럼에도 불구하고 중소기업 문제는 항상 수출과 성장의 주 견인차로 인식되어 온 대기업 문제에 떠밀려 소홀히 다루어졌다.

그저 피해 받는 부문이므로 이런 저런 배려를 가끔 베풀어 주는 정도로 대

표 5-2 중소기업 일반 현황

(단위: 천 개, 천 명)

구분		2007년	2008년	2009년	2010년	2011년	2012년	2013년	2014년
사업체 수 (천 개)	계	2,977	3,047	3,069	3,125	3,235	3,354	3,419	3,545
	대기업	2	3	3	3	3	3	3	3
	중소기업	2,974	3,044	3,066	3,122	3,232	3,351	3,416	3,542
	비중(%)	99.9	99.9	99.9	99.9	99.9	99.9	99.9	99.9
종사자 수 (천 명)	계	12,613	13,070	13,398	14,135	14,534	14,891	15,345	15,963
	대기업	1,464	1,603	1,647	1,873	1,907	1,831	1,923	1,935
	중소기업	11,149	11,468	11,751	12,263	12,627	13,059	13,422	14,028
	비중(%)	88.4	87.7	87.7	86.8	86.9	87.7	87.5	87.9

그림 5-4 중소기업 현황

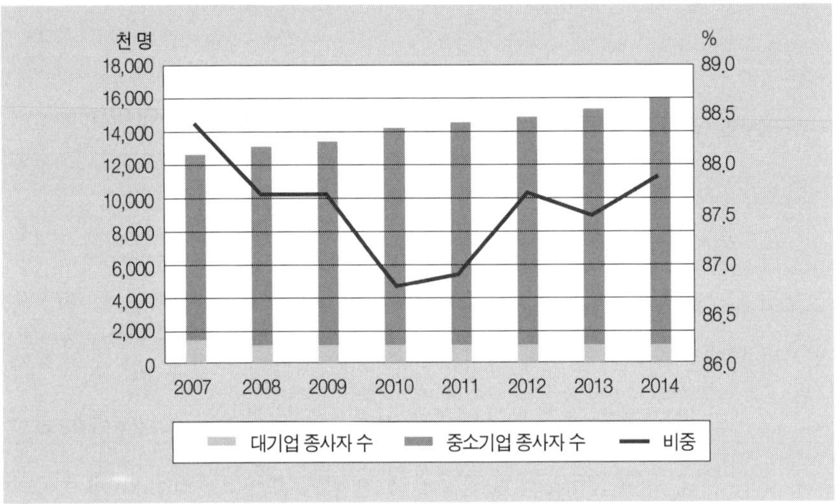

처하는 안이한 태도로 일관해 왔다. 그러다보니 대기업과 중소기업 및 영세 기업 간의 불균형 문제가 사회 불안정의 핵심 요인으로 부각되기에 이르렀고 그 과정에서 대기업 특히 재벌 기업에 대한 비판이 증폭되기에 이르렀다. 본서에서는 사안의 중요성을 감안하여 재벌 문제는 다음 항에서 별도로 다루고 본 항에서는 중소기업과 영세 기업 문제에 한하여 논의해 보기로 한다.

1) 중소기업 문제

중소기업 문제의 핵심은 다음과 같다.

우선 중소기업의 열악한 환경을 어렵게 하는 대표적 요인으로 대기업과의 불공평한 사업 관행을 지적할 수 있다. 이들 간의 문제는 전형적인 갑과 을의 관계로 부각되어 왔고 대기업이 가해자 그리고 중소기업이 피해자라는 인식을 중심으로 논의되어 왔다.

대기업과 중소기업 간의 관계에서 '인력 빼가기' 나 '단가 후려치기' 등의 불공정 관행이 불식되지 않는 한 결국 공멸의 길로 치달을 수밖에 없다. 더구나 문어발식 확장으로 중소기업 적합 업종을 침해하거나 골목 상권까지 침해하는 발상으로는 한국 대기업의 장래는 없다는 사실에 유념할 필요가 있다. 이는 중소기업을 지나치게 보호하여 경쟁력을 떨어뜨리고 자생력을 잃게 하자는 것이 아니다. 단지 미래의 중소기업은 '강소 기업' 으로 가고 영세 자영업자 중심으로 보호하자는 것이다. 물론 그렇더라도 영세 사업자들만의 영업을 보호하는 일이 소비자에게 양질의 서비스를 제공하는 데 걸림돌이 되어서는 안 된다.

그런데 우리는 정부 발주 사업이 중소기업 위주로 추진되는 과정에서 민원 사업이 지연되거나 부실화되는 경우를 자주 보아 왔다. 중소기업에는 기본적으로 자금 확보의 어려움은 물론 기술, 정보, 홍보, 그리고 유통에 이르는 모든 면에서 열악한 환경에 처해 있을 뿐 아니라 환 리스크에 대한 준비 부족, 유가 등 원자재 가격 정보 열악, 원자재 수급 능력 미흡, 그리고 판로 관리상의 애로와 같은 어려움이 상존하고 있기 때문이다. 이러한 공급 측면에서의 애로 사항들에 정부가 적절히 대처해 나가는 것이 무엇보다 중요한 시점에 와 있는 것이다.

미래의 중소기업은 국제 경쟁력이 있는 강소 기업으로 거듭나야 할 것이며 첨단 산업은 물론 지식정보화 산업 그리고 서비스 산업(금융, 정보, 통신, 보험,

디자인, 마케팅 등) 등이 주류를 이루어 나가야 하며 이를 위해 정부는 각종 규제 완화 및 지원 그리고 교육–훈련 제도의 확충 및 내실화 등에 앞장서야 할 것이다. 뿐만 아니라 중소기업에 청년들이 가고 싶은 생각이 들도록 근로 환경을 개선시켜 주어야 할 것이다. 예컨대, 임대 주택 입주 우대권 부여, 중소기업 취업 조건부 장학금 혜택 등의 정책도 고려해 볼 수 있다. 물론 대기업에 비해 열악한 육아 및 교육 보조에도 공적 지원이 따라야 할 것이다.

한편, 대기업과의 관계와 상관없이 중소기업이라면 숙명적으로 당면할 수밖에 없는 문제가 있다. 즉, 경제 발전 단계가 성숙 단계에 이르면 구조 조정은 피할 수 없는 과정이 되는데, 이때 한계 수준에 달한 중소기업들이 사양 산업화되거나 도산하는 현상이 발생하는 것이다. 이 과정에서 상대적으로 여건이 열악한 중소기업들은 폐업을 피하기 위해 해외로 생산 시설을 이전하게 되어 국내 제조업 부문의 공동화(hollowing-out)를 재촉하는 반면 실업을 증대시키는 문제를 유발시키기도 한다.

이러한 현상에 대한 대처는 이하에서와 같은 인식 하에 접근할 필요가 있다. 우선 개별 기업인 차원에서는 생산 거점을 해외로 이전해서라도 기업을 연명하고자 하는 것은 당연한 노력으로 보아야 할 것이다. 그러나 국가적 차원에서 보면 국내 일자리가 많이 사라진다는 문제를 안게 된다. 그렇다고 사양 사업의 해외 진출을 막을 수도 없고 막아서도 안 된다. 결국은 이 경우에도 국내 중소기업들이 국제 경쟁력을 가질 수 있을 만한 강소 기업으로 개편해 나가는 것만이 궁극적 대안이 될 수 있다. 물론 이는 중소기업이 강소 기업이 되는 데 필요한 기술과 고급 인력을 확보할 수 있어야 가능한 것이다. 이는 결코 하루아침에 이루어질 성격의 일은 아니며 중소기업들이 독자적으로 실현시킬 수 있는 일은 더욱 아니다. 그래서 정부의 역할이 절대적으로 필요한 부분이다.

혁신 역량을 제고시키기 위해서는 정부 출연 연구 기관이나 대학들과 연계하여 R&D 결과를 공유할 수 있는 방안을 들 수 있다. 그리고 시간이 걸리겠지만 관련 분야의 고급 인력을 양산할 수 있는 대학 교육 과정을 대폭 확충하는 일이 동시에 이루어져야 한다. 아울러 대기업들과 협력 체제를 강화시켜 필요한 정보와 기술 이전을 독려할 수 있도록 참여 대기업에게도 기여도에 준하는 혜택이 돌아갈 수 있는 정책의 도입도 필요하다. 바로 마지막 제안이야말로 대기업과 중소기업이 대결 구도 대신 상생(win-win)할 수 있는 정책 대안이 될 수 있을 것이다. 특히, 대기업의 이윤 중 일부를 중소기업과의 협력에 할애할 경우 이와 관련한 행 · 재정상의 인센티브를 제공하는 방안을 적극적으로 모색할 것을 제안한다.

2) 영세 기업 및 자영업 문제

그런데 이상에서와 같은 중소기업 정책만으로는 적절히 대처할 수 없는 기업군이 있다는 사실을 잊어서는 안 될 것이다. 바로 영세 기업과 자영업들이다.

전술한 바 있듯이 약 80%에 가까웠던 농어촌 인구가 5% 이하로 줄어들면서 도시로 이전해 왔다. 그렇지만 이들 중 약 절반 정도는 연령상으로 교육이나 훈련을 통해 근대 부문으로 편입되기는 어려운 여건 하에 있고 앞으로도 현재와 같은 사회적 위상에서 벗어나기 힘들 것으로 예상되는데, 이들 계층이 주로 영위하는 사업이 바로 영세 사업과 자영업이다. 이들 계층이 점차 고령화되면서 그 비중이 줄어드는 경향이 있었지만, 최근에는 외환 위기와 국제 금융 위기를 거치며 조기 은퇴나 명퇴로 인해 새로이 편입되는 인구가 발생함으로써 그 비중이 오히려 증가하고 있다.

더구나 이들이 생업으로 삼아 영위할 수 있는 자영업은 불행히 생존율이 매우 낮아 노령화 추세와 더불어 빈곤화를 가속시키는 요인이 되고 있다. 특히, 새로운 시대의 주도적 서비스 산업으로 떠오르고 있는 전자상거래나 홈쇼핑 사업의 확장 그리고 택배 사업의 번창이 영세 상공인이나 자영업자들을 황폐화시키는 요인으로 작용하고 있다는 점도 주목해야 할 일이다.

한국 사회는 짧은 기간 동안에 압축 성장은 이룩하였지만 근대 부문으로 진입하지 못한 채 전근대 부문에 기생하여 생존하고 있는 도시 영세민(도시 인구의 약 30%에 달하는 것으로 추산됨)들의 존재는 앞으로도 상당 기간 우리 사회의 이중 구조 형태로 존속될 것임에 유념할 필요가 있다. 전국 모든 도로변은 물론 이면 심지어는 삼 · 사면 도로까지 자영업자들로 가득 찬 상태의 도시 빈곤화를 방치한다면 한국 경제의 선진화는 요원할 것이다. 이들 계층과 이들의 생업이 되고 있는 영세 사업 및 자영업은 중소기업보다도 더 세심한 배려가 필요한 부문이다.

영세 기업 및 자영업들은 자본이 부족하고 원자재 수급 능력이 미흡할 뿐만 아니라 판로 관리 능력도 열악한 상태에 있는 사업군이다. 이들을 자유로운 경쟁에 내팽개쳐 버린다면 생존 가능성은 점차 낮아질 것이고, 그에 따라 사회의 이중 구조와 빈곤 문제는 더욱 악화되어 나갈 것이다. 미래의 중소기업은 강소 기업으로 키워 나가면 되겠지만 영세 자영업자나 자영업자들은 특단의 배려와 보호가 필요한 이유이다.

도시 인구의 거의 3분의 1을 차지하고 있는 도시 영세민과 이들의 주요 생활 터전인 영세 사업 및 자영업 부문에 적어도 중소기업에 대한 지원이나 농어촌에 대한 배려의 3분의 1이라도 할애한다면 결과는 엄청나게 달라지리라 믿는다. 특히, 이들 사업자의 가장 큰 애로 사항인 대기업의 골목 상권 침투 방지, 임대 기간과 임대료의 안정, 협동 판매 시스템의 구축 및 활용, 인터넷을 이용한 판매망의 접근권, 제품의 고급화나 양질의 서비스 제공 방안의 전수, 원료의 안정적 확보, 디자인과 홍보 등에 관한 현대적 마케팅 교육의 실시 문제 등 조금만 이들의 애로 사항에 귀 기울이면 알 수 있고 또 대처할 수 있는 지혜가 마련될 수 있는데, 우리는 마치 남의 일인 양 너무 오랫동안 눈과 귀를 닫고 있었다. 이 모두가 미시적 제도 개선을 통해 각종 공급측의 애로 사항을 제거함으로써 불평등을 완화하고 효율성도 높일 수 있는 공급중시 경제학의 핵심 정책 방안이기도 하다. 정부의 특단의 종합 대책 마련이 시급히 요구된다.

4. 재벌 문제는 어떻게 접근해야 할까?

한국 재벌은 가족 및 친족에 의해 소유 · 운영되는 다양한 분야의 대규모 기업들의 복합체라 할 수 있다. 이러한 재벌은 ① 가족 위주의 소유 및 경영, ②

가부장적 리더십, ③ 중앙 집권적 기획 및 조정, ④ 적극적이고 야심적인 경영 성향(enterpreneual orientation), ⑤ 정부와의 긴밀한 관계 유지 등의 특성을 가지고 있다. 재벌의 힘은 그룹 회장에 집중되어 있어 일사불란하고 신속한 의사결정이 가능한 특성을 갖고 있다 그러나 최고경영자들 대부분이 가족 위주의 비전문 경영인들로 구성되는 등 소유와 경영이 분리되지 않아 상의하달식의 명령으로 실행되는 의사결정 과정에 따른 비합리적 경영 관행이 일반화되어 왔다. 한편, 정부와의 관계는 주 · 종 관계적 특징을 갖고 있는데, 이는 대부분의 자금조달 경로는 물론 각종 행 · 재정상의 혜택 및 인허가 취득 과정에서 정부의 영향력이 결정적이기 때문이다.

그러나 한국식 경제 개발 추구 방식에서 탄생된 재벌은 한국 경제 특징의 한 단면을 보여 주는 것으로, 극단적인 비호나 비판 일변도로 대응해서도 곤란하고 무조건 배척하고 지양해야 할 대상으로 보아서도 곤란할 것이다. 재벌 문제는 한국 경제와 부침을 같이 해온, 말하자면 경제 개발 계획의 수단이고 성과인바, 이와 관련한 문제는 한국 경제 정책 및 구조와 분리해서 고려될 수 없는 것이기 때문이다.

그렇지만 중앙 집권적 관리 경제의 산물이라 볼 수 있는 재벌에게 결과적으로 자원 및 생산 수단을 소유 지배할 수 있는 경제력이 집중됨으로써 국민 경제 자원 배분은 물론 국민 경제적 효율성과 형평성에 심대한 영향을 미치게 된 것만은 분명한 사실이다. 그중에서도 경제력이 집중되고 업종 다변화로 일컬어지는 문어발식 확장 현상, 그룹 집중식 선단 경영, 그리고 소유 및 경영의 집중 현상 등이 주요 문제점으로 부각되어 왔다.

이러한 재벌 체제가 초래하는 문제가 특히 현대에 이르러 사회적 관심의 대상이 되고 있는 것은 재벌이 그 총수의 경영권 승계나 재산 상속 과정에서 불공정하였을 뿐만 아니라 각종 불공정과 불균형을 촉발하고 있는 주체이며, 특히 최근 최순실 사건에서 볼 수 있는 바와 같이 정경유착에 따른 각종 비리의 산실이 되어 왔다는 점 때문이다.

그러면서도 재벌 기업들이 무너지면 한국 경제에 지대한 영향을 미칠 것이라는 우려를 자아내고 있으며, 국민들 스스로도 재벌 기업의 제품에 대한 선호도가 절대적이라는 이율배반적인 인식에 사로잡혀 있다. 물론 재벌 총수가 후퇴하면 기업 경영은 더욱 개선될 수 있다는 견해도 있다. 또 그들이 소유 지분에 비해 지나치게 경영을 지배하고 있으며, 그들의 막대한 독점적 이익은 중소기업에 대한 불공정한 착취 때문이란 지적도 있다. 이러 저러한 이유로 역대 정권이 다양한 정책으로 재벌 대책을 마련해 왔지만 실효성은 거의 없었다. 또 다시 대선을 앞두고 정치인들이 재벌 때리기에 열심이지만 진정으로 그들의 공약이 실현되리라고 믿는 사람은 적다.

따라서 현실성 있는 재벌 대책은 일단 이들이 공정한 거래 질서를 지켜 나가도록 유도하고 위반할 경우 처벌을 극대화해야 할 것이다. 그러나 재벌을 규제나 타도 대상화해서는 체질 개선이 이루어지기 어렵다. 결국 재벌 스스로가 체질 전환하는 것이 오히려 이롭다고 생각할 수 있는 여건이 조성될 때 비로소 실현성 있는 재벌 체제로의 전환이 가능할 것이라 믿는다.

이상의 재벌과 관련한 최근 관심 사항에 대해 아래와 같이 논의해 본다.

1) 재벌 개혁을 경제 민주화의 핵심으로 보는 정치적 관점에 대해서

재벌 개혁이 마치 경제 민주화의 핵심 주제인 양 부산을 떨고 있다. 그러나 재벌 개혁은 경제 민주화의 본질이 아니다. 단지 경제 민주화와 연계하여 논의할 수 있는 사안의 일부일 뿐이다. 경제 민주화란 효율성 위주의 자본주의가 초래한 여러 폐단을 제거하여 모든 국민의 최저 생활 보장 및 형평의 개선을 위한 제도 개선이란 차원으로 인식할 필요가 있다.

최근 정치권에서 문제가 된 헌법 제119조 제2항에서 '경제 민주화'란 용어는 소모적 혼란만 자초할 뿐이고 빼버려도 무방할 것이다. 한편, 자본주의 원칙을 1원1표로, 그리고 경제 민주화를 1인1표로 보자는 견해가 제기되기도 하였다. 그러나 1원1표 원칙의 시장경제 하에서는 1인1표 방식의 자원 배분을 주장하는 경제 민주화 달성이 불가능하다. 오히려 재벌 소유 구조 및 부당한 경영권 행사는 단지 1원1표 원칙이 준수되지 못하고 있다는 것이 문제일 뿐이다. 물론 이를 단지 시정하는 일은 경제 민주화와는 무관한 것이다.

경제 민주화를 일부 소수 집단의 행동이 다수 약자에 부당한 피해를 주는 것을 규제하거나 비록 다른 집단의 가해 행위가 없더라도 곤경에 처한 자들을 구제하는 것으로 보려는 견해 또한 경제 민주화의 본질과는 거리는 멀다. 물론 이를 시정하기 위한 노력은 지속적으로 경주되어야 할 것이다. 한편, 재벌은 부당한 힘의 집중과 남용으로 약자에 대한 피해는 물론 국민 후생과 경제 활력을 저해하는 비효율적 행위를 자행하는 주체로 이해되곤 하는데, 예컨대 ① 소액주주인 재벌 총수의 과도한 의결권, ② 대 · 중소기업에 관한 납품 단가 후려치기, 그리고 ③ 편법 부의 승계 등을 그 주요 사유로 들고 있다.

따라서 그 요인이 되는 순환 출자를 해소하고 금산 분리를 강화하자는 규제 강화 방침이 등장했던 것이다. 그런데 관치 경제 하에서 형성된 정부 · 기업 관계와 상호작용이 지속되는 한 정부 규제만으로는 재벌 개혁을 달성하기 어렵다. 그래서 혹자는 규제 강화보다는 징벌적 손해배상제를 강화하자는 대안을 제시하기도 하였다. 그러나 약자들의 자기 방어권 강화는 법 · 제도적 기반의 조성이 선행되어야 가능하고 아울러 정부 개혁을 통한 정부 실패를 줄여야 법 · 제도가 비로소 정착 가능한 것이다. 또한 순환 출자 금지와 금산 분리 강화만으로 재벌 해체를 가져올 가능성도 희박하다. 핵심은 공정거래법을 강화하여 적절히 기업 결합을 규제함으로써 시장경제의 효율성을 제고하는 일, 즉 위반 행위를 규제하는 사후적 징벌보다는 부당한 힘의 남용을 시정할 수 있는 사전적이고 효율적인 시장 질서 확립 방안이 마련될 필요가 있다.

특히, 중소 · 영세 기업자들은 시장 규율이 작동하지 않는 상황에서는 징벌적 손해 배상 등의 피해 규제만으로 강자의 횡포를 방어하기는 불가능하므로 이들의 경쟁력 제고를 위한 적극적이고 체계적인 정책 마련이 필요하다.

2) 순환 투자 금지 및 해소 방안에 대하여: 지주사 도입 방안과 관련하여

재벌 폐해의 주요 요인으로 지적되어 온 순환 투자 관행을 해소하기 위해 다각적인 견해가 제시된 바 있다. 그리고 현재 분위기로서는 지주제 형식 중심의 순환 출자 해소 방안이 주류를 이루고 있다. 물론 이러한 정책을 정착시키기 위해서는, 첫째 신규 순환 투자는 금지하되, 둘째 기존 순환 투자는 의결권의 점진적 제한 방식을 단계적으로 시행함으로써 충격을 최소화시킬 것을 권고한다. 이하에서는 지주사 제도의 장단점에 대해 간략히 논의해 보고자 한다.

지주회사란 다른 회사의 주식을 보유함으로써 그 회사의 사업을 지배하는 회사라 볼 수 있다. 그런데 지주회사는 순수지주회사(○○○ holdings co.)와 자체적인 사업을 영위하면서 타사 주식을 소유(예: 에버랜드는 삼성생명 지분 상당 보유)하는 사업지주회사로 구분되기도 한다. 그리고 1987년 공정거래법 1차 개정 때는 경제력 집중 억제의 일환으로 순수지주회사 설립이 금지된 적도 있었다. 그러던 중 1997년 외환 위기 이후 다단계 출자 또는 순환 출자 구조에 비해 지주회사 제도를 비교적 단순하고 투명한 형태로 인식하면서 1999년 공정거래법 개정을 통해 순수지주회사 설립을 원칙적으로 허용하게 되었다.

2000년대 이후 지주회사로 체제 전환하는 회사가 늘어나고 있는데, 대표적으로는 LG, SK, 두산, CJ 등의 그룹을 들 수 있다. 현재 현행법상 자산 총액이 1,000억 이상이면서 총자산의 50% 이상을 자회사 주식으로 보유한 회사는 공정거래위원회에 지주회사로 신고해야 하는데, 지주회사는 부채 비율을 200%를 넘겨서는 안 된다. 이는 남의 돈이나 빚으로 계열사 지배를 허용하지 않겠다는 취지를 반영한 것이라 볼 수 있다. 뿐만 아니라 자회사에 대해서 일정 비율 이상(상장 자회사는 20%, 비상장 자회사는 40%) 지분을 보유할 의무 외에 순환 · 수평 출자 금지, 손자 회사 이상 다단계 출자 금지 등의 규제를 부과하고 있다.

미국의 경우 GE, Google과 같은 지주회사들은 자회사 지분율이 대부분 100%이고 이에 따라 자회사들은 모두 비상장이며 지주사만 상장하고 있는 데 반해 한국은 자회사 지분율이 최소 20%로 되어 있고 상장되는 경우가 일반적이다. 따라서 한국형 지주회사 제도는 다단계 출자 구조에 가깝다 볼 수 있으며, 지주사와 상장 자회사의 주주 간에 이해관계 상충이 있을 수 있다는 문제를 안고 있다. 물론 한국에도 미국과 같은 100% 자회사 체제를 가진 회사도 있다. 이들 대다수는 금융 지주사들이다. 신한 · 하나 · KB 등은 지주사만 상장되고 신한은행, 하나은행, KB은행 등은 각 지주사의 100% 자회사로 존재하고 있다.

그런데 이 시점에서 지주회사 제도로의 이행과 관련하여 보다 분명하게 짚고 넘어가야 할 사항이 있다. 전술한 바 있듯이, 지주회사는 원래 경제력 집중 시각에서 금지할 대상으로 평가되었던 적이 있다. 그러다가 기업 집단의 소유 구조가 단순하게 정리되자 책임성과 투명성 제고 관점에서 재벌 체제의 대안 중 하나가 될 수 있는 것으로 인식되기에 이르렀다. 그런데 재벌 체제의 특징은 지배 주주의 적은 지분과 절대적 지배력이 결합된 체제라 볼 수 있으며, 이러한 특성은 사실 지주회사로 전환되어도 별로 개선의 여지는 없는 것으로 판단된다.

더구나 위에서 언급한 바 있듯이, 한국의 상장사는 20%, 비상장사는 40%, 손자 회사는 100% 지분을 가질 수 있도록 하여 지주사의 본래 장점을 못 살리고 있어 지주사 체제로의 전환은 단지 지배 구조를 공식화해 준 셈이라는 비판도 일고 있다.

그렇다면 지주사 외의 재벌 대체 방안은 없을까? 논리상으로는 두 가지 대안이 있다. 그 첫 번째 대안은 완전 해체로 독립 기업들로 소유가 분산되는 방안인데, 한국에서는 실현 가능성이 거의 없다. 두 번째로는 일본식을 들 수 있는데, 이는 지배 주주를 완전 제거한 뒤 과거 소속사들이 상호 출자를 통해 그룹을 형성(관련사들을 소그룹화시킨 후 소그룹을 계열 그룹화)하는 방안이다.

그런데 이러한 방안은 자생적으로 정립되었다기보다는 전후 맥아더 사령부에 의한 일본 재벌 해체 정책에 기인하여 탄생된 것이다. 더구나 이러한 유형의 기업 집단에서는 실질적 소유권자나 지배적 주주가 없어 한국의 경우 외환위기 발생의 직접적 계기가 된 기아자동차(김선홍 회장) 사태와 같은 사건이 발생할 가능성이 상존한다. 이를 내부자 지배라고 하는데, 경영자 지배와는 또 다른 차원의 문제가 있는 것으로 분석되고 있다. 일본의 경우에서는 대주주에 의한 경영 규율을 은행이 맡음으로써 이러한 문제점을 부분적으로 해소(은행이 기관 투자가로서의 역할을 함)하고는 있지만 과연 한국에서 정착될 수 있는지는 의문이다.

또, 한 가지 지적해 둘 사항은 보통 재벌 구조란 오너 경영, 가족 경영 그리고 계열 경영 등으로 특징지으며 전문 경영과 독립 경영의 효율성과 대비시키곤 한다. 그런데 문제는 과연 전문 경영과 독립 경영이 반드시 재벌 구조보다 바람직한가에 대해서는 이론의 여지가 남아 있다.

한편, 한국 지주회사들이 해외 자본의 적대적 M&A 등으로 경영권을 위협받은 경우를 들어 보호 필요성이 제기되고 있는데, 원칙적인 논리라 하겠지만 일단 기업 가치를 강화해 나가는 것이 정석이라 할 수 있다. 또한 증자 시 보유자금이나 잉여 자금으로 경영권 방어를 위한 적극적 증자 참여도 또 다른 대안이 될 수 있다. 그리고 KT&G와 삼성전자 경우에 나타난 주주 행동주의는 엄밀히 말해서 적대적 M&A라고 보기는 힘들다. 물론 KT&G 경우처럼 전체 주식의 상당 수준(8-10%)을 매입한 다음 경영진에 압력을 행사하여 주가를 올린 후 매도하고 떠났던 사례에 비추어 보면 이러한 단기적 행동주의에 대응하여 방어할 수 있는 포이즌 필(poison pill),[1] 황금 낙하산(golden parachute),[2] 차등적 의결 제도[3] 등을 제한적으로 도입할 필요는 있다.

3) 금산 분리 강화 계획에 대하여

금산 분리 요구의 주된 논리는, 첫째 금융 산업을 소유하고 있는 대기업이 부당한 금융 지원을 강요할 경우 금융 회사 건전성이 저해될 수 있다는 점과, 둘째 금융 부실이 확산될 경우 국가적 금융 안정성까지 저해될 수 있다는 점이다. 그런데 미국에서는 금융사 자체 안에서 금융 안정성이 파괴되었다는 사실을 지적하면서 금융 부실이 금산 결합 때문이라 보기는 힘들다는 의견이 제시되기도 하였다. 그러나 이는 실물 부문이 계열 금융사와 독립적으로 사업을 운영해 왔기 때문이라 할 수 있으며, 지금까지의 사례를 미루어 볼 때 한국에서 그러한 결과가 보장될 수 있다고 보기는 어렵다. 물론 현재 한국에서는 사금고화가 최근 각종 법령 강화로 전에 비해 힘들어졌다는 의견이 제기된 바 있고, 또 근본적인 차원에서 볼 때 금산 분리로 경제력 집중 완화를 기대하기도 어렵다는 반론도 등장하였다. 또한 금융 안정성은 적절한 감독 강화를 통해 금산 분

1 기업의 경영권 방어 수단의 하나임. 적대적 기업 인수나 합병 시 경영권 침해를 방지하기 위하여 기존 주주들에게 시가보다 싼 가격으로 지분을 매입할 수 있게 하는 제도이다.
2 인수 대상 기업의 최고경영자에 대한 각종 보수를 매우 높게 책정하여 기업 인수자에게 큰 비용을 전가함으로써 적대적 기업 인수 · 합병을 방어하려는 제도이다.
3 기존 경영진 및 최대 지주가 실제 보유한 지분율보다 더 큰 의결권을 갖게 하는 제도이다.

리 강화 없이도 실천 가능하다는 논리 또한 설득력을 갖고 있다. 그럼에도 불구하고 아직 한국적 실정에서 금산 분리를 허용해야 할 동인도 약하고 이를 위반하는 행위를 제대로 감독하기도 어려울 것으로 판단된다. 금산 분리를 허용해도 될 만한 기업 윤리가 정립되기까지는 상당 기간이 소요될 것으로 보인다. 그러나 금산 분리 원칙을 고수한다면 역시 차후의 투자 행위와 관련하여서는 금산 분리 원칙을 강화하더라도 기존의 투자는 시간을 두고 단계적으로 해소해 나가는 경과 규정을 두어 충격을 최소화할 필요가 있다.

제 6 장

한국 경제의 발전 과제 Ⅲ: 복지의 증진

경제 발전의 마지막이자 궁극적 구성 항목은 복지의 증진이다. 현 시점에서 한국은 이 문제를 어떤 관점을 가지고 접근해야 하는 것이 바람직할지에 관한 문제를 중심으로 저출산 고령화 문제와 기본소득제 등에 관해 논의해 보고자 한다.

제 6 장

한국 경제의 발전 과제 Ⅲ: 복지의 증진

1. 복지 사회 건설은 어떤 관점에서 접근할 것인가?

'요람에서 무덤까지'라는 슬로건은 1942년 영국의 경제학자 윌리엄 베버리지(William Henry Beveridge, 1879-1963)가 제창한 법안의 내용으로써 현대 영국 사회 보장 제도의 근간이 되었다. 이는 사회 보장 본연의 자세를 단적으로 나타낸 표현이라 할 수 있다. 즉, 출생에서 사망까지의 전 생애 중에 예측 가능한 사고에 대해 국가가 최저 한도의 사회 보장 책임을 진다는 것을 나타낸 것으로 국민의 기본적 생활 수준 유지를 목표로 여러 제도를 통합했다. 육아에 들어가는 비용을 부담해 주는 것은 물론 실업, 질병, 은퇴 등 소득 상실에 대비한 포괄적 사회 보장 제도이다. 이후 사회 복지의 자세를 나타내는 용어로 각국에서 사용하고 있으며, 스웨덴에서는 이 말을 다시 수정해 '태내에서 천국까지'라고 표현하고 있다.

이상과 같은 복지 사회 건설은 더 이상 추가 설명이 필요 없을 정도의 포괄적 목표라 할 수 있다. 그러나 우리나라는 이러한 사회 건설에 앞서 시급히 해결해야만 하는 과제가 산적해 있다. 바로 각종 불균형의 시정 문제이다. 이는 누차 언급한 바 있듯이 한국의 발전 전략이 불균형적 성장 방식을 오랫동안 운용해 오는 과정에서 초래된 것이라고 볼 수 있다. 소득의 불균형과 양극화 문제를 필두로 수출 부문과 내수 부문 간, 대기업과 중소기업 간 그리고 정규직과 비정규직 고용 간의 불균형이 바로 그것이다.

그러나 이 두 과제, 즉 불균형과 복지 향상은 별개의 문제가 아니라 함께 다루어질 수 있는 과제이며, 수동적으로 접근한다면 자본주의의 한계점을 시정한다는 차원에서, 그리고 능동적으로 접근한다면 가장 바람직한 복지 사회의 건설 방안을 모색한다는 차원에서 논의할 주제라 여겨진다.

따라서 이러한 목표를 추구하자면 많은 제도의 도입과 개선이 필요해지는데, 이 과정에서 특히 유의할 사항은 모든 제안이 경제적 효율성을 무시한 채 형평성과 복지 향상에만 맞추어진다면 이는 지속 가능하지도 못하고 현실적으로 실현 가능하지도 못할 수 있다는 점이다. 이러한 관점에서 두 가지 과제를 현실적이고 합리적으로 추구할 수 있는 접근 방안이 바로 본서가 제시한 신공급중시 경제 종합 분석 논리이다.

그러나 이 모형에 근거하는 정책들은 기본적으로 그 성과가 장기에 걸쳐 나타날 수 있다는 점과 그 실현 자체가 각계각층의 이해관계 대립으로 인해 쉽게 이루어지기는 어렵다는 사실에 유념할 필요가 있다. 일찍이 케임브리지학파의 창시자로서 근대 경제 이론의 정립에 획기적인 업적을 남긴 알프레드 마셜(Alfred Marshall: 1842-1924) 교수는 그의 주 저서인 *Principles of Economics*(1890)에서 '자연은 비약하는 법이 없다'라는 대전제를 제시한 바 있다. 따라서 세상은 단지 점진적으로만 개선될 수 있다는 메시지를 던진 것으로 이해할 수 있는데, 후세 학자들이 이를 '진화론적 경제 이론'이라 하였다. 무엇이든 확 바꿔버리자며 즉각 그 효과가 나타날 것처럼 국민을 호도하는 정치인들이 특히 귀기울여야 할 금과옥조 같은 가르침이다.

자신의 잠재력을 여한 없이 시현할 수 있는, 그러나 공동의 이익과 공동 사회의 정의가 지켜질 수 있는 사회, 그리하여 자유와 평등 그리고 사회 정의가 살아 숨 쉬는 사회 속에서 인간의 존엄과 가치가 존중되는 행복한 사회의 구현을 목표로 참을성 있게 힘을 모아 나가야 할 것이다.

2. 저출산과 노령화 문제, 어떻게 대처할 것인가?

최근 저출산 노령화 추세의 고착으로 한국 경제의 잠재 성장력이 점감하면서 미래를 어둡게 하고 있다. 경제가 성숙기에 진입하면서 특히 여성들의 경제활동률 증가, 자녀 출산율 저하 등으로 이어지는 문제가 발생하였기 때문이다.[1)] 이러한 추세는 특히 대가족 제도의 소멸과 핵가족 제도의 증가, 사회 보장 제도 등 복지 제도의 개선 등과 맞물리면서, 인구증가율의 감소와 노령화(즉, 경

1 주지하는 바와 같이 인구는 수렵 및 농본 사회에서는 증가했었다. 그리고 노동력 자체가 생산의 가장 중요한 요소였다. 그리고 아직도 세계 인구는 증가 중이다. 특히, 저개발 단계 국가에서 그러한데 자녀의 수가 많을수록 가계 단위의 경제력이 안정적이기 때문이다. 또한 저개발 단계에서는 여전히 대가족 제도가 일반적이다.

그러나 어느 정도 경제 발전이 이루어지면 격화된 국내외 경쟁에서 살아남기 위해 비용을 줄여야 하고 부부가 함께 일하지 않으면 가계 유지가 힘들거나 부의 축적이 힘들어지는 현상이 발생한다. 그런데 부부 중심의 핵가족 제도는 자녀 출산 및 육아를 매우 힘들게 하므로 결국 출산율 감소로 나타난다. 바로 이러한 이유로 인해 선진화 단계 또는 경제 발전 단계의 성숙기에 이른 국가들에서는 저출산 현상이 일반화되어 왔다.

제 활동 인구 비중 감소)를 초래함으로서 국가의 잠재성장률 자체를 저하시키는 결과를 초래하였다.

문제는 2008년 국제 금융 위기를 전후하여 자리 잡은 한국 경제의 저성장 기조의 원인 중 하나로 꼽히는 고령화 문제는 단기적으로 해소되기가 거의 불가능하다는 사실이다. 단지 부단히 노력할 경우 장기적으로 다소 완화시킬 수 있을 뿐이다. 지금 추세라면 2050년경에는 노인 인구 비율이 40%에 이를 것으로 추정되고 있는데, 만일 이러한 추정 결과가 현실로 이어진다면 한국 경제의 미래는 매우 비관적일 수밖에 없다. 이러한 일반론적 추세로 인해 한국도 인구 피라미드가 그림 6-1과 같이 변모할 것으로 예상된다.

뿐만 아니라 표 6-1에서 볼 수 있듯이 경제 활동 연령대(15-64세) 비중이 2017년에 73.1을 기록한 후 앞으로는 계속 감소해 나가는 추세를 보인다는 문제가 있다. 더구나 그 비중의 감소 속도는 점차 빨라져서 2040년에는 56.4, 그리고 2060년에는 49.6까지 하락할 것으로 추정되고 있다. 그리고 그림 6-2에서처럼 2017년부터는 이른바 '인구 오너스'(demographic onus) 현상이 시작됨을 알 수 있다.[2)]

여하튼 최근 한국에서 급격한 고령화가 진행되는 것은 의학의 발전과 국민 건강의 제도적 기반이 향상되어 온 것에 힘입은 바도 있지만(기대수명은 1970년에 62.27세였던 것이 2000년에는 76.01세, 그리고 2015년에는 82.06세로 높아졌음) 가장 원천적인 원인은 바로 저출산에 있다고 볼 수 있다. 1970년에 4.53에 이르렀던 합

2 인구 보너스(demographic bonus)는 전체 인구에서 차지하는 생산연령 인구(15-64)의 비중이 증가하여 노동력과 소비가 늘면서 경제 성장을 이끄는 것을 말하며, 인구 오너스는 전체 인구에서 차지하는 생산연령 인구의 비중이 하락하면서 노동력과 소비가 줄어들어 경제 성장이 지체되는 것을 의미한다.

그림 6-1 인구피라미드 변화

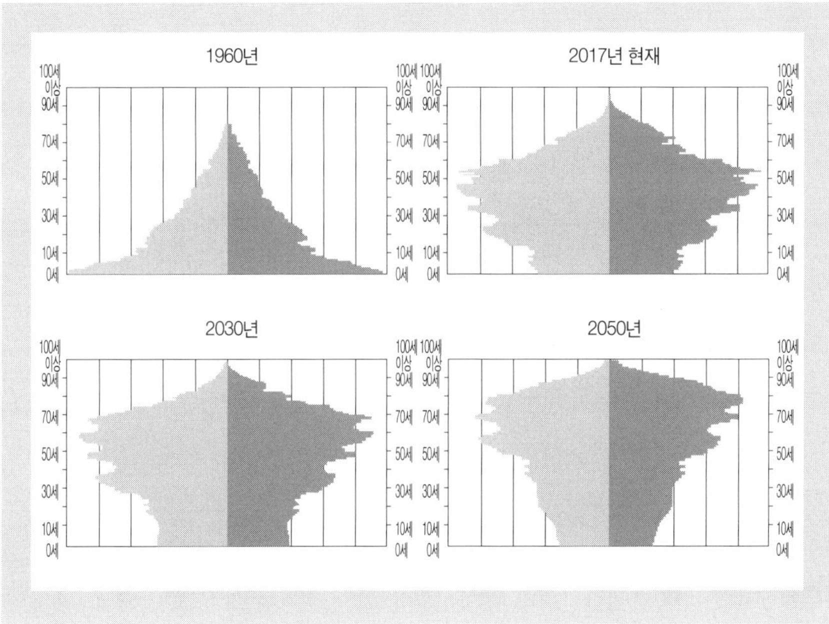

자료: 통계청.

표 6-1 연령별 인구 구성비

(단위: %)

구분		1960	1970	1980	1990	2000	2010	2017	2020	2030	2040	2050	2060
인구수	0-14세	10,588	13,709	12,951	10,974	9,911	7,979	6,751	6,574	6,109	5,647	4,716	4,265
	15-64세	13,698	17,540	23,717	29,701	33,702	36,209	37,620	37,266	33,878	29,431	25,905	22,444
	65세 이상	726	991	1,456	2,195	3,395	5,366	7,076	8,134	12,955	17,120	18,813	18,536
구성비	0-14세	42.3	42.5	34	25.6	21.1	16.1	13.1	12.6	11.5	10.8	9.5	9.4
	15-64세	54.8	54.4	62.2	69.3	71.7	73.1	73.1	71.7	64.0	56.4	52.4	49.6
	65세 이상	2.9	3.1	3.8	5.1	7.2	10.8	13.8	15.6	24.5	32.8	38.1	41.0
	계	100	100	100	100	100	100	100	100	100	100	100	100

자료: 통계청.

그림 6-2 연령별 인구 구성비

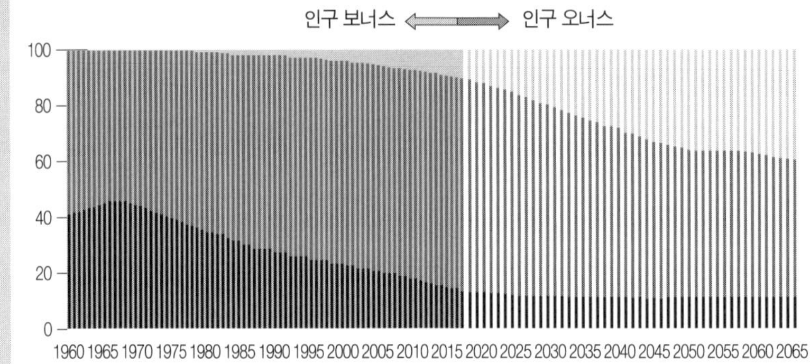

자료: 통계청.

계출산율은 2000년에는 1.467, 그리고 2013년에는 1.187까지 떨어졌다. 그런데 저출산은 젊은 연령층의 상대적 비율을 낮추어 고령화를 재촉하기도 하지만 총인구 자체의 감소를 초래한다는 보다 심각한 문제를 낳고 있다.

2010년 통계청에서 실시한 인구 센서스에 기초하여 작성된 장래 인구 추계에서는 총인구가 2030년경에 5,200만 명 정도로 정점을 찍은 후 감소할 것이라 한다. 그리고 유엔 미래 포럼에 따르면 한국의 인구는 출산율을 1.10으로 시뮬레이션하였을 때 2040년부터 인구 예측 포물선이 급격히 하강하여 2050년 3,400만 명을 기록하고, 2100년경에는 1,000만 명, 그리고 2300년경에는 한국인이 소멸된다는 계산이 나온다고 한다. 물론 외국인 근로자와 결혼 이민자 그리고 탈북자의 유입이 이를 다소 완화시킬 수는 있겠지만 근본적인 대책이 될 수도 없

그림 6-3 합계출산율 추이

(단위: %)

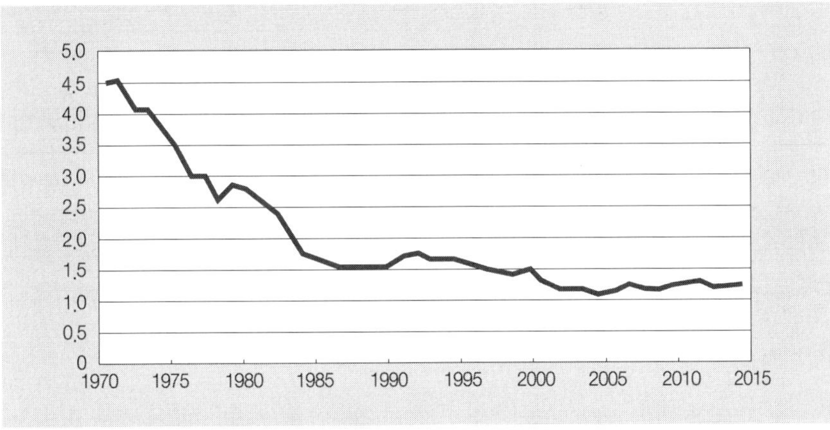

자료: 통계청.

고 노동력 자체의 질적 저하 문제를 유발하게 된다는 과제를 안고 있다. 결국 출산율을 높이지 않고는 다른 방법이 없다.

물론 세계에서 가장 높은 수준의 인구 밀도를 갖고 있는 한국에서 인구 감소가 무슨 문제인가라는 반론이 제기될 수도 있다. 그리고 비록 상대적으로 낮은 실업률(공식적으로는 3%대)을 유지하고는 있다. 그러나 OECD 회원국 중 고용률이 가장 낮은 국가군에 포함되고 있다는 데 문제가 있다. 게다가 높은 청년 실업률, 낮은 여성 경제 활동 참가율 그리고 중 · 고령 남성의 일자리 부족 등의 현상을 감안해 본다면 현재 한국은 노동력 과잉 국가임에 틀림이 없다.

그러나 문제는 노령화의 급속한 진전은 노동력의 질적 저하를 초래한다는 점이다. 이 문제 또한 출산율을 높이는 방법 외에는 달리 방안이 없다고 할 수 있다. 특히, 2010년대부터 노동 시장을 이탈하기 시작한 베이비붐 세대(1955-

1974)가 2030년대 말경에는 노령 인구로 이동하게 되므로 2040-2060년 기간에는 양질의 인구 부족 현상이 극심해질 수밖에 없기 때문이다. 즉, 2040년까지는 여성, 청소년, 중 · 고령층의 경제 활동 참여율을 높여 가면서 노동력 부족을 어느 정도 완화시켜 나갈 수도 있지만 그 이후는 지금부터 출생아 수를 늘려 나가 대비하지 않는 한 (지금 출생하더라도 2040년경에야 노동 시장에 진입) 잠재적 성장을 담보할 양질의 노동력 확보는 불가능해질 것이다. 현재의 저출산 · 고령화 추세를 방치할 경우 한국의 고령화는 2030년에는 세계 10위, 그리고 2050년에는 2위 (일본 다음)가 될 것으로 전망된다.

이제 저출산 문제를 먼저 경험한 선진국들의 저출산 정책의 성과를 잠시 살펴보기로 하자. 특히, 미국, 영국, 아일랜드, 프랑스, 스웨덴, 노르웨이, 호주, 뉴질랜드 등 서구 및 북유럽 국가들이 성공적이었는데 1.5 정도로 하락했던 출산율을 2.0 수준으로 끌어올리는 데 성공하였다. 이는 저출산 문제를 적극적으로 해소할 만한 경제력을 가지고 있었기 때문으로 분석되고 있다.[3]

여기서 잠시 유럽 국가 중 출산 정책에 가장 선도적인 역할을 담당해 온 프랑스의 출산 장려 정책을 살펴보자. 현재 출산율 2.1로 유럽 국가 중 가장 높은 출산율을 시현한 프랑스 출산 정책의 기본 취지는 '임신과 출산이 여성의 직장 생활에 전혀 장애가 되지 않도록 제도적 장치를 마련하고 운영한다'는 것이다. 구체적 지원 내용의 일부를 소개하면 다음과 같다.

3 한편, 저출산 문제를 극복할 만한 정부의 재정 능력이 상대적으로 약한 후발 선진국 내지 중진국들인 스페인, 이탈리아, 그리스, 폴란드, 체코, 헝가리 등의 동유럽 및 남유럽 국가의 출산율은 1.0-1.5 수준에서 머무르고 있으며 일부 국가에서는 반등세까지 보이고 있다. 그러나 한, 중, 일, 대만, 싱가포르, 타이완 등의 동아시아 국가들은 1.0-1.5 수준에서 정체된 채 헤어나지 못하고 있다.

첫째, 임신 및 출산 기간 중 발생하는 검사, 진찰, 출산, 입원비를 정부가 전액 지원한다.

둘째, 출산 시 약 100만 원 상당의 보조금을 지급하고, 아이가 3세 될 때까지 매월 약 20만 원 정도의 양육비를 지급한다.

셋째, 16주 동안의 출산 휴가를 주되 이 기간 중 임금과 직장을 보장한다.

넷째, 둘째 아이 출산 시에는 1년간 유급 휴가를 준다.

다섯째, 셋째 아이를 키운 여성은 직업을 안 가져도 퇴직연금을 받을 수 있게 한다.

여섯째, 아빠에게도 2주간 출산 휴가를 준다.

일곱째, 아이가 많을수록 더 많은 세금, 교통, 문화비, 그리고 장학금 혜택을 준다.

여덟째, 동거 커플에게도 부부와 같은 혜택을 준다.

아홉째, 3세부터 대학 졸업 시까지 공교육은 무상으로 한다.

열째, 기업들도 이러한 정부 시책에 적극 협력하도록 독려한다.

얼핏 보아도 우리나라에서는 적어도 당분간은 실현되기 어려운 실로 꿈과 같은 선진 출산 정책이다. 그런데 유럽에서는 이미 스웨덴, 노르웨이 그리고 핀란드 등 북유럽 국가들을 중심으로 프랑스와 유사한 출산 장려 정책이 시행되고 있고 차후 더 많은 국가로 확산될 것으로 보인다. 그 중 노르웨이는 양성 평등 정책에 기초하여 결혼, 상속, 육아 및 출산 정책을 총괄적으로 수행해 나가고 있다는 사실이 특기할 만하다.

물론 이들 국가는 인구가 우리나라에 비해 매우 적고(우리나라의 한 도시 수준에 불과) 국민들이 여러 가지 측면에서 볼 때 동질적인 사회여서 높은 담세율 등에 관한 사회적 합의를 끌어내는 것이 상대적으로 수월했으리라 판단은 된다. 그러나 이들 국가가 한국과 결정적으로 다른 것은 정치권의 부패가 원천적으로 해소되었고 따라서 국가 정책이 매우 합리적으로 수립되고 운영될 수 있다는 점이다. 따라서 이러한 차이점을 무시한 채 단지 정책 내용이 좋아 보인다고 해서 그대로 도입만 하면 성공할 수 있다는 착각에 빠져서는 안 될 것이다.

그렇다면 지금까지 주로 활용해 온 일회성 출산 보조금 지급 등만으로 저출산 문제가 해소될 수 있을까? 이하에서 살펴본 선진국들의 저출산 정책의 내용을 보면 알 수 있듯이 현재의 한국의 저출산 정책은 실효를 거두기에는 턱없이 미약하다. 적어도 핵가족화에 따른 젊은 부부들의 자녀 출산 및 보육 그리고 교육 비용을 일정 연령에 도달할 때까지 제도적으로 보장해 주는 방안이 반드시 마련되어야 할 것이다. 그리고 남성이 가정과 사회에서 육아와 가사에 적절히 협력하는 가족 문화를 정착시키는 노력도 필요하다. 그리하여 일과 가정을 양립시킬 수 있는 환경을 조성함으로써 여성의 사회 참여와 자아실현 의지가 육아로 인해 저해되는 것을 완화 내지 예방해 줄 필요가 있다. 그러나 무엇보다 중요한 것은 여성이 출산 및 육아로 인해 자신의 경력을 유지 · 발전시키는 데 전혀 불리함이 없도록 실질적인 양성 평등화 사회를 정착시키기 위한 장기적인 정책을 정립해 나가는 일이다.

베이비부머 세대 이후 등장한 이른바 에코(echo) 세대(1979-1992)들은 일을 통한 만족을 추구하는 경향이 강한데다 출산으로 인한 정신적 · 물질적 부담이 커서 결혼 자체를 회피하거나 늦추고 결혼을 해도 출산에 소극적인 태도를 보이고 있다. 뿐만 아니라 이들 세대의 결혼 및 출산 기피 현상을 가속화시킨 원인 중 하나로 부동산 문제가 자리 잡고 있음에 주목할 필요가 있다. 따라서 부동산 소유보다는 장기 임대 위주로 부동산 시장을 안정시켜 나가는 일 또한 에코 세대의 결혼 및 출산 기피 현상을 완화시켜 줄 수 있는 또 하나의 필수 고려 사항이라 하겠다.

위에서 지적한 바 있듯이 노령화 문제는 특히 저출산 현상으로 인해 가속화되고 있으며 한국 사회의 큰 부담으로 자리하게 되었다. 그렇지만 노령화란 경제 발전과 더불어 나타나는 일반적 현상으로 단지 정도와 속도에 차이가 있을 뿐이다. 물론 노령화에 따른 사회 복지 비용의 증가가 부담이 되는 것은 사실이지만 노인층의 복지 문제는 한국이 선진 사회로 진입하는 데 가장 중요한 과제로 인식하는 태도가 필요하다.

노인 복지 문제와 관련하여 또 한 가지 지적해 두고 싶은 사항은 핵가족화가 진행되어 오는 과정에서 전통적인 대가족제 하에서는 불문율로 자리 잡고 있었던 부모에 대한 부양 의지가 점차 소멸되어 가고 있다는 사실이다. 뿐만 아니라 노령층 스스로 자식들에게 부담이 되지 않겠다는 의지가 강해졌다. 그러나 현재의 노년 세대들은 평생을 오직 자녀 교육과 가족 및 부모 부양에 헌신하는 것을 가장 소중한 가치로 살아왔기 때문에 모아둔 재산도 부족하고 다시 직장을 얻기도 어려워 새로운 빈곤층으로 전락해 버리고 말았다. 특히, 이러한 현상은 외환 위기와 국제 금융 위기를 거치며 가속화되었다. 그런데 이렇게 인구 비중이 점증하고 있는 노령층의 빈곤화는 결국 소비 수요의 감소와 저성장의 원인까지 제공하게 되었다. 이른바 노인 빈곤층 비율은 한국이 OECD 국가 중 최상위를 기록(50%)하고 있다는 사실에 주목할 필요가 있다. 이들 계층에게 적절한 재훈련을 통해 취업 기회를 알선해 주는 일은 물론 각종 연금보험 및 노령 건강보험 제도를 개선하는 등 사회 안전망을 확충하는 일은 국민적 관심사가 되어야 할 것이다. 물론 노령층의 복지 증대가 궁극적으로 소비 수요와 경기 활성화로 이어질 수 있도록 제도를 보완해 나가는 데에도 지혜를 모아야 한다.

현재의 노년층은 부모에 대한 무한 책임을 당연시해 왔고 자녀에 대한 양육에도 지나칠 정도로 헌신적이었던 세대라 할 수 있다. 반면, 주로 한 자녀 가정에서 자라난 에코 세대들은 자기 주장이 강하고 자신의 이해에 민감하며 삶의 추구 방식에 있어서도 주관적인 사고가 강하다. 따라서 결혼과 출산을 필수적이라고 생각하는 비율이 상당히 낮다. 그런데 만일 이러한 에코 세대들의 혼인 및 출산 기피 현상이 지속된다면 이들 세대가 노년기에 다다를 때는 노인 복지 문제가 더욱 심각해질 것임은 불을 보듯 훤한 사실이다.

그리고 핵가족화는 피할 수 없는 추세이지만 저출산의 주원인이 되고 있는 육아 문제와 노령층의 빈곤화 문제는 상황에 따라 유연하게 융합적으로 접근할 경우 상생(win-win)할 수 있는 결과를 가져올 수도 있다. 예컨대, 노년층이 가족 중심이든 사회 중심이든 간에 출산 및 육아에 도움을 줄 수 있는 사회 복지 제도를 도입하여 운용하는 방안을 들 수 있다.

네안데르탈인은 덩치도 크고 두뇌 크기도 현 인류에 준할 만큼 컸으나 개인주의적이고 핵가족 중심이어서 가족 간 약육강식 과정을 거치며 공멸하면서 결국 여러 가지 면에서 열등했던 호모사피엔스(두뇌 크기나 신장이 상대적으로 작았음)에게 인류 사회 발전의 주도권을 넘겨주고 말았다. 즉, 대가족제를 유지하면서 노년 세대의 지혜를 수용하고 가족 구성원 간 협력을 기본 가족 질서로 삼았던 호모사피엔스가 주도하는 인류 사회로 전환되었던 사실은 시사하는 바 크다 하겠다. 예전과 같은 대가족제로의 회귀는 불가능하겠지만 두 세대가 상생할 수 있는 제도를 다각적으로 모색해 볼 필요가 있을 것이다.

3. 현 시대가 요구하는 복지 정책의 방향은 무엇인가?

분배를 개선하고 형평을 제고함과 동시에 복지를 향상시키는 일은 소극적으로는 자본주의가 가지고 있는 태생적 한계성, 즉 소득 불평등을 완화시키기 위해서, 그리고 적극적으로는 효율과 형평이 동시에 추구될 수 있는 복지 국가를 건설하기 위해서 필수적인 과제가 되고 있다.

흔히 복지 국가란 국민들의 행복을 가로막는 사회적 위험을 해결하기 위하여 사회 보장 정책 등을 통해 국민 복지를 극대화하는 국가라 부른다. 이러한 복지 국가는 국민들의 경제적 안정을 도모하고 소득 불평등 및 빈곤 문제 등을 퇴치하기 위한 여러 가지 대책을 마련하여 활용하고 있다. 물론 궁극적으로 지향하고자 하는 복지 국가 유형은 사회 복지 서비스와 소득 보장 제도가 잘 발달된 스웨덴 · 노르웨이 · 핀란드 등에서 시행되고 있는 사회 민주주의형 복지 국가가 될 수도 있다. 이 경우 경제 주체들은 고율의 세금 부담을 감내할 합의된 의사가 있어야 한다.[4)]

사회 보장 제도는 사회 복지 제도 또는 사회 안전망이란 용어로 불리기도 한다. 그리고 이는 노령 · 질병 · 실업 · 산업 재해 그리고 빈곤 등 국민들이 처할 수 있는 사회적 위험으로부터 국민을 보호하기 위한 사회 보장 제도라 할 수 있다.

여하튼 일반적으로 사회 보장 제도는 사회 보험, 공공 부조, 사회 복지 서비스로 구분된다. 사회 보험이란 정부에 의해 강제되는 보험 제도로서 대표적인 것으로 노후 보장을 위한 국민연금 제도, 질병 치료를 위한 의료 보험 제도를 들 수 있다. 물론 이 밖에도 산업재해보상보험 제도와 고용보험 제도도 현대적 복지 국가의 필수적 사회 보장 제도로 정착되고 있다. 한편, 경제적 능력이 없는 빈곤 계층의 국민들에게 최저 생활을 보장함과 동시에 자립을 지원하는 제도로서의 공공부조가 현대적 사회 보장 제도의 또 하나의 근간을 이루고 있다. 그리고 마지막으로는 노인과 장애인 그리고 아동 및 여성 등의 복지 향상을 위한 제반 상담, 직업 소개, 복지 시설 제공 등을 정부 지출로 감당하는 사회 복지 서비스 제도를 들 수 있다.

이상과 같은 제도들은 기본적 생활의 보장과 빈민층의 경제적 불안 해소 그리고 소득의 재분배 등을 통하여 안정적 생활을 영위할 수 있도록 하는 것으로 조세 기능을 통한 소득 분배 개선, 낙오한 계층의 기본 생계 보장, 노령 및 질병, 그리고 실업과 산업재해로 인한 어려움을 완화시키는 사회적 장치이다. 그러나 국민 복지 증진은 이러한 전통적 사회 복지 제도의 정착 외에도 근로 능력

4 그러나 대다수 국가들은 개별 경제 주체들의 책임과 의무를 동시에 강조하는 미국형 자유주의 복지 국가를 목표로 하고 있으며, 한국도 바로 이러한 범주에 속한다고 볼 수 있다.

과 의사가 있는 사람들에게 일할 기회를 만들어 주고, 동시에 국민들의 근로 능력 향상을 위한 인력 개발 투자를 확대하는 보다 적극적인 정책을 추구함으로써 비로소 건전한 복지 국가를 건설할 수 있다는 사실을 다시 한 번 강조해 둔다. 이하에서는 최근 보편적 복지 제도의 한 유형이라 볼 수 있는 기본소득제에 대하여 간략히 논의해 보고자 한다.

4. 기본소득제 도입의 현실성 및 타당성 확보는 가능한가?

기본소득제란 소득과 자산 수준, 직업 유무에 관계없이 전 국민에게 일정 금액을 지급하는 것을 말한다. 일정 수준 이상의 생계를 보장함과 동시에 이를 통해 내수 경기 활성화에도 기여할 수 있다는 취지로 제안된 것이다. 그러나 기본적으로는 국가 재정에 부담을 주고 노동 의욕을 떨어뜨릴 것이란 우려가 있다.

프랑스 경제철학자 앙드레 고르(André Gorz: 1923-2007)가 자신의 저서인 『경제이성비판』에서 '기술이 발전하면 생산 과정에서 노동이 차지하는 비중은 점차 감소하기 때문에 앞으로 노동 소득만으로는 생계를 유지하기 점점 어려워질 것'이라 예측하면서, 이 문제를 해결할 대안으로 기본소득제를 제시한 것이 효시가 되었는데, 경제적 무기력증과 저성장을 이전에 경험한 유럽에서는 일찍이 1980년대부터 일부 좌파 정치 세력을 중심으로 기본소득의 도입에 대한 논의가 본격적으로 시도되어 왔다.

마침내 2017년 1월 1일부터 핀란드에서 세계 최초로 기본소득제를 운영하게 되었는데, 실업자 2,000명을 임의로 선정해 향후 2년간 매월 560유로(약 71만 원)의 기본소득을 지급하기로 결정했으며, 성공적으로 평가되면 기본소득 지급 대상을 프리랜서나 소상공인, 임시직 근로자 등 저소득층으로 확대할 계획이라 한다. 핀란드가 기본소득을 지급하기로 결정한 것은 실업 수당 등 기존 복지 제도가 국민의 근로 의욕을 떨어뜨려 실업 해소에 도움이 되지 못한 반면 복지 비용을 증대시켰기 때문이다.

한편, 2016년 6월 스위스에서는 재정 부담을 우려한 국민이 기본소득 도입을 부결시키기도 했다. 복지를 확대하면 결국 증세로 이어진다는 점에 대한 반감이 컸기 때문으로 분석됐다. 그리고 네덜란드는 2017년부터 위트레흐트 시 등에서 개인 기준 월 972유로(약 120만 원)의 기본소득을 주는 시범 사업에 들어간다.

미국과 영국에서도 시민 단체와 야권을 중심으로 기본소득에 대한 제안이 나오고 있지만 아직 구체적인 논의 단계에 들어가지 못한 상황이며 미국에선 2016년 대선에 나섰던 버니 샌더스 민주당 경선 후보가 소득 보장에 대한 제안을 시도한 정도이다.

최근 한국에서도 대통령 선거를 앞두고 기본소득제 도입에 관한 논의가 가열되고 있다. 일단 솔깃하게 귀를 기울이며 반길 유권자층이 상당수 있으리라 믿는다. 그러나 지나친 포퓰리즘이라는 비판 또한 거세다. 이 제도는 결국 지나친 재정 복지 비용을 유발시켜 궁극적으로는 조세 부담을 증대시킬 것이라고 인식되고 있기 때문이다. 뿐만 아니라 노동 의욕마저 감퇴시킬 가능성이 높아 경제 성장에도 부정적 효과를 미칠 것이라는 반론도 제기되고 있다.

이러한 반대 의견에 대해서 기본소득제 주창자들은 우선 이 제도가 기존의 잡다한 복지 제도를 대신하여 통합된 제도로 정립될 경우 재정 부담 증대 폭은 많이 완화될 수도 있다는 주장을 펴고 있다. 뿐만 아니라 유효 수요 창출로 민간 소비를 증대시킴으로써 경기 활성화는 물론 소득 불평등 해소에도 도움이 된다고 항변하고 있다.

그러나 단순히 기본소득제를 도입하여 유효 수요를 창출하는 방안이 국민경제를 활성화시키거나 산업 구조를 고도화시켜 국가 경쟁력을 신장시키는 방향으로 연계되기는 어렵다. 더구나 같은 규모의 비용으로 도모할 수 있는 여러 가지 선택 중 성장 잠재력 확충 방안으로는 부적절하다는 평가가 중론을 이루고 있다.

반면, 이 제도를 자본주의 차원을 넘어 경제 민주화라는 패러다임 측면에서 접근한다면, 즉 경제 효율성보다는 사회적 형평성 향상이라는 이념적 차원의 접근이라면 이해는 할 수 있다. 효율성을 다소 희생시키더라도 형평성을 상대적으로 중시하는 원칙이 사회적으로 선택될 경우도 있기 때문이다. 이러한 이유로 북유럽 3국 등에서 이 제도가 도입되고 있는 것이다. 물론 이들 국가는 인구 규모도 작고 국민들의 지적 수준이 상당히 동질적일 뿐만 아니라 무엇보다도 정부와 관료 사회가 국민들로부터 전폭적으로 신뢰를 받을 만큼 공정성을 유지하고 있기에 가능한 것이어서 과연 한국이 이 제도를 현 시점에서 제대로 수용하고 합리적으로 운용할 수 있을지에 대해서는 숙고할 필요가 있다.

여하튼 최근 주목을 받아 온 이른바 '경제 민주화'[5] 차원에서 보면 기본소득제 도입이 적어도 논리적 근거를 찾을 수는 있다. 진정한 경제 민주화에 절대적인 조건 중의 하나인 '모든 국민이 평등하게 태어나야 한다'라는 명제가 현실화되기 위해서는 기본소득제를 통해 기초 자산(initial endowment) 내지 기본적 경제 수요(basic needs)를 보완해 줄 필요가 있다는 것이다. 물론 경제 민주화란 이뿐 아니라 기회의 균등, 소유 및 경영 참여의 확대, 복지의 증진 등이 함께 추구되어야 할 이데올로기이며, 이것을 본격적으로 추진할 경우 이는 자본주의 영역을 벗어나는 것임에 유념할 필요가 있다.

일단 현 시점에서 경제 민주화는 효율성 위주의 자본주의가 초래한 여러 폐단을 제거하여 모든 국민의 최저생활 보장 및 형평의 개선을 위한 제도 개선 정도로 인식할 필요가 있다. 이를 위해 모든 국민이 인간다운 삶을 누릴 수 있도록 국가가 경제적 기본 인권을 보장(출산, 육아, 교육, 취업, 주거, 건강 등에 관한 여건 개선 및 기회 균등 여건 강화, 사회 보장 및 사회 복지)하고 경제 활동에서 근로자들이 이익 분배나 기업의 의사결정에 참여할 수 있는 권리를 보장(노동 주권, 산업

---

5 경제 민주화란 본래 자본주의 시장경제 체제 하의 개념은 아니다. 가장 정통적인 그리고 원천적인 개념은 Takis Fotopolous에 의해 설정되었는데 그 핵심 내용은 다음과 같다. 첫째, 아테네의 직접 민주주의 실패는 제한된 구성원(여성과 노예 제외)만의 참여에 기인한 바도 있지만 보다 근본적으로는 경제의 민주화 결여에 있다고 보았다. 둘째, 이러한 문제 해결을 위해 국가와 화폐, 시장경제가 없는 그러나 노동자들이 자주 관리하는 사회를 대전제로 하되 포괄적 민주주의와 경제 민주화를 실현해 나갈 것을 주창하였다. 셋째, 경제 민주화의 핵심은 소유와 부의 균등(equity both in ownership and wealth)이라 본 것이다. 반면, 2012년 10월 11일부터 14일까지 미국 위스콘신 주 메디슨 시에서 개최된 '경제 민주화'에 대한 학술대회에서는 다양한 개념이 제시되기도 하였다. 현재까지 논의를 바탕으로 작성된 백과사전에서는 자본주의 시장경제와의 연계 속에 개념이 다음과 같이 정의되고 있다. 경제 민주화는 법인 주주보다는 노동자, 소비자, 공급자, 이웃 그리고 보다 넓은 공적 영역을 포함하는 대규모 공적 주주들에 대한 의사결정력의 확대를 그 목적으로 하는 사회경제 철학이다. 그리고 가장 주목을 받고 있는 현실적 실천 방안의 예로서는 달(Robert Dahl)의 협동조합주의론(Cooperatism)이 주목을 받고 있다.

한편, 한국에서는 정치권을 중심으로 경제 민주화 개념을 순환 출자 해소와 금산 분리법 강화를 중심으로 하는 재벌 개혁 정도로 이해하고 있으며 이와 관련해 헌법 제119조가 자주 인용되기도 한다. 그리고 1980년대 후반에는 경제 민주화가 노조 활동 정상화로 인식되기도 하였는데 경제 민주화의 본질과는 거리가 멀었다.

민주주의)하며 결과적인 소득 분배의 개선을 추구하기 위한 패러다임 구축을 추구할 필요 차원에서 경제 민주화 문제를 접근하는 것이 바람직할 것이다.

또한 일단 시작된 경제 민주화에 관한 논쟁은 생애 기초 부여 자산(endowment)의 형평성 제고(사회적 상속, 출생, 육아, 교육 및 취업 기회의 형평 제고), 과정상의 공정성과 자치적 참여 확대, 그리고 분권화된 정부, 결과적 형평(낙오자의 무분별한 구제보다는 최소 사회 보장에 근거한 생산적 복지)의 개선을 추구하되 효율성과 형평성이 동시에 개선될 수 있는 패러다임을 능동적으로 탐구한다는 취지로 귀결되기 바란다. 그리고 이러한 노력은 바로 인적 자본 축적을 토대로 하는 이른바 인본 자본주의를 정착시킴으로써 성취 가능성이 높아질 것으로 보인다.

단, 어느 경우를 막론하고 경제 민주화에 관한 논의가 논리적 타당성을 넘는 수준의 대중 선동주의로 흐르는 것은 경계해야 할 것이다. 실현될 가능성도 없는 일을 무리하게 추진하는 일은 단지 공명의 길로 치닫는 것일 뿐이다. '자연은 비약하는 법이 없다'는 마셜의 점진적 진화론, 개혁 대상 주체까지를 포함한 구성원들의 동감이 필수적이라는 애덤 스미스(Adam Smith)의 '동감론', 경제는 나름대로의 운행 법칙이 있다는 케네(F. Quesnay)의 논리 등을 명심할 필요가 있다.

제 7 장

한국 경제의 발전 과제 Ⅳ: 제도 개선

제7장에서는 각종 인센티브 제공과 제도 및 여건의 개선을 통한 경제 발전 방안을 살펴본다. 여기서 논의되는 정책 방안들은 기본적으로 장기적 경제 발전을 도모하기 위한 것들로서 제2장에서 제시한 신공급중시 경제 종합 이론 체계에 근거하여 작성된 것이다. 이들 정책은 경제 성장은 물론 형평성의 제고와 복지의 향상까지 동시에 도모할 수 있는 경제 발전 방안에 해당한다.

제 7 장

한국 경제의 발전 과제 Ⅳ: 제도 개선

1. 공생 발전 관점에서의 경영 개선 모형에는 어떤 것이 있는가?

1) 참여 경제 모형

기업의 소유 및 경영 방식을 달리 함으로써 생산성 향상과 근로자들에 대한 성과 배분의 개선을 이루고 사회적 형평이 향상될 수 있는 방안이 오랜 동안 모색되어 왔다. 이와 관련하여 주목을 받아 온 것으로 참여 경제 모형이 있다.

여기서 참여 경제라 함은 기업 경영권 참여가 근로자 공동체 또는 노조 등으로 대표되는 근로자 집단에 허용되는지 여부를 기준으로 정의되는 개념이다. 그런데 일반적으로 참여 경제 하에서는 근로자가 기업을 경영하고 통제하되 근로자들이 기업을 반드시 소유할 필요가 없다는 특징을 갖는다. 즉, 기업 경영에 대한 참여가 중시될 뿐, 근로자 집단은 기업이 사용하는 자본과 자산에 대하여 일반적으로 소유권을 가지지 않는다.

참여 경제에서는 기업의 자본 및 자산에 대한 소유권과 경영권 또는 통제권이 분리되므로 전문 경영인 체제와 유사한 점도 있다. 그러나 전문 경영인 기업 형태는 근로자들이 기업의 의사결정에 참여할 수 있는 기구나 제도가 시행되지 않고 있다는 점에서 참여 경제의 유형과는 다르다.

참여 경제 기업에는 자주 관리 기업, 생산자 협동조합, 공동 관리 기업 등의 세 가지 유형이 있다. 자주 관리 기업이란 1958년 워드(B. N. Ward)가 최초로 사용한 용어인데, 이윤 극대화를 추구하는 영리 기업과는 다르게 근로자들이 경영권을 지니며 기업의 목표는 근로자 1인당 분배의 극대화에 두는 기업을 지칭한다. 그리고 생산자 협동조합은 근로자들이 소유도 하고 경영권도 보유하는 기업 형태라 할 수 있다. 반면, 공동 관리 기업은 의사결정에 참여하는 공동의 의사결정체가 근로자들과 정부의 대표로 구성되는 형태의 기업을 일컫는다.[1)]

자주 관리 기업의 대표적 분석 모형으로 워드의 이릴리안 기업(Illyrian Firm) 모형이 있는데, 노동자들의 평균 소득이 증가함으로써 형평성은 개선되지만 생산량이 줄어들어 사회적 효율성은 저하되는 결과가 초래된다. 그리고 참여 경제 기업의 최적 고용량은 이윤 극대화 기업의 고용량보다 작게 되는 문제가 발생한다. 한편, 바넥(J. Vanek)의 참여 경제는 노동자 관리 경제(labor managed economy)라고도 불리는데, 역시 노동자당 순소득은 증가하지만 고용량은 감소하는 결과를 초래한다. 반면, 와이즈만(M. L. Weitzman)은 자신의 이윤분여 경제(Share Economy)를 적용할 경우 생산성과 실질임금이 동시에 증가할 수 있다고 주

1 한편, 이와는 별도로 제3부문 기업이라는 용어가 자주 거론되기도 한다. 이는 참여 경제의 또 다른 표현으로 자주 관리 기업과 생산자 협동조합을 망라하는 개념이라 할 수 있는데, 근로자의 의사결정 참여와 이윤에의 참여가 상당한 정도로 결합된 기업 형태를 의미한다.

장하였지만 이는 특수한 상황에서만 단기적으로 성립될 수 있는 현상에 불과하다. 결국 어떤 유형의 모형을 적용하더라도 임금 수준은 향상될 수 있지만 생산량과 고용량은 줄어들 수밖에 없다는 한계성이 있다.[2)]

물론 이상에서 살펴본 기업 유형을 한 국가 내의 모든 기업이 채택할 수도 없고 또 채택할 필요도 없다. 특히, 대기업에는 전혀 적용될 수 없는 유형이다. 따라서 중소기업을 중심으로 노동자의 자율성을 제고시키고(민주주의적 참여와 의사결정) 임금을 증대시킬 수 있는 방안 중 하나로 이해하는 것이 적절하다. 즉, 참여 경제 모형이란 일부 중소기업들이 채택할 수 있는 기업 유형 중 하나로써 노동자들의 참여 폭을 확대하고 혜택을 증대시킬 수 있는 소유 및 경영 방안의 하나 정도로 이해할 필요가 있다. 따라서 참여 경제 모형은 중소기업의 자생력 제고와 고용 유지 그리고 구성원 간의 형평 개선 효과를 가져다줄 수 있는 모형으로 인식하고 활용하는 것이 적절하다 볼 수 있다. 불행히 한국에서의 구체적인 적용 사례는 찾아보기 어렵다.

2) 협동조합

참여 경제 모형과 별도로 효율성과 형평성이 동시에 고려되는 방안의 하나로 협동조합 제도를 들 수 있다.

협동조합(cooperative 또는 co-op)은 경제적으로 약자인 소생산자나 소비자가

2 자세한 내용은 Clayre(1980)를 참고 바람.

경제적 위상을 향상시키기 위해 상호 협력하여 복리를 도모할 목적으로 공동 출자를 통해 형성된 기업이다. 따라서 협동조합의 직접적인 목적은 영리보다는 조합원의 경제 활동에 있어서의 상호 부조에 있다고 볼 수 있다.

협동조합은 크게 보아 생산(자) 협동조합과 소비(자) 협동조합으로 구분된다. 생산(자) 협동조합은 사업 목적이 영리에 있지 않고 경제적 약자 간의 상호 부조에 있으며, 조합원의 가입 · 탈퇴가 자유롭고 조합원은 출자액의 과다와 무관하게 1인 1표의 평등한 의결권을 가진다.

그리고 생산 협동조합은 소생산자들이 설립하는 것으로 농업 · 수산업 · 축산업 · 공업 협동조합 등이 있으며, 사업 내용에 따라 판매 조합, 구매 조합, 이용 조합, 신용 조합, 생산 조합, 기업 조합 등의 유형이 있다.

한편, 소비 협동조합은 조합원의 생활에 필요한 물자를 공동으로 싼 값으로 구입함으로써 소비자인 조합원의 소비 생활 향상을 목적으로 한다. 주요 사업으로 생활 물자의 공동 구입 외에 의료 시설이나 목욕탕 · 주택 등을 설치, 이용한다든가, 조합원으로부터 여유 자금을 예치, 필요한 조합원에 대부해 주는 형태가 있고, 회사 · 관청 등의 직장에 설치된 직장 조합도 있으며, 특정 지역에 사는 사람을 대상으로 한 지역 조합도 있다. 그러나 아직 우리나라에서는 소비자 보호 단체의 규모나 역할은 매우 제한적이고 주부의 생활 제품 관련 고발 문제를 경청하는 수준에 머물고 있으며, 정부 또한 소비자 권익 보호 문제에 매우 소극적이었다. 차제에 새로운 인식 전환이 절실하게 요청된다.

현재 우리나라에서는 농업 협동조합(금융), 수산업 협동조합(금융), 산림 조합, 엽연초 생산 협동조합, 중소기업 협동조합, 새마을금고, 신용 협동조합, 소비자 생활 협동조합, 한국협동조합연구소 등이 설립되어 운영되고 있으나 그 기능은 지극히 제한적이다.

생산자 협동조합의 주요 외국 사례로는 이탈리아의 CGM, 스웨덴의 JKV, 영국의 CDAs 등이 자주 인용된다.

이탈리아의 대표적인 자활 지원 단체인 CGM은 사회적 협동조합 전국 연합 단체로서 이탈리아 각 지역의 700개 사회적 협동조합을 대표하는 44개의 지역 연합을 결합시킨 거대한 연합 조직이다. 자활 기업, 취약 계층 및 장기 실업자의 고용 창출과 관련된 정보를 조사하고 출판하는 사업, 지역 연합의 참여 인력에 대한 훈련 및 교육 사업, 그리고 자활 기업에 대한 원조 및 상담 사업 등을 주된 사업 내용으로 하고 있다.

스웨덴의 '얌트란드 협동조합'(Jamtland Kooperativ Utveckling: JKV)은 신규로 협동조합 혹은 자활 기업을 설립하고자 하는 사람들에게 필요한 지원 및 상담을 제공하는 한편, 기존의 협동조합에 대해서도 다양한 지원을 하고 있는 생산자 협동조합으로 지방자치단체, 시의회, 그리고 지역 협동조합들이 참여하는 연합체의 성격을 갖고 있다.

영국의 '지역협동조합개발기구'(Cooperate Development Associations: CDAs)는 자활 기업 발전에 핵심적인 역할을 한 단체로써 능력 개발 프로그램 , 새출발 프로그램, 공동체 창업 프로그램 그리고 확장과 성장 프로그램을 지원하는 역할을 수행한다.

설립 및 운영 목표는 다소 상이하지만 협동 생산의 가장 성공적인 사례로 자주 인용되고 있는 것으로 옛날 이탈리아 공산당의 본거지 중 하나였던 볼로

냐(Bolonia)의 협동조합을 들 수 있다. 이들 지역의 협동조합들은 일면에서는 사회주의와 시장경제가 결합된 형태적 특징을 갖고 있다. 이들 지역은 지방자치가 공고하게 정착되어 있어 이곳에 진출하려는 모든 유통 회사들은 이들 지역에서 생산되는 제품을 일정 비율 이상 판매한다는 조건을 받아들여야 영업 허가를 받을 수 있다. 따라서 지역 협동조합 제품들은 일정 수준의 수요가 항시 확보될 수 있어 지역 생산 및 고용 증대에도 기여한다. 뿐만 아니라 이러한 제도를 통해 생산성과 품질 향상을 추진함으로써 지역 밖으로도 진출할 수 있는 여건을 조성해 나가고 있다는 사실에 관심을 둘 필요가 있다.

이상에서 살펴본 바와 같이 협동조합은 실로 다양한 목적을 위해 조직되고 운영될 수 있는 공생 발전의 매개체라 할 수 있다. 특히, 지역 단위의 협동이나 공동 관심 사업의 추진은 물론 중소기업의 또 다른 경영 방식으로도 효율성이 제고될 수 있는 제도라 할 수 있어 차후 국가적 차원에서 관심을 가지고 육성해 나갈 필요가 있다.

2. 공생 발전 관점의 사회적 가치 추구는 가능한가?

1) 사회적 기업

사회적 기업이란 취약 계층에게 사회 서비스 또는 일자리를 제공하거나 지역 사회에 공헌함으로써 이윤 극대화보다는 지역 주민의 삶의 질을 높이는 등의 사회적 목적을 추구하되 이윤을 사업 또는 지역 공동체에 다시 투자하는 기업이라고 할 수 있다. 여기에는 일자리 제공형, 사회 서비스 제공형, 일자리와 사회 서비스를 동시에 제공하는 혼합형 등이 있다.

실업 문제가 제기될 때마다 정부는 일시적이고 비생산적인 일자리 창출에 연연해 왔는데, 사회적 기업이란 이와는 전혀 다른 차원에서 인식하고 접근해야 하는 사업이다. 즉, 낭비적 복지 지출 형태가 아니라 생산적 복지, 그리고 건전한 공생 사회 건설의 기초가 될 수 있는 사업으로 인식할 필요가 있다.

사회적 기업은 일반적으로 상당 수준의 자율성이 유지되는 반면 기업 경영 관련 위험은 상대적으로 크다. 이는 사회적 기업의 운영 재원 등이 주로 사회적 기업 구성원들의 자원 확보 및 기업 운용 능력에 의존하기 때문이다. 따라서 운영진에게 최소한의 급여를 지급함으로써 운영비 절감을 도모하고, 전통적인 비정부 기구(NGO)와 마찬가지로 금전적 · 비금전적 자원, 유급 또는 자원봉사 인력들(특히 은퇴한 노령층 전문 인력)을 결합하여 사업을 운영한다.

또한 사회적 기업은 공통의 이해를 가진 사람들에 의해 설립되는 특징을 가지며, 일반적으로는 자본 소유 크기에 연계되지 않는 의사결정 방식을 채택한다. 기업 설립 과정에서는 자본 소유자가 중요한 역할을 하지만, 의사결정 권한은 다른 이해관계자들과 공유한다는 것이다. 즉, 주식회사 형태로 운영되는 것이 아니라는 것이다. 뿐만 아니라 이윤의 배분은 제한적이다. 이는 사회적 기업이 영리, 즉 이윤 극대화를 추진하는 기업이 아니기 때문에 이윤을 일정 한도에서만 배분할 수 있는 협동조합 성격을 부여하고 있다. 그러나 무엇보다 중요한 것은 사회적 기업은 모름지기 지역 공동체 등에 봉사하는 것을 특징으로 해야 한다는 것이다.

기본적으로 사회적 기업은 사회적 필요에 부응하고, 고용을 창출하기 위해 상품을 생산한다. 따라서 수익 창출은 단지 기업의 유지 존속을 위한 수단이며, 일자리 창출은 비용의 증가가 아니라 국가가 부담해야 할 복지 비용의 감소를 이끌어 낼 수 있는 활동으로 이해하고 있다.

사회적 기업의 이러한 동기는 사회적으로 결여된 복지 서비스를 제공하는 주체로서 공익적 활동을 수행하기도 하며, 다양한 이해당사자들과 이익을 함께 공유하는 공익 기업으로 기능하기도 한다. 누구에게 이익을 제공하며, 누구와 이익을 나누는가와 관계없이 사회적 기업은 그 출발이 기업 소유주의 이익 추구에 있지 않고 사회적 유용성에 기초하고 있어 다양한 이해당사자와 그들의 필요에서 출발한다. 이러한 이유로 사회적 기업의 구성원은 다양하며, 다양한 이해관계자들의 조율이라는 측면에서 기업 운영의 민주성은 매우 중요한 문제가 아닐 수 없다.

이러한 사회적 기업이 올바로 작동하기 위해서는 우선 사회 문제 해결에 관심을 갖고 창의적 능력으로 기업을 경영할 수 있는 사회적 기업가군을 형성할 수 있는 제도를 정착시켜야 할 것이다. 예컨대, 그러한 사회적 기업가를 육성하기 위한 교육 시스템의 정립과 활용, 민간 기업 출신 중 사회 사업에 관심을 갖는 훌륭한 인적 자원들의 영입, 그리고 사회적 기업에 투자하는 사회적 벤처 캐피털의 활성화 등을 들 수 있다. 또한 일반인이나 연기금이 가입하는 사회 책임 투자 펀드 등도 활성화되어야 한다. 아울러 대기업이나 정부 공공 기관들이 사회적 기업 생산품을 구매하거나 필요한 자원을 공급하는 유기적 협력 관계를 구축하는 등 경제적 순환 활동 안에서 사회적 기업의 자립이 이루어질 수 있도록 시장 환경을 조성하여야 한다.

2) 사회적 자본

한편, 저출산 고령화 대책을 통한 잠재 성장력 확충 방안과는 별도로 이른바 사회적 자본 확충을 통해 사회적 생산성을 증대시키는 방안도 함께 논의할 필요가 있다.

사회적 자본이란 물질적 자본, 인적 자본에 뒤이어 경제 성장의 중요한 요소로 손꼽히고 있는 새로운 자본의 일종으로, 사람들 사이의 협력을 가능케 하는 구성원들의 공유된 제도, 규범, 네트워크, 신뢰 등 일체의 사회적 자산을 포괄하여 지칭하는 것이다. 여기서 사회적 신뢰가 사회적 자본의 가장 핵심적인 내용을 구성하고 있다. 사회적 자본이 잘 확충된 나라일수록 국민 간의 신뢰가 높고 이를 보장하는 법 제도가 잘 구축되어 있는데, 이로써 거래 비용이 낮아지고 효율성은 높아지므로 결국 생산성이 올라가고 국민 소득은 높아지기 때문이다.

이와 같은 사회적 자본이란 한 개인에게는 없지만 그 개인이 참여하고 있는 사회적 관계를 통하여 다른 사람들이 가지고 있는 자원을 동원할 수 있는 능력이라 정의할 수도 있다. 이는 거래 비용의 감소를 가져오는 신뢰, 정보 소통의 통로로서의 연결망, 그리고 개인의 기회주의적 속성을 제어하는 도덕과 규범을 제공할 수 있다는 데 주안점을 둔 인식이라 할 수 있다.

현재 한국이 홍역을 치루고 있는 정치적 난맥상은 물론 노사 간, 노 · 노 간 대립 및 대기업과 중소기업 간의 갑을 관계는 한국 사회가 갖고 있는 잠재력을 떨어뜨려 왔다는 사실에 유념할 필요가 있다.

3. 조세 제도의 기능과 개편 방향은?

1) 조세 제도의 기능

케인즈 경제학 체계에서 국가의 역할과 관련하여 가장 중요한 정책 수단 중 하나인 조세의 의미와 기능에 관하여 보다 면밀히 논의해 볼 필요가 있다. 아직도 조세의 기능은 거시경제적 차원에서의 경기 정책에 주로 초점이 맞추어져 왔음을 지적해 둔다. 그리고 단순한 세율 조정이 아니라 새로운 세원의 발굴이나 생산성 증대와 연계한 세율 조정 방안 등이 상대적으로 경시되어 왔는데, 이 점이 공급중시 경제 이론이 강조해 온 주요 논점이라 할 수 있다.

우선 역사적으로 볼 때 조세란 지배 단위 집단(국가)이 공동 경비의 충당 및 지배력 유지를 위해 감당해야 할 비용이다. 따라서 지배 단위 집단의 일부(또는 전부)가 지배 체제 및 지배력 유지를 위해 감당해야 할 재정 경비적 성격을 띠고 있다. 그리고 이러한 관점의 연장선상에서 볼 때 근대 조세 국가 성립 이후 조세 제도의 기본은 실질적 주권자로 등장한 국민들이 국가 활동에 필요한 비용을 지원하는 제도로 인식할 필요가 있고, 그들의 대표 기관이 제정한 법적 절차를 통해서만 과세할 수 있도록 제한(조세 법정주의)하는 것이 마땅하다 할 수 있다. 즉, 현재의 조세는 지배자에 의한 착취나 징벌이 아니라 주권자들이 공동 이익을 위해 필요한 국가 활동을 지원하는 '국가 활동 지원금'이라는 점이다. 조세의 의미를 이상과 같이 인식할 경우 주권자인 국민 또한 조세에 대한 정당한 의무감과 능동적 참여 의식을 바탕으로 조세 제도 및 정책에 대하여 적극적인 의사 표현을 피력해야 할 것이다. 즉, 국민 모두가 납부하되(국민 개세주의) 주권자의 권익이 제대로 반영될 수 있도록 조세 행정의 민주화에 능동적으로 참여하고 감독하는 제도로 정착시켜 나가야 할 것이다.

물론 근대에 이르러서 조세는 야경국가적 기능에 필요한 경비 또는 전통적인 공공재 재원 조달 기능 외에 자원 배분, 분배 균등 그리고 경제 안정에 이르는 복합적 기능을 담당하게 되었다. 예컨대, 조세 부과 방식에 따른 민간과 공공 부문 간에의 자원 배분 기능과 부의 불평등 시정을 위한 소득 재분배 기능은 물론 경제 안정에 미치는 효과까지가 근대 조세 정책의 주 관심사가 된 것이다. 즉, 현대 국가에서 조세의 기능은 단순히 공동 비용을 부담하던 차원에서 다양한 경제 정책 효과를 도모할 수 있는 도구로 활용되기 시작한 것이다. 따라서 경제적 효율성이나 형평성은 물론 경제 안정 및 발전에 대한 효과를 감안해서 관련 정책과 연계시켜 조세 제도를 운용할 필요가 있다.

2) 조세 제도 개편 방향

재정 수입 확보와 공채 정책 간의 관계, 재정 제도, 금융 정책 등을 동시에 고려하여 최적 세수, 세출 및 조세 체계를 규명해야 하며, 이를 위해 최적의 정부 역할 규명이 필수적이라 하겠다. 더구나 현재 한국은 저출산, 노령화 그리고 환경 및 삶의 질 개선에 초점을 맞추며 21세기를 주도할 경제 체제 구축에 심혈을 기울이고 있다. 따라서 공공 교육과 기업의 연구 개발, 그리고 노사 관계의 중요성이 더욱 부각될 것이므로 조세 정책은 이러한 정책 목표와의 연관 속에 개편되어야 할 것이다.

단, 이러한 조세 제도의 개편은 우선 국민 모두가 세금을 부담한다는 '국민 개세주의' 원칙에 근거하되(비과세나 감면 폭 제한) 사람들이 갖고 있는 능력과 국가로부터 받은 혜택의 정도를 고려하여 책정해야 할 것이다. 이에 대한 가장 간편한 기준은 소득 수준(임금, 지대, 이자, 이윤을 총합한 소득)과 재산의 크기라 할 수 있다. 여기서 재산은 소득 중 저축된 자산의 총체로 볼 수도 있고, 증여나 상속이 될 수도 있다. 따라서 조세는 소득세와 재산세를 중심으로 하되 후자는 증여 및 상속세로 보완하는 정도로 단순화시키는 것이 바람직하다.

물론 물품세나 부가가치세 또는 관세 등의 간접세가 현실적으로 불가피하게 수용될 수밖에 없다. 그러나 직접세 비중이 커야 주권자들이 조세 부담을 피부로 느낄 수 있게 된다. 따라서 능동적인 감독자 또는 주권자로서 정부 지출의 규모와 사용 방법 등에 보다 민주적으로 의사를 표현함으로써 공정한 조세 행정의 정립에 기여할 수 있다.

이러한 관점에서 한국의 조세 개편 문제는, 우선 조세 체계를 단순화시키고 과세 기반을 강화시키되 한계세율의 하향 조정을 권고한다. 이를 위해 각종 불필요하고 부당한 조세 감면 제도를 대폭 축소시키고 지금까지 경시해 온 세원 확대를 촉진하여 조세 부담의 공평성을 제고시키는 한편, 한계세율을 현실적 수준으로 조정하여 탈세 및 절세를 방지하고 효율성을 높여 나갈 필요가 있다. 이러한 과정을 통해서만이 조세 부담의 수직적 그리고 수평적 공평성이 보장될 수 있을 것이다.

한편, 지금까지 실시된 금융실명제와 부동산실명제가 여러 가지 면에서 긍정적인 성과를 가져다준 것은 사실이나 실명제의 최종적 완성은 거래의 실명제의 성공적 정착 여부에 달려 있는바, 완전한 영수증 처리의 법제화를 통해 실현할 필요가 있다. 이 밖에도 부동산 임대 소득을 종합소득세로 통합하여 조세 형평성을 높이는 일, 부동산거래세는 철폐하여 부동산 거래를 활성화시키되 부동산 관련 세제를 보유세(일종의 재산세) 중심으로 개편하는 일, 그리고 실제로 조세적 성격을 갖는 건강보험료 부과 방식을 합리적으로 개편하고 연금제도를 통폐합하는 일 등은 경제적 효율성은 물론 사회적 형평성 제고에도 일조하리라 믿는다.

4. 현 시점에서 우리가 필요로 하는 정부 역할은 무엇인가?

한국 경제의 특성을 규정하는 데 있어 중심적 고려 사항이 되어 왔던 중앙집권적 관리 경제 체제, 그리고 그에 근거한 정부 주도적 경제 개발 방식이 갖는 공과와 관련하여 자주 거론되어 온 것으로 공직 부패 문제와 국가 경쟁력 문제를 들 수 있다. 바로 이 주제가 1997년 말에 한국 경제를 파국으로 몰고 갔던 가장 핵심적인 요인이었고, 또 지금 이 시점에서도 추세적 경기 침체라는 난국 극복에 가장 큰 걸림돌이 되고 있는 사항이란 점에 유념할 필요가 있다. 그리고 공급중시 경제학 논리에 근거하여 본서가 제시한 인본 자본주의의 정립은 바로 이 문제의 해결 없이는 불가능하다는 사실이다.

1) 중앙 집권화와 공직 부패

부패란 인류 역사와 더불어 시작된 동서고금을 막론한 현상일 뿐 아니라 인류가 종말하는 시기까지 어떠한 모습으로든지 역사의 한 부분을 차지할 사회 현상이다. 선진국에서도 공권력의 재량권을 중심으로 빈번히 부패가 발생하기는 하지만 후진 제국에 비해서는 그 정도가 낮고 사회 전체적으로 만연된 모습을 보여 주지는 않고 있다. 그런데 우리나라에서는 아직도 '5공 비리' 나 최근의 최순실 사건 등에서 나타난 바와 같이 여전히 전근대적이고 총체적인 부패 만연 사태를 보여 주고 있어 문제가 심각하다.

이와 같이 후진국이나 개발도상국에서 부패가 선진 제국에 비해 보다 극심할 수밖에 없는 이유는 무엇인가? 이에 대해 수많은 학자들이 민주주의의 부재 또는 미정착을 주원인으로 지적하고 있다. 그러나 보다 근본적으로 부패란 독점적이고 배타적인 재량권을 갖는 중앙 집권적인 정부와 이에 의해 강력한 권력을 가진 관료 계층의 권위주의적 형태에서 기인하는 것이라 할 수 있다.

이러한 시각에서 볼 때 부패는 일단 공직자와 민간 부문의 연계나 상호작용(interaction)이 있는지의 여부에 따라, ① 민간으로부터의 수뢰 형태를 띠는 부패와, ② 공금의 사용화 형태를 띠는 부패로 나누어 볼 수 있다. 즉, 관직과 관권을 이용한 관료 및 관료 집단의 민간으로부터의 수뢰 현상(bribery)과 공금의 유용 및 착복 등과 같은 공금의 사용화 현상(misappropriation) 및 공권력의 남용 현상으로 구분될 수 있다.

첫 번째의 경우는 관료 집단이 갖는 선별적 재량권의 경제적 가치로 말미암아 특혜를 받고자 개인이나 민간 기업이 담당 관료에게 뇌물을 제공하는 형태이며 정경유착의 정도가 심한 한국에서 보편적으로 행해지는 현상이다. 즉, 특정 사업이나 수입 품목에 대한 취득 및 독점권 유지를 위한다든가 막대한 자금을 지원 받기 위해 뇌물을 수여하는 경우에 뇌물을 받은 관료들은 특정 개인이나 기업에 특혜를 제공하거나 은행에 대출 압력을 가하는 형태로 부패가 이루어지게 된다.

두 번째의 경우, 즉 공금의 사용화 현상은 제도가 문란하고 정치 · 사회적 불안정이 심화될수록 그리고 중앙 집권이 강화될수록 그 정도가 심해져 급기야 전체적인 관료 집단이 아닌 절대권력자를 중심으로 범죄 행위가 행해지게 되어 사회적 문제를 보다 심각하게 만든다. 이는 한국의 현실에 비추어 보면 고위 공직자들의 일부가 강력한 권력을 기반으로 비자금 조성 및 해외 도피, 정치자금으로의 유용 그리고 공권력의 남용이란 형태로 부패를 행하였다. 특히, 이러한 형태의 부패는 정치적 타락으로 이어져 건전한 경제 · 사회 윤리를 저해함으로써 사회적 질서와 기강을 문란케 하여 위기를 불러일으킬 수 있다.

부패가 국민 경제에 미치는 영향에 대하여는 다양한 견해가 제시된 바 있다. 그러나 대부분의 결과는 부패가 미시적 측면이나 거시적 측면에서 모두 효율성을 저하시키고, 소득 분배의 불평등을 심화시켜 경제성장률과 사회 후생을 현저히 감소시키는 것으로 분석되고 있다.

이러한 부작용을 낳는 부패를 척결해야 한다는 데에는 모두가 동의하지만 이를 실천해 나가는 일은 쉽지 않다. 부패로 인해 이득을 볼 수 있는 사람들이 주로 우월적 지위를 갖고 있기 때문이다. 스스로의 잠재적 이익을 구속하고 특권을 제한할 정책을 자기 손으로 만들어 낼 리 없기 때문이다. 사회적 지도층과 정치 지도자들이 혼신의 힘을 다해 부패 척결에 나서야 할 것이다. 이를 위해서는 다음과 같은 개선이 이루어져야 한다.

첫째, 오랜 동안의 중앙 집권적 관료 체제로부터 정착된 독점적 의사결정권을 분산시켜야 할 것이다. 말하자면 관권을 분권화시키는 것이다. 이는 수평적 지위를 갖고 있는 부처 간의 권한 분화(horizontal decentralization), 수직적 관계에 있는 부처로의 상당 수준의 권한 이양(vertical decentralization), 그리고 공공 부문의 대폭적인 민영화를 통한 공권력 축소 등이 문제 해결의 핵심이며 선결 조건이라 할 수 있다.

둘째, 부패가 쉽사리 사라지지 않는 또 한 가지 이유는 부패를 통해 얻을 수 있는 이익에 비해 발각될 가능성이나 발각 시 받게 되는 처벌 수위가 너무 낮다는 사실을 들 수 있다. 우리나라의 형벌은 벌금 수준이 너무 낮을 뿐 아니라 형량도 빠른 시일 내에 감해지는 등 바람직하지 못한 관행이 정착되어 부패를 부추겨 왔다. 그리하여 한국에서의 형벌은 사회적 정의나 형평성을 잃은 지 오래다. 부패 방지는 물론 사회적 질서 확립, 그리고 선진 사회 문화 정착을 위해서라도 한국의 형사처벌법은 시급히 개선되어야 할 것이다. 미국의 경우 부패나 탈세범들은 간첩죄에 비견할 만큼 중형이 내려지고 벌금 대신 실형 중심으로 운영되며, 어떤 형태로든 감형이 원칙적으로 금지되어 있다는 사실에 주목할 만하다.

2) 중앙 집권화와 국가 경쟁력

경제 개발 과정에서의 강력한 정부 역할이 개발 후기에 이르러 초래할 수 있는 문제점 중 하나로 공공 부문의 비효율성으로 인한 국가 경쟁력 하락을 들 수 있다. 일찍이 막스 베버가 경고한 바 있듯이 근대 국가에 있어 가장 경계해야 할 항목 중 하나는 관료 집단의 관리권 확대 현상에 따른 비효율성이라 할 수 있다. 강력한 정부에 의한 경제 발전의 모범적 국가가 되어 온 한국에서 바로 이러한 우려가 IMF 관리 대상국으로의 전락과 같은 위기로 나타나게 된 것은 한국이 여타 신흥 공업국에 비해서도 더욱 강력한 중앙 집권적 관료 체제를 운용해 온 데 기인한다 하겠다.

전 항에서 확인한 바 있듯이 중앙 집권적 관료 체제는 부패를 조장해 온 가장 중심적 요인이었으며, 그 결과 경제적 효율성과 형평성이 동시에 저해되는 것으로 분석되었다. 이는 결과적으로 국가 경쟁력 약화에 결정적 영향을 미치게 될 것임은 불문가지이다.

국가 경쟁력이란 단순히 국가 간의 경쟁이라는 관점이 아니라 한 국가가 경제적인 면에서 발휘할 수 있는 총체적인 능력으로 파악되어야 하며, 따라서 경쟁력의 창출 요인에서부터 경제 구조가 형성되고 이것들이 다시 경제 성과로 연결되는 일련의 과정으로 이해될 수 있다. 즉, 경쟁력 창출 요인들이 효율적이고도 최적의 배분을 실현시킬 수 있는 산업 구조를 통해 경제 성과를 얻게 됨으로써 국가의 경쟁력이 발현되는 것이다.

그런데 우리는 앞에서 부패는 민간 투자의 감소 및 생산성 저하, 불요불급한 공공 투자의 증가, 정부 수입의 감소, 공공 지출 구성의 왜곡 등을 통해 경제의 효율성과 공평성을 저해하고 이를 통해 국가 경쟁력이 약화되어 결국 지속적인 경제 성장과 발전을 저해하게 됨을 확인한 바 있다. 이와 같이 부패는 경쟁력의 창출 요인을 침해하고 경제 주체들의 바람직한 경제 행위를 방해하여 국가 경제의 발전에 기여할 수 없도록 하여 궁극적으로 국가 경쟁력을 약화시키는 가장 큰 원인으로 작용하는 것이다.

이는 1990년대 후반을 전후한 시기의 한국 경제를 중심으로 부패와 국가 경쟁력의 관계를 살펴봄으로써 확인할 수 있다. 1997년 '외환 위기'를 전후한 한국의 고비용 저효율 경제 체제는 더 이상 대내외 경제 여건에 적절히 대응해 갈 수 없는 한계에 봉착해 있었다. 이의 근본적인 원인으로 중앙 집권적 관리 자본주의 체제 하에서 추진된 성장 전략에 의해 촉발된 한국 경제의 구조적 모순이 제대로 조정되지 못했고, 이 과정에서 발생한 부패의 만연이 경쟁력 창출 유인의 생성을 억제했기 때문이라고 분석된다.

즉, 국가의 과도한 경제 개입으로 인해 시장경제의 고유한 창의력과 순발력은 저하되고, 이 과정에서 국가에 대한 의존성은 정경유착에 의한 부패를 유발하여 사회 전체의 효율성과 공평성을 저하시키게 된 것이다. 이 밖에도 한정된 자원의 정부 배분 과정 및 관치금융 등은 결국 '외환 위기'라는 한국 자본주의의 위기를 초래하였다. 이는 결국 생산력 기반의 붕괴라기보다는 각 경제 운영 주체의 제도 실패에 기인하는 것으로 그 동안의 중앙 집권적인 경제 체제에서 만연된 부패가 이와 같은 제도 실패를 촉발시켰던 것으로 평가된다.

따라서 부패는 일국의 국가 경쟁력을 결정짓는 가장 주요한 변수가 되며, 이에 대한 적절한 통제가 이루어지지 않는 경우 중·남미나 아프리카의 일부 국가들과 같이 국가 존립에 위협을 줄 수도 있다.

이와 같은 국가 경쟁력을 국가별로 평가하려는 노력 중 대표적인 것으로 IMD(International Institute for Management Development)의 『국가 경쟁력 보고서』(*The World Competitiveness Yearbook*)를 들 수 있다. IMD는 스위스 로잔에 위치한 국제경영개발연구원으로 상설 부속 기관인 세계경제포럼(WEP)을 통해 지난 1980년부터 매년 세계 각국의 국가 경쟁력을 종합 평가하여 순위를 매기고 있다. 조사는 국제기구들이 작성한 각국의 최신 경제 현황과 전 세계 1만 6,000여 명의 기업인들로부터 받은 경제 관련 설문 조사를 토대로 이루어진다.

IMD의 평가 방법은 국가의 경제 현황을 8개 분야로 나누고, 이들 분야에 대한 상대 비교를 한 뒤 각 분야의 평가를 취합하여 종합 순위를 내고 있다. 최근 수년간 우리나라의 국가 경쟁력은 조사 대상국 중에서 대체로 하위권에 머물러 왔다. 주요 경쟁 상대국인 싱가포르, 홍콩, 대만과는 상당한 차이를 보여 온 것이다. 그리고 우리나라보다 한 수 아래라고 평가해 오던 태국이나 필리핀에게도 종종 뒤쳐지고 있어, 우리나라의 국가 경쟁력이 심각한 수준에 있음을 알 수 있다. 특히, 금융, 정부, 기업 경영, 사회간접자본 부문의 경우가 우리나라의 국가 경쟁력을 해치는 가장 주요한 요소로 지적되고 있다. 이 중 정부 부문의 순위는 최하위를 면치 못하고 있다. 이는 정부 부문 평가 항목이 주로 정부의 효율성(정부 경제 정책, 법 체계, 의회 활동, 투명성, 정부의 의사결정 과정, 정치 제도, 공공 서비스, 관료의 질, 세관 행정, 부패 등), 정부의 시장 개입(가격 통제, 보조금, 노동 규제, 경쟁법, 실업 대책 등), 주요 외채 항목, 조세 구조 및 조세 회피 정도 등인 점을 감안해 볼 때, 우리나라의 국가 경쟁력 강화를 위해서는 다른 어느 부문보다도 공공 부문의 효율성 제고 특히 중앙 집권적 관료 체제의 개혁이 시급한 것으로 평가된다.

3) 중앙 집권적 정부와 공무원 채용 제도

배타적 인 · 허가권을 독점하고 있는 중앙 집권적 정부 하에서 공권력의 폐해를 시정하기 위한 주요 대책 중 하나로 공무원 선발 제도를 개편하는 일을 들 수 있다.

그간 우리의 공직 사회는 사법, 행정 등의 고등고시를 통한 엘리트 관료의 선발 방식을 근간으로 하여 왔는데, 이는 경제 개발 초기에는 경제 발전에 기여한 바도 있었으나 현재는 우리나라의 선진화를 저해하는 가장 큰 걸림돌이 되고 있다. 고시 제도의 연원은 멀리 삼국 시대의 독서삼품과까지 거슬러 올라갈 수 있다. 이 제도는 고려 광종대에 이르러 중국식 과거제로 진화하였고 갑오경장으로 폐지될 때까지 약 900년 가까이 유지되어 왔다. 그러나 해방 이후 행정 · 사법 · 기술 분야 고급 공무원 선발을 위한 고등고시 형태로 과거제에 준하는 관료 등용 제도가 재탄생하게 되었다. 4서 3경의 암기 위주의 과거제보다는 근대화되었다 하나 일부 평가 항목에 대한 숙지도 하나만으로 지배적 엘리트 계층을 창출하는 전통을 답습했던 것이다.

그 결과, 각종 고시 합격자를 낸 일가친척은 물론 출신 학교, 고향에서는 플래카드를 내걸어 환영하고 마치 고을의 원님이라도 탄생한 듯 축하하는 어처구니없는 문화가 정착되었다. 고급 공무원은 민주 사회의 공복이 아니라 지배자로서의 위상을 가지기 때문에 이들과의 인연에 빌붙어 이익을 볼 수 있다는 기대와 계산에서 나오는 관행이다. 한국 사회에서 공직자가 행사할 수 있는 배타적이고 독립적인 인·허가권은 부패를 만연시켰고, 부당이득을 얻거나 처벌을 면하기 위해서는 이들과 특별한 유대 관계를 유지하는 것이 필수적이며, 따라서 퇴직 후에도 많은 유관 기관들이 이들을 전관예우로 특별히 대우하는 것이 기관 안보와 부당이득 추구에 절대적 성공 요인이 되고 있는 것이다.

이러한 현상을 방지한다면서도 정부는 공직자 감사 제도를 효율적으로 운영하는 대신 단지 순환보직제를 도입하는 정도로 대처해 왔다. 그런데 이는 공직의 지배자적 위상과 배타적 독점권을 타파해야 하는 본질적 개혁과는 거리가 먼 '눈 가리고 아웅' 하는 식의 기만적 대응에 불과한 것이다. 오히려 순환보직제는 결국 관료의 전문성만 떨어뜨리는 결과를 초래하고 말았다. 관료들이 한 보직에 머무르는 평균 재임 기간이 1년 안팎이라 하니 어떻게 전문적 지식을 갖추어 외국과의 외교 통상이나 정보 수집에서 국익을 보전할 수 있겠는가? 이 밖에도 그동안 정부는 기회가 있을 때마다 관료 사회 개혁을 추진한다고 공언하였으나 관료가 주체가 되어 추진하게 됨으로써 실효를 거둘 수 없었다.

IMF 위기 시 정부가 4대 부문 개혁을 시도하였으나 공공 부문 개혁만은 아무 성과도 내지 못하였던 사실은 이를 여실히 반증해 주고 있다.

또 다른 경우를 생각해 보자. 세월호 사건처럼 대형 사고가 날 때마다 안전을 위하여 규제를 강화해야 한다며 공권력의 추가적인 규제권만 강화시키는 것으로 끝나고 말았다. 또한 국가재난처를 신설하여 통합 지휘 체계를 갖추겠다는 계획은 필요한 부분도 있지만 단순한 행정 체계 변경에 불과한 대응으로 근본 대책이 되리라 믿는 사람은 거의 없다.

공무원은 죄를 지어도 공직 사회 봉사를 근거로 감량해 주는 불공정한 법 집행이나 공직을 떠나서도 영향력이 지속되는 관피아의 폐해, 그리고 공직 사회의 기본 윤리를 벗어나 집단적 이익을 택하는 노조의 비상식적 행태 등은 결코 어떤 기구의 신설이나 관료의 엄벌로는 성공적인 공직 사회 개혁으로 이어질 수 없다는 것을 잘 보여 주고 있다.

모름지기 관료 사회의 개혁은 공무원 임용 제도 개선에서부터 시작되어야 하는 이유가 바로 여기에 있다. 국가가 원하는 사람은 머리가 좋아 시험을 잘 치는 엘리트 지배자가 아니라 사명 의식과 봉사 정신 그리고 전문 지식을 가진 자를 선별해 임용할 수 있는 제도를 창안해 내야 하는 것이다. 고려와 조선 시대에 존재했던 '과거'의 '제도'인 과거 제도와 다름없는 고등고시를 통해 선발함으로써 실질적인 지배 계층을 양산하여 온 관습은 개선되어야 할 시기에 와 있다. 이들의 힘은 막강하여 임기 5년에 불과한 대통령도 무서울 게 없다. 위기가 닥치면 비 올 때 비 피하듯 핑계만 대며 복지부동하는 공직자 공화국으로는 한국이 진정한 선진 사회로 진화할 수 없다. 일찍이 베버(Max Webber)가 공산당과 사회주의는 관료 제도의 비효율성과 비민주성으로 패망할 것이라고 예언했던 사실을 상기하게 한다. 물론 관료 사회의 반발로 관료 제도 개혁이 쉽사리 그리고 단시일 내에 성사되기는 어려울지 모른다. 그러나 관료가 공정한 사회 질서와 국민 안전에 앞장서는 전문적 식견과 봉사 정신이 투철한 공직자로서 거듭나는 노력을 이제라도 시작하지 않는다면 앞으로도 세월호 사건에서와 같은 극단적 기본 질서 붕괴 현상은 결코 치유될 수도 없고 선진 사회의 정착은 공허한 외침으로 끝나고 말 것이다.

여기서 또 한 가지 지적하고 싶은 것은 현재와 같이 일정 분야에 대한 지식을 시험 성적으로만 뽑는 관료 채용 방식은 일부 학연에 속한 집단들의 관직 독점 현상을 피하기 어렵게 만든다는 점이다. 결국은 관료 세계의 주류를 점하고 있는 대학에 입학하는 것만이 보장된 특혜 집단의 일원이 되는 지름길이 된다는 사실 때문이다. 따라서 이러한 관료 선발 제도가 개선되지 않는 한 대학입시 제도의 실질적인 개선은 백약이 무효가 될 것이다.

일단 시험 성적 위주의 선발 제도는 가능한 한 지양하되 부처별로 일반 직장에서 공개 채용하듯이 공직자를 채용하고 해당 부서 및 분야에 계속 근무케 하여 전문성을 키워 주는 일이 긴요하다. 또한 독점적인 학연을 이용한 로비 행위나 부패를 방지하기 위해서라도 각종 소수자 우선 제도(affirmative action) 등을 도입할 필요가 있다. 예컨대, 부서별로 같은 대학 출신 점유율을 일정 비율 이내로 제한한다든가 여성 및 사회적 소수자 그룹(minority group) 출신을 최소한의 범위까지는 특별 채용하는 방안, 그리고 지방 국립 대학은 도립 대학으로 전환하고 도민 학생에게는 등록금의 할인 혜택을 주거나 지방정부 공무원 채용 시

일정 비율을 할애해 주는 등의 정책 전환을 심각하게 고려해 볼 필요가 있다. 궁극적으로는 왜곡된 입시 제도 및 중 · 고등 교육을 정상화하기 위해서라도 관료 임용 제도는 개혁되어야 할 것이다.

에필로그

이른바 제4차 산업혁명기에 들어섰다고 한다. 더 정확하게는 지능형 디지털 전환(intelligent digital transformation)의 시대라 할 수 있다. 초연결(hyper-connectivity), 초지능화(hyper-intelligence)가 가상 물리 시스템(cyber physical system: CPS)을 통해 발현되고, 급격한 생산성 향상이 예견되는 시기가 도래한 것이다. 이러한 제4차 산업혁명은 그 범위와 깊이에 있어서 지금까지의 생활하는 방식이나 일하는 방식 그리고 인간 상호간의 관계를 근본적으로 바꾸어 놓을 것으로 예상된다. 더구나 지금까지의 산업혁명이 기계가 단순히 육체노동을 대체해 온 데 반해 제4차 산업혁명은 정신노동까지를 대신하는 방식으로 진행되고 있어 실업은 가속화되고 소득 분배가 악화될 것으로 예견되고 있다.

이와 같은 추세와 더불어 세계는 지금 2016년 영국의 브렉시트(Brexit), 2017년 미국의 도널드 트럼프 대통령 취임, 그리고 유럽의 우경화 등으로 역세계주의에 시동이 걸린 상황이다. 역사적으로 보면 세계화 및 자유 무역의 확대 현상은 제1차 세계대전 이후 제동이 걸리면서 결국 세계 대공황의 발생으로 이어진 바 있었는데, 이제 다시 보호주의 강화와 보복이 확산되고 갈등과 대결이 조장되면서 2008년 금융 위기보다 더 큰 세계적 경제 위기가 도래할 수도 있는 우려가 커지고 있다.

이러한 국제적 메가트렌드와 중국발 리스크 증가까지 겹치며 한국 경제는 사면초가에 빠져들고 있다. 뿐만 아니라 한국 경제는 내부적으로도 저출산 고령화에 따른 잠재 성장력 약화, 산업 경쟁력 약화에 따른 구조 조정 압력 증대, 실업(특히, 청년 실업)의 확산과 불평등 심화, 그리고 사회 · 정치적 갈등과 불안정 등으로 장기적인 침체가 고착화되는 실로 암울하기 이를 데 없는 현실에 직면하고 있다.

불행하게도 국내외 정세가 이토록 급격한 변화를 겪고 있음에도 불구하고 경제학은 이러한 시대적 변화에 부응하는 논리 개발에 많이 뒤쳐져 있어 실효성 있는 위기 탈출 방안을 제시하는 데 실패하고 있다.

자본주의 성립기부터 20세기 초반까지는 대체로 자유방임 사조가 주류를 이루었지만 20세기 초 세계 대공황을 거치며 적극적인 정부의 역할이 강조되는 이른바 케인지언 경제학이 정착되었음을 지적한 바 있다. 그리고 1970년대에 이르러 케인즈 경제학이 갖는 논리적 한계로 인해 '레이거노믹스'라는 유사 공급경제학 이론이 등장하였다. 이 이론에 근거한 정책 실험은 실패하고 말았지만 이를 계기로 신자유주의가 득세하게 되었고, 이로 인해 발생한 거품이 붕괴되며 2008년 국제 금융 위기를 낳았다. 이러한 위기적 상황에 직면하여 세계 각국이 꺼내든 처방은 다시 전통적 케인즈 경제 정책들이었다. 불가피한 측면이 있지만 돌아온 케인지언 정책 논리가 더 이상 궁극적인 대안이 될 수 없음은 불문가지이다.

그럼에도 불구하고 한국의 경제 정책은 아직도 개발 연대의 케인지언 성장 논리에 머물고 있는 실정이다. 예컨대, 대운하와 같은 공공사업으로 경제를 회생시키려 하거나 재정 지출을 확대하여 일자리 수만 확대하면 모든 것이 잘 될 것이라고 믿는 정책 당국의 태도가 이를 잘 입증하고 있다. 설상가상으로 정치인들은 대중 선심성 복지 공약만을 남발하고 있어 우울한 미래 전망이 주류를 이루고 있다.

본서는 바로 이러한 시대적 상황과 문제 인식에 근거하여 작성된 것이다. 그간 경시되어 왔던 공급 측면을 경제 이론 체계 내로 끌어들여 이른바 공급중시 경제학이라는 논리를 정립함으로써 당면한 난국에 대한 해법으로 제시하고자 하였다. 이에 따라 본서에서는 '신공급중시 경제학 종합' 모형이라는 분석 체계를 제시하였다. 이는 기본적으로 기존의 전통적인 케인즈 경제 논리를 수용하되 각종 공급 애로의 제거는 물론 새로운 시대를 선도해 나갈 수 있는 제도와 시스템의 건설과 같은 공급 측면의 경제 논리를 융합한 논리 체계라 할 수 있다.

그리고 이 분석 모형에 근거하여 한국 경제가 당면한 문제에 대한 대응 방안을 마련해 보는 과정에서 아래의 두 가지 논점을 핵심 주제로 삼았다. 첫 번째는 국가 경제 정책의 정립 및 실천의 주체가 될 수밖에 없는 정부의 역할이 차후 어떤 방향으로 정착되는 것이 바람직할지에 대한 견해이다.

주지하는 바와 같이 20세기 초 대공황을 거치며 적극적 개입이 강조되었던 정부 역할론은 1950년대 및 1960년대를 거치며 특히 개발도상국 경제 개발의 핵심 논리로 자리매김을 하였다. 그리고 이러한 개발국가론이 적어도 일정 기간 동안 한국과 아시아 NICs에서는 괄목할 만한 성과를 창출해 주었다. 그러나 정부 주도적 수출 주도형 성장이라는 불균형 발전 전략은 큰 성과를 가져오기는 했으나, 지나친 관주도적 경제 운용은 관료 부패를 조장함은 물론 자원을 더 이상 효율적으로 운용할 수 없게 하였다. 따라서 한국에서도 정부의 역할을 축소시키는 한편 시장의 기능을 활성화해야 한다는 논리가 득세하기 시작하였다. 그리고 시장 중심의 경제 운용과 수입 개방 등을 통한 무역 자유화가 오히려 경제 개발에 도움이 된다는 논리가 자리를 잡게 된 것이다.

그러나 한국과 같이 경제 성장에 어느 정도 성공한 국가들이라 하더라도 명실상부한 선진 제국형 신고전학파적 경제 운용이 최선이라는 논리는 받아들이기 어려워 보인다. 이들 국가가 아직도 선진 제국들과 완전 경쟁을 통해 지속적 경제 성장을 성취하기에는 제반 여건상 역부족이기 때문이다. 대외 충격에 취약한 구조적 한계를 경시한 채 OECD 가입이란 목표 달성을 위해 충분한 대책 마련도 없이 자본 시장을 완전히 개방하였다가 1997년 외환 위기를 맞고 말았던 사실은 이를 잘 반증해 주고 있다.

신자유주의적 기조의 선택 여부와 상관없이 개발 연대 방식의 정부의 시장 개입은 지양될 필요가 있는 것은 사실이다. 그러나 지금까지의 개발국가론에 근거한 경제 정책이 몰고 온 제반 문제점을 해소하기 위해서만이 아니라 차후 새 시대를 주도해 나갈 패러다임을 구축해 나갈 수 있는 경제 체제의 정립을 위해서라도 새로운 차원의 정부 역할을 강조할 필요가 있다. 이러한 관점에서 볼 때 정부의 역할과 관련한 정책 기조는, 첫째 정부 주도적 그리고 중앙 집권적 관리 체제를 떠나 분권화와 민영화를 근간으로 하는 민간 부문의 자율 경제 체제 정착에 앞장서는 한편, 둘째 사회간접자본 확충 및 생산성 향상 기반 확충과 시장 실패(독과점, 외부 효과 등) 요인의 시정, 그리고 형평성 제고와 후생 복지 구현을 중심으로 재편되어야 할 것이다. 바로 이러한 정부의 새로운 위상 재정립이 공급경제학의 핵심 정책 고려 사항이 되어야 할 것이다.

이러한 관점의 연장선에서 본서가 핵심 주제로 강조하였던 두 번째 주제는 인적 자본의 중요성이다. 본문에서도 언급한 바 있지만 인적 자본 확충의 중요성은 제1차 산업혁명기에서도 입증된 바 있으며, 20세기 한국 경제 발전의 핵심적 성공 사유 중 하나가 되었다. 단, 개발 초기 단계 한국에서의 인적 자본 축적은 주로 양적 확장(문맹 퇴치, 의무 교육 수혜 기간 확대, 대학 설립 확대 등)의 성격이 강했고 현재는 질적인 측면의 인적 자본 확충이 필요한 시기이나 현실은 사회적 수요에 미치지 못하고 있다는 사실도 지적하였다. 따라서 새로운 시대적 변화와 사회적 수요에 부응하는 전문가 양성과 이를 위한 대학 교육 편제 개편은 물론이고 대학 입시 위주의 중 · 고등 학교 교육을 상호 존중을 바탕으로 하는 인간관계나 협동 그리고 헌신을 체득할 수 있는 인성 교육의 장으로 전환하는 일 등이 조속히 추진되어야 할 때이다. 그리고 실업자와 장 · 노년층 및 주부들의 재교육과 훈련을 통한 취업 기회 확대 등도 그 어느 때보다 중요하다. 뿐만 아니라 이와 같은 인적 자본 축적을 바탕으로 하는 성장은 그 성과의 보다 많은 비중이 노동자에게 귀속됨으로써 형평이 동시에 개선되는 효과를 가져다준다는 점에서 그 의의를 찾을 수 있을 것이다.

인적 자본의 확충과 더불어 제4차 산업혁명이라는 흐름에 제대로 대처하기 위해서는 사회적 자본에 대한 투자를 바탕으로 하는 이해관계자(stake holders) 간의 사회적 협력 체제와 시스템을 작동할 수 있는 플랫폼을 구축해 나가는 일이 무엇보다 중요하다. 특히, 미래를 선도해 갈 변화 과정에서는 기존 제도의 파괴(system disruption)를 통한 새로운 시스템의 정착이 필수적인 것이고, 따라서 개별 인간은 물론 사회적 협력이 뒷받침되지 않고는 실현되기 어렵다는 사실에 유념할 필요가 있다. 이러한 관점에서 볼 때 인적 자본의 확충은 사회적 안정과 협동을 정착시킬 수 있는 이른바 사회적 자본의 확충과 함께 추진될 때 그 파급 효과는 더욱 커질 것이며, 생산성 향상 내지 기술 진보에도 일조할 것이라고 판단된다.

다시 한 번 강조하건대, 현재 한국은 제4차 산업혁명으로 일컬어지는 급격한 산업 환경 변화에 직면하고 있다. 새로운 성장 동력의 창출과 일자리 확대 등을 통해 장기적 침체기에 빠진 현재의 위기 상황을 극복하는 일이 그 어느 때보다 절실한 시점인 것이다. 따라서 각종 제도 및 여건의 개선과 새로운 시스템 구축 등 공급 부문을 중심으로 정부 정책 기조를 수정해야 하며, 이는 인적 자본에 대한 투자의 확충과 함께 이루어져야 한다. 지금까지의 제안을 바탕으로 자신의 잠재력을 여한 없이 시현할 수 있는 여건을 조성하되 공동의 이익과 공동 사회의 정의가 지켜질 수 있는 사회 속에서 인간의 존엄과 가치가 존중되는 '인본 자본주의 사회'가 구현될 수 있기를 기대해 본다.

마지막으로, 저자가 이상에서와 같은 취지를 효과적으로 부각시키기 위해 혹시 논리 전개상 지나치게 단순화시킨 부분이 있었을 수도 있다는 생각이 들어 독자들께 삼가 양해를 구한다.

이상으로 '한국 경제 어디로 가시나이까?'라는 뜻을 부여하기 위해 '쿠오 바디스 한국 경제'라는 제목을 책 이름으로 하고 '공급중시 경제학이 길이다'

라는 부제로 그 답을 제시한 본서를 다음의 문장과 함께 마감하고자 한다.

'경제학은 인간에 의한 인간을 위한 학문이어야 한다.'

참고문헌

김광수, 『애덤스미스의 학문과 사상』, 해남, 2005.

______, 『애덤스미스: 정의가 번영을 이끈다』, 한길사, 2015.

김영세 · 이종원, 『부패의 경제』, 해남, 2000.

김용하, 『경제정의와 복지정책』, 이미지북, 2015.

김인숙 · 남유선, 『4차 산업혁명, 새로운미래의 물결』, 호이테북스, 2016.

김인준, 『대한민국, 경제학에게 길을 묻다』, 중앙북스, 2009.

문병집 역(Arthur Cecil Pigou 저), 『사회주의 대 자본주의』, 이진출판사, 2006.

박준형 역(Philip Kotler 저), 『다른 자본주의』, 더난출판, 2015.

송병건, 『경제사』, 해남, 2014.

안승국 역(Robert A. Dahl 저), 『경제 민주주의』, 인간사랑, 1995.

안진환 역(Jeremy Rifkin 저), 『3차 산업혁명』, 민음사, 2012.

유동길 역(Lester Thurow 저), 『위험한 조류』, 우아당, 1983.

유왕진 역(Gene Smiley 저), 『세계 대공황』, 지상사, 2008.

이근식 외 12인, 『공생발전』, 경제 · 인문사회연구회, 2011.

이승환 역(Todd G. Buchholz 저), 『죽은 경제학자의 살아있는 아이디어』, 김영사, 1995.

이종원, 『한국경제론』, 해남, 2002.

______, 『경제학』, 해남, 2009.

______, 『국제 금융위기와 한국경제: 위기를 기회로』, 태광인쇄사, 2010.

______, 『통일에 대비한 경제정책』, 해남, 2011.

이종원 · 김진방 · 윤창현, "지주회사의 향후 궤도," 『한국경제학포럼』, 한국경제학회, 2008.

이종원 · 박재완, "공직 부패의 진단과 접근방향," 『한국사회의 비전21』, 시민의 신문사, 경실련, 2001.

이혁배 역(Peter Ulrich 저), 『신자유주의시대 경제윤리』, 바이북스, 2010.

임병인 · 김영세. 『사회적 경제공동체 육성연구』, 한국경제학회, 2012.

임승준 역(George Gilder 저), 『공급경제이론』, 우아당, 1980.

정용덕 역(Arthur M. Okun 저), 『평등과 효율』, 성균관대학교출판부, 1975.

______(Charles L. Schultze 저), 『사익의 공공활용』, 성균관대학교출판부, 1986.

정운찬, 『우리가 가야할 나라 동반성장이 답이다』, 희망사업단, 2016.

정현식 · 유임수 · 김광수, 『정치경제학과 경제주의』, 서울대학교출판부, 1997.

조우현, 『세계의 노동자 경영참가』, 창작과비평사, 1995.

진태홍 · 함정호 공역(Stephen Davis, Jon Lukomnik, and David Pitt-Watson 저), 『시민자본가』, 에스앤알경제경영연구원, 2009.

함정호, 『한국 경제의 새로운 성장전략』, 지식산업사, 2004.

홍기빈 역(Robert L. Heilbroner and William S. Milberg 저), 『자본주의 어디서 와서 어디로 가는가』, 미지북스, 2011.

황수연 역(Gordon Tullock 저), 『지대추구』, 경성대학교출판부, 1997.

Buchanan, Allen E., *Ethics, efficiency, and the market*, Oxford University Press, 1985.

Caves, Richard E. and Ronald W. Jones, *World Trade and Payment*, 3rd ed., Littele Brown and Company, 1981.

Downs, Anthony, *An Economic Theory of Democracy*, Harper & Row, 1957.

Hirschman, A., *The Strategy of Economic Development*, Yale University Press, 1958.

Mises, Ludwig von., *Bureaucracy*, Center for Education, 1983.

Putterman, Louis G., *Division of labor and welfare: An introduction to economic systems*, Oxford University Press, USA, 1990.

Rose-Ackerman, Susan, *Corruption and government: Causes, consequences, and reform*, Cambridge University Press, 1999.

Smith, Paddy and David Chivers, *Co-operatives that work*, Russell Press, 1988.

Van Den Doel, Hans, *Democracy and welfare economics*, Cambridge University Press, 1979.